ANDREAS HOHENDORF

Das Individualwucherstrafrecht nach dem ersten Gesetz zur Bekämpfung der Wirtschaftskriminalität von 1976

Strafrechtliche Abhandlungen · Neue Folge

Herausgegeben von Dr. Eberhard Schmidhäuser
ord. Professor der Rechte an der Universität Hamburg

in Zusammenarbeit mit den Strafrechtslehrern der deutschen Universitäten

Band 48

Das Individualwucherstrafrecht nach dem ersten Gesetz zur Bekämpfung der Wirtschaftskriminalität von 1976

Von

Dr. Andreas Hohendorf

DUNCKER & HUMBLOT / BERLIN

Zur Aufnahme in die Reihe empfohlen
von Prof. Dr. Manfred Maiwald, Göttingen

Gedruckt 1982 bei Buchdruckerei Bruno Luck, Berlin 65
Printed in Germany
ISBN 3 428 05131 9

Vorwort

Die nachfolgende Arbeit hat im Sommersemester 1980 dem juristischen Fachbereich der Georg-August-Universität Göttingen als Dissertation vorgelegen. Das Manuskript wurde im März 1980 abgeschlossen. Später erschienene Veröffentlichungen konnten z. T. noch in den Fußnoten berücksichtigt werden.

Mein ganz besonderer und herzlicher Dank gilt Herrn Professor Dr. Manfred Maiwald. Er hat das Thema angeregt und die Arbeit in jeder Phase durch persönliche Anteilnahme und verständnisvolle, positive Kritik gefördert.

Danken möchte ich auch Herrn Professor Dr. Eberhard Schmidhäuser für die Aufnahme der Schrift in die von ihm herausgegebene Reihe der Strafrechtlichen Abhandlungen sowie dem juristischen Fachbereich der Universität Göttingen für den gewährten Druckkostenzuschuß.

Höxter, im April 1982

Andreas Hohendorf

Inhaltsverzeichnis

Erster Teil

Einleitung

Zweiter Teil

Geschichtliche Entwicklung des Wucherstrafrechts

Dritter Teil

Das zur Zeit geltende Wucherstrafrecht nach § 302 a StGB im einzelnen

Vierter Teil

Stellung des Wucherstraftatbestands im System des Besonderen Teils des StGB

Fünfter Teil

Berechtigung des Wucherstraftatbestands

Sechster Teil

Kritik am geltenden Wucherstrafrecht

Abkürzungsverzeichnis

a. A.	anderer Ansicht
Abg.	Abgeordneter
Abs.	Absatz
AcP	Archiv für die civilistische Praxis
AE	Alternativ-Entwurf
a. F.	alte Fassung
allg.	allgemein
ALR	Allgemeines Landrecht
Alt.	Alternative
Anm.	Anmerkung
Antrag 5/2/75	Antrag des Landes Baden-Württemberg zum Entwurf des 1. WiKG
Art.	Artikel
AT	Allgemeiner Teil
Aufl.	Auflage
BAGE	Entscheidungen des Bundesarbeitsgerichts
BayObLG	Bayerisches Oberstes Landesgericht
BB	Betriebsberater
Bd.	Band
BDI	Bundesverband der Deutschen Industrie
Begr.	Begründung
Bericht	Bericht und Antrag des Sonderausschusses für die Strafrechtsreform, Bundestagsdrucksache 7/5291
Beschluß 5/75	Stellungnahme des Bundesrates zum Entwurf des 1. WiKG
BGB	Bürgerliches Gesetzbuch
BGBl.	Bundesgesetzblatt
BGE IV	Entscheidungen des Schweizerischen Bundesgerichts, Teil IV: Strafrecht
BGH	Bundesgerichtshof
BGHSt	Entscheidungen des Bundesgerichtshofs in Strafsachen
BGHZ	Entscheidungen des Bundesgerichtshofs in Zivilsachen
BörsenG	Börsengesetz
BRat	Bundesrat
BR-Bericht	Bericht über die 416. Sitzung des Bundesrats
BR-Drucksache	Bundesratsdrucksache
BT	Besonderer Teil
BT-Drucksache	Bundestagsdrucksache
BVerfGE	Entscheidungen des Bundesverfassungsgerichts
BVerwGE	Entscheidungen des Bundesverwaltungsgerichts
bzw.	beziehungsweise
ca.	circa
DB	Der Betrieb
Denkschrift 1919	Denkschrift zum Entwurf von 1919
ders.	derselbe

d. h.	das heißt
35. (49.) DJT I (II)	Verhandlungen des 35. (49.) Deutschen Juristentags, Band I (II)
DJZ	Deutsche Juristen-Zeitung
DÖV	Die Öffentliche Verwaltung
DR	Deutsches Recht, Ausgabe A
DRiZ	Deutsche Richterzeitung
DStR	Deutsches Steuerrecht
DStrR	Deutsches Strafrecht, Neue Folge
E 19	Entwurf von 1919
E 25	Amtlicher Entwurf eines Allgemeinen Deutschen Strafgesetzbuchs nebst Begründung 1925 (Reichsratsvorlage)
E 27	Entwurf eines Allgemeinen Deutschen Strafgesetzbuchs 1927 (Reichstagsvorlage)
E 34	Entwurf der amtlichen Strafrechtskommission, 1. Lesung 1934
E 35/36	Entwurf der amtlichen Strafrechtskommission, 2. Lesung 1935/36
E 39	Entwurf eines deutschen Strafgesetzbuchs — 1939 —
E 60	Entwurf eines Strafgesetzbuchs (StGB) E 1960, Bundesratsdrucksache 270/60
E 62	Entwurf eines Strafgesetzbuchs (StGB) E 1962, Bundestagsdrucksache IV/650
Einl.	Einleitung
Entwurf Kahl	Entwurf eines Allgemeinen Deutschen Strafgesetzbuchs 1930, Antrag Dr. Kahl und Genossen
f. (f.)	(fort-)folgende
Fn.	Fußnote
FS	Festschrift
GA	Goltdammer's Archiv für Strafrecht
GE	Gegenentwurf zum Vorentwurf eines deutschen Strafgesetzbuchs — 1911 —
gem.	gemäß
GewO	Gewerbeordnung
GG	Grundgesetz
ggf.	gegebenenfalls
grds.	grundsätzlich
GruchotsBeitr.	Beiträge zur Erläuterung des Deutschen Rechts, begründet von J. A. Gruchot
GS	Der Gerichtssaal
GVG	Gerichtsverfassungsgesetz
HdRW	Handwörterbuch der Rechtswissenschaft
HdStW	Handwörterbuch der Staatswissenschaften
h. M.	herrschende Meinung
HRR	Höchstrichterliche Rechtsprechung
hrsg.	herausgegeben
Hrsg.	Herausgeber
i. d. F.	in der Fassung
i. d. R.	in der Regel
i. E.	im Ergebnis
insb.	insbesondere

i. S. d. — im Sinne der/des
i. w. S. — im weiteren Sinne

JA — Juristische Arbeitsblätter
JherJb — Jherings Jahrbücher für die Dogmatik des bürgerlichen Rechts
JR — Juristische Rundschau
Jur. Diss. — Juristische Dissertation
JuS — Juristische Schulung
Justiz — Die Justiz. Amtsblatt des Justizministeriums Baden-Württemberg
JW — Juristische Wochenschrift
JZ — Juristenzeitung

Kap. — Kapitel
KE — Entwurf der Strafrechtskommission (1913)

LB — Lehrbuch
LG — Landgericht
LK — Leipziger Kommentar
LM — Nachschlagewerk des Bundesgerichtshofs in Strafsachen, hrsg. von Fritz Lindenmaier und Philipp Möhring
LZ — Leipziger Zeitung

MDR — Monatsschrift für Deutsches Recht
m. E. — meines Erachtens
MschrKrim — Monatsschrift für Kriminologie und Strafrechtsreform
m. w. N. — mit weiteren Nachweisen

n. Chr. — nach Christi Geburt
n. F. — neue Fassung
Niederschriften — Niederschriften über die Sitzungen der Großen Strafrechtskommission
NJW — Neue Juristische Wochenschrift
Nr. — Nummer

OLG — Oberlandesgericht
OWiG — Gesetz über Ordnungswidrigkeiten

Prot. — Protokolle des Sonderausschusses des Deutschen Bundestages für die Strafrechtsreform

RabelsZ — Rabels Zeitschrift für ausländisches und internationales Privatrecht
Rdn. — Randnummer
Recht — Das Recht. Rundschau für den deutsches Juristenstand
RegE — Gesetzentwurf der Bundesregierung, Bundestagsdrucksache 7/3441
RG — Reichsgericht
RGBl. — Reichsgesetzblatt
RGRK — Reichsgerichtsrätekommentar
RGSt — Entscheidungen des Reichsgerichts in Strafsachen
RGZ — Entscheidungen des Reichsgerichts in Zivilsachen
RPO — Reichspolizeiordnung
Rspr. — Rechtsprechung

S. — Seite, Satz
SchlHA — Schleswig-Holsteinische Anzeigen

SJZ	Süddeutsche Juristen-Zeitung
SK	Systematischer Kommentar zum Strafgesetzbuch
s. (o.)	siehe (oben)
sog.	sogenannt
StA	Staatsanwaltschaft
StGB	Strafgesetzbuch
StR	Strafrecht
Tagungsberichte	Tagungsberichte der Sachverständigenkommission zur Bekämpfung der Wirtschaftskriminalität
TW	Teilzahlungswirtschaft
usw.	und so weiter
UWG	Gesetz gegen den unlauteren Wettbewerb
v.	von
v. Chr.	vor Christi Geburt
VE	Vorentwurf zu einem Deutschen Strafgesetzbuch
vgl.	vergleiche
VO	Verordnung
Vorbem.	Vorbemerkung
WiGBl.	Gesetzblatt der Verwaltung des Vereinigten Wirtschaftsgebiets
1. WiKG	Das Erste Gesetz zur Bekämpfung der Wirtschaftskriminalität
WiStG	Wirtschaftsstrafgesetz
WiStVG	Gesetz zur Vereinfachung des Wirtschaftsstrafrechts
WM	Wohnungswirtschaft und Mietrecht
WPM	Wertpapiermitteilungen
WRV	Weimarer Reichsverfassung
WuW	Wirtschaft und Wettbewerb
z. B.	zum Beispiel
ZDF	Zweites Deutsches Fernsehen
ZfdgStW	Zeitschrift für die gesamte Staatswissenschaft
zit.	zitiert
ZMR	Zeitschrift für Miet- und Raumrecht
ZRP	Zeitschrift für Rechtspolitik
Zs. f. d. ges. Kreditwesen	Zeitschrift für das gesamte Kreditwesen
ZStW	Zeitschrift für die gesamte Strafrechtswissenschaft
z. T.	zum Teil

Erster Teil

Einleitung

A. Entwicklung des Wortes Wucher

Das Wort „Wucher" leitet seine sprachlichen Wurzeln aus dem mittelhochdeutschen Wort „wuocher" bzw. althochdeutschem Wort „wuochhar" her und hatte zunächst die Bedeutungen „Ertrag, Frucht, Gewinn"[1]. Diese Wortbedeutungen waren wertneutral. Sie hatten nicht den negativen Einschlag, den das Wort Wucher im heutigen Sprachgebrauch hat. Erst im späten Mittelalter, zu Anfang der Neuzeit, wandelte sich die Bedeutung des Wortes Wucher. Zur ursprünglichen Wortbedeutung kam eine negative Einschätzung hinzu. Nicht mehr jeder Ertrag und jeder Gewinn wurden als Wucher bezeichnet, sondern nur noch der übermäßige, zu hohe Gewinn. Es entwickelte sich die Vorstellung vom iustum pretium, dem gerechten Preis. Jeder Gewinn bei einem Geschäft, der über den gerechten Preis hinausging, wurde als Wucher angesehen. Auf eine bestimmte, die wirtschaftliche Freiheit des Geschäftspartners beeinträchtigende Situation kam es nicht an. Nach dem heutigen Sprachgebrauch liegt Wucher nur dann vor, wenn der eine Geschäftspartner eine bestimmte Schwächesituation seines Partners zur Erzielung besonders hoher, unangemessener Vermögensvorteile ausnützt. Nur wenn auf der Seite des Benachteiligten gewisse Umstände vorhanden sind, die man zusammenfassend als Ausbeutungslagen bezeichnen kann, und wenn eine Ausbeutungslage vom Geschäftspartner bewußt zur Erzielung übermäßig hoher, sonst nicht erlangter Vermögensvorteile mit in das Geschäft einbezogen wird, ist nach Ansicht des Gesetzgebers und wohl auch nach in der Bevölkerung vorherrschenden Meinung der Übervorteilte durch eine Strafrechtsnorm zu schützen und das Übervorteilen als Wucher zu bezeichnen.

B. Standort und Grundproblematik des Wucherstraftatbestands

I. Delikt des Geschäftslebens

Der Wucher ist ein Delikt des Geschäftslebens. Nur wenn zwei Partner in geschäftliche Beziehung zueinander treten, kann eine Wucher-

[1] Kluge S. 869; M. Neumann S. 53.

straftat begangen werden. In diesem eingeengten Anwendungsbereich des Wuchertatbestandes steckt jedoch auch die ganze Brisanz seiner Problematik. Der Wucher steht auf der Scheidelinie zwischen der allgemeinen Vertragsfreiheit im geschäftlichen Verkehr und dem Schutz des teils vermeintlich, größtenteils wirklich wirtschaftlich Schwächeren[2]. Bei dieser Sach- und Interessenlage hängt die Bedeutung und Anwendungshäufigkeit des Wuchertatbestandes in starkem Maße von der geltenden Wirtschaftsordnung und dem entsprechenden Grundverständnis der in diesem Bereich zur Entscheidung Berufenen ab. Nach der bei uns geltenden allgemeinen Vertragsfreiheit kann grundsätzlich jeder ein für ihn ungünstiges Geschäft abschließen, ohne daß der Staat mit seiner Strafgewalt gegen den Geschäftspartner einschreiten darf.

II. Komplexität des Wucherbegriffs

Wie bei weiteren Ausführungen zu zeigen sein wird, können diese problematischen Fragen nicht global für „den“ Wuchertatbestand beantwortet werden. Dazu ist der von § 302 a StGB geregelte und erfaßte Bereich zu komplex, zu vielschichtig. Es wird sich zeigen, daß es mit großen Schwierigkeiten verbunden ist, ein konkretes wucherliches Geschäft unter den Tatbestand zu subsumieren; denn je nach Art des Geschäfts im Einzelfall müssen dieselben Umstände unterschiedlich gewichtet werden. Andererseits führt die Vielzahl von möglichen Wuchergrundgeschäften in ihren mannigfaltigen Erscheinungsformen zu erheblichen Problemen und unterschiedlichen Betrachtungsweisen bei der Entscheidung, was man als den eigentlichen strafwürdigen und strafbedürftigen Kern des Wuchers ansieht.

C. Übersicht über die Arten des Wuchers

Ausgehend vom geschützten Personenkreis kann man den Wucher in zwei große Kategorien einteilen, den Individualwucher und den Sozialwucher[3].

I. Individualwucher

Die Wucherbestimmung des § 302 a StGB stellt den Individualwucher unter Strafe. Sie bezweckt den Schutz eines bestimmten Einzelnen gegen Ausbeutung seiner persönlichen, gegenüber dem Normalbürger herausragenden, schutzwürdigen Sonderlage[4]. Nicht die Allgemeinheit,

[2] Vgl. Peschke HdStW S. 1081.

[3] Kritisch zu dieser Unterteilung Stree in Schönke / Schröder § 302 a Rdn. 2; Bernsmann GA 1981, 142 ff.

[4] Vgl. RGSt 60, 81 (83) und 225; 58, 321 (325); v. Dohnanyi bei Gürtner S. 517; R. v. Hippel LB S. 272 Fn. 10.

sondern der Einzelne soll davor bewahrt werden, daß seine persönliche, wirtschaftliche Bedrängnis von einem anderen ausgebeutet wird[5].

Dieser Individualwucher läßt sich wiederum in zwei Gruppen unterteilen.

1. Einteilung nach dem Geschäftsgegenstand

Man kann die verschiedenen Wucherarten von ihrem Geschäftsgegenstand aus betrachten und in diesem Zusammenhang von Wuchergrundgeschäften sprechen[6], von denen vier in § 302 a StGB i. d. F. des Art. 1 Nr. 6 des Ersten Gesetzes zur Bekämpfung der Wirtschaftskriminalität (1. WiKG) ausdrücklich normiert sind.

a) Mietwucher nach § 302 a I 1 Nr. 1 StGB

Das Gesetz nennt an erster Stelle den Mietwucher. Als Wuchergrundgeschäft liegt dieser Wucherart die Vermietung von Räumen zum Wohnen oder damit verbundene Nebenleistungen zugrunde. Wenn man bedenkt, welche Nebenleistungen bei der Vermietung von Räumen zum Wohnen allein im Hotelbeherbergungsgewerbe möglich sind, wird deutlich, daß dieses Wuchergrundgeschäft für sich genommen schon keinen einheitlichen Geschäftstypus darstellt, sondern selbst schon wieder ein ganzes Bündel von möglichen Geschäften umfaßt.

Interessanter ist jedoch noch folgender Aspekt des Mietwuchers. Den Charakter des Mietwuchers kann man nur dann in seiner ganzen Schärfe erfassen, wenn man bedenkt, daß Mietwucher nicht ausschließlich Komponenten des Individualwuchers aufweist, sondern daß es in diesem Bereich Zwischenformen von Individualwucher und Sozialwucher gibt[7]: Mietwucher wird nämlich in der Regel besonders dann auftreten, wenn eine Knappheit und Mangellage auf dem Wohnungsmarkt besteht. Diese Mangellage kann dazu führen, daß sich der einzelne Wohnungssuchende in einer persönlichen Zwangslage befindet, weil er auf eine bestimmte Wohnung angewiesen ist. Andererseits trifft diese Mangellage nicht nur ihn allein, sondern alle seine Mitbürger, die eine Wohnung suchen und dabei auf einen bestimmten Teil des Wohnungsmarktes angewiesen sind. So gesehen konkretisiert sich die allgemeine Mangellage nur in der Person des einzelnen Wohnungssuchenden. Gleichwohl fällt der Mietwucher aufgrund seiner spezifischen Ausgestaltung in den Bereich des Individualwuchers[8] und wird insoweit zu Recht von § 302 a StGB erfaßt.

[5] BGHSt 11, 182 (183, 185 f.); Blei BT S. 232; Welzel S. 391; Maurach / Schroeder S. 453; Tiedemann ZStW 87 (1975), 265, 275.

[6] So auch der Titel der Dissertation von Moser.

[7] So auch BGHSt 11, 182 (183 ff.); LG Darmstadt NJW 1975, 550; Stree in Schönke / Schröder § 302 a Rdn. 2; Maurach / Schroeder S. 453.

b) Kreditwucher nach § 302 a I 1 Nr. 2 StGB

Als nächste Wucherart ist in § 302 a StGB der Kreditwucher genannt. Unter Kreditgeschäft ist in diesem Zusammenhang jedes Rechtsgeschäft zu verstehen, das der Befriedigung eines Geldbedürfnisses des Schuldners dient[9]. Diese Art des Wuchers wurde früher auch als Zinswucher[10, 11] beziehungsweise Geldwucher[12] bezeichnet. Als Unterformen des Kredits unterscheidet man je nach dem Zweck des Kredits den Konsumtivkredit und den Produktivkredit. Ersterer liegt vor, wenn der Kredit zwecks Beschaffung von Konsumgütern, zur Befriedigung laufender Bedürfnisse aufgenommen wird; Produktivkredit liegt dann vor, wenn mit Hilfe des Kredits neue Güter produziert und erzeugt werden sollen[13].

c) Vermittlungswucher nach § 302 a I 1 Nr. 4 StGB

Als dritte Art des Wuchers kennt das neue Gesetz den Vermittlungswucher. Nach dem vor dem 1. 7. 1976 geltenden Recht war es im Sonderfall oft schwierig zu entscheiden, ob insb. der Vermittler eines wucherischen Darlehens als Mittäter des Kreditgebers nach § 302 a StGB a. F. bestraft werden konnte, ob er nur als Gehilfe des Kreditgebers anzusehen war, oder ob gar § 302 e StGB a. F. eingriff[14]. Durch die ausdrückliche Normierung im neuen Wuchertatbestand hat der Gesetzgeber jetzt klar zum Ausdruck gebracht, daß er auch die Vermittlung einer Leistung als ein Wuchergrundgeschäft ansieht.

d) Leistungswucher nach § 302 a I 1 Nr. 3 StGB

Die bereits genannten, im Gesetz ausdrücklich aufgeführten Wucherarten sind nur exemplarisch dargestellte Unterarten des Leistungswuchers nach § 302 a I 1 Nr. 3 StGB, die besonders sozialschädliche Erscheinungsformen hervorheben, um die Strafvorschrift anschaulicher zu machen[15]. Unter den Leistungswucher fallen alle anderen nicht aus-

---

[8] So insb. BGHSt 11, 182 (183 ff.).

[9] So zu § 302 a StGB a. F. RGSt 25, 315 (318); 28, 135 (137); 35, 112; Peschke HdStW S. 1083; Moser S. 22.

[10] Vgl. Caro S. 149; Peschke HdStW S. 1082; R. Schmidt S. 247 Fn. 1, 252, 237 Fn. 2; s. auch Schachtschabel S. 1.

[11] Zum Begriff des Zinses vgl. insb. Canaris NJW 1978, 1891 ff. in Fn. 3 und Fn. 4 m. w. N.

[12] v. Lilienthal ZStW 8 (1888), 165; Welzel S. 370; Sauer S. 138; Niethammer S. 362.

[13] R. Schmidt S. 256; vgl. auch Isopescul-Grecul S. 275 ff.

[14] Vgl. dazu aus der reichhaltigen Rechtsprechung des RG z. B. RGSt 36, 227; 29, 79; 5, 368 f.; 8, 21; 28, 288; RG GA 46 (1898/99), 47 f.; zusammenfassend Kohlmann S. 50 ff.

[15] Vgl. Göhler Prot. VII S. 2793; RegE S. 40; Bericht S. 20.

drücklich dargestellten Arten des Wuchers. Ausgehend von der Tatsache, daß grundsätzlich jedes Rechtsgeschäft als Wuchergrundgeschäft in Betracht kommt[16], seien an dieser Stelle nur einige Beispiele herausgegriffen: So kann Leistungswucher insb. auftreten bei Kaufverträgen, bei Dienst- und Arbeitsverträgen, aber auch bei der Rechtsberatung sowie der Heilbehandlung; desgleichen bei Verträgen in der Drogenszene, bei Schwangerschaftsabbrüchen, bei Grenzüberführungen, oder auch bei Verträgen in der Vergnügungsindustrie[17]. Schon allein aus dieser, keineswegs auch nur annähernd erschöpfenden Aufzählung ist zu entnehmen, wie weit der Anwendungsbereich des Leistungswuchers gesteckt ist. Deshalb könnte man von einer schwer faßbaren „Allerweltsnatur" des Wucherbegriffs sprechen[18].

e) Sachwucher

Der von § 302 a I 1 Nr. 3 StGB n. F. erfaßte Bereich des Wuchers wurde früher entsprechend der Regelung des § 302 e StGB a. F. als Sachwucher[19] oder auch als Geschäftswucher[20] bezeichnet und stand im Gegensatz zum in § 302 a StGB a. F. geregelten Kreditwucher.

f) Nachwucher

Schließlich war in § 302 d StGB a. F. noch der sog. Nachwucher unter Strafe gestellt. Darunter war der Erwerb und die Weiterveräußerung bzw. Geltendmachung einer wucherischen Forderung zu verstehen[21]. Dieser Sondertatbestand des Wuchers wurde in der Neuregelung des 1. WiKG nicht mehr unter Strafe gestellt, da mangels Bedeutung des Nachwuchers kein praktisches Bedürfnis mehr dafür bestehe[22].

2. Einteilung nach dem Abwicklungsmodus

Ein anderes Einteilungskriterium liegt in der Art und Weise der Geschäftsabwicklung und -durchführung.

---

[16] Moser S. 2; Wachenfeld S. 418; RegE S. 40; Tröndle Prot. VII S. 2560.

[17] Dazu im einzelnen unten S. 127 ff.

[18] So M. Neumann S. 81; Hug S. 54; v. Bülow S. 54.

[19] RGSt 25, 315 ff.; 29, 79; 35, 111 ff.; 45, 199; Niethammer S. 362; Lehmann S. 13; Binding S. 452; E 62 S. 437; kritisch zu diesem Begriff Seuffert ZStW 14 (1894), 570.

[20] Meyer / Allfeld S. 489; R. v. Hippel LB S. 271; Frank § 302 e Anm. I.

[21] Vgl. RGSt 36, 375 f.; Blei BT S. 232; Bockelmann BT S. 103; Wachenfeld S. 417; Hug S. 133 ff.; s. auch E 62 S. 439.

[22] RegE S. 42; Friemel S. 83; Sturm JZ 1977, 87.

a) Barwucher

Als erste Kategorie ist hier der sog. Barwucher[23] zu nennen. Barwuchergeschäfte werden ohne zeitliche Verzögerung Zug um Zug abgewickelt. Prototypen sind Barkauf und Tausch.

b) Kreditwucher

Dem Barwucher steht der Kreditwucher gegenüber. Kreditwucher liegt vor, wenn Leistung und Gegenleistung erst mit einer zeitlichen Verzögerung ausgetauscht werden[24].

Unter diese Wucherart fallen natürlich insb. der obengenannte Kredit- oder Geldwucher, aber auch z. B. Abzahlungskäufe. Das Charakteristische an dieser Wucherart ist, daß dem Schuldner, dem Bewucherten, bei Geschäftsabschluß mehr zur Verfügung gestellt wird, als er selbst zu diesem Zeitpunkt an Gegenleistung erbringen muß. Die Gefährlichkeit liegt darin, daß dem Schuldner der Leistungsvergleich durch die zeitliche Streckung mit gleichzeitiger Leistungsaufteilung in verschiedenartige und verschieden zu berechnende Einzelpositionen erschwert und er für die Zukunft gebunden wird. Diese Bindung kann im Einzelfall so einschneidend sein, daß der Bewucherte in eine wirtschaftliche Abhängigkeit des Wucherers gerät und gleichsam dessen Marionette wird[25, 26].

II. Sozialwucher

Im Gegensatz zum Individualwucher liegt Sozialwucher dann vor, wenn wirtschaftliche Notlagen der Allgemeinheit ausgebeutet werden[27]. Die einzelnen, in den Bereich des Sozialwuchers fallenden Normen sollen die Gesamtheit der Bürger vor gewinnsüchtiger Ausnutzung einer alle Bürger gleichermaßen treffenden Mangellage und der grundlosen Verteuerung der allgemeinen Lebenshaltung schützen[28]. Der Sozialwucher hat nicht die Einzellage des übervorteilten Schuldners, sondern die

---

[23] Isopescul-Grecul S. 247 f.; R. Schmidt S. 258 ff.; s. auch Sasserath Verhältnis S. 22, 24 f.; Moser S. 22; Preis S. 36.

[24] s. Moser S. 22; Isopescul-Grecul S. 249 ff.; R. Schmidt S. 254 ff.; umfassend Sasserath Verhältnis S. 20 ff.; vgl. auch Preis S. 36 f.

[25] Vgl. in diesem Zusammenhang die instruktiven und erschütternden Beispiele aus dem 19. Jahrhundert bei v. Lilienthal ZStW 8 (1888), 165 Fn. 9, 168 Fn. 16, 172 Fn. 30 und 177/8 Fn. 51.

[26] Wenn im folgenden ohne weitere Angaben von Kreditwucher die Rede ist, ist der Kreditwucher in der Form des Geld- oder Zinswuchers gemeint, wie er oben unter I 1 b beschrieben ist.

[27] Blei BT S. 232; BGHSt 11, 182 (183); vgl. auch Ebermayer GruchotsBeitr. 60 (1916), 193; Roquette Wucher S. 21.

[28] Lackner § 302 a Anm. 2; R. v. Hippel LB S. 272 Fn. 10; RGSt 60, 225; Frank § 302 a Anm. I 2; Schwarz S. 13.

volkswirtschaftliche Gesamtsituation im Auge[29]. Deshalb kommt es im Gegensatz zum Individualwucher nicht auf einen konkreten Ausbeutungszustand beim Opfer an. Sozialwucher kann auch dann vorliegen, wenn der „Bewucherte" des Schutzes durch das Gesetz nicht bedarf. Es gibt sogar Beispiele, daß nicht nur der Gläubiger (Verkäufer) bestraft wurde, sondern auch der Schuldner (Käufer), wenn das durchgeführte Geschäft gegen bestehende Regelungen verstoßende Abmachungen enthielt[30]. Die Ahndung aufgrund bestimmter Sozialwuchertatbestände ist als eine Art negativer Wirtschaftslenkung und -beeinflussung aufzufassen. Gewisse Handlungsweisen werden im Interesse der Gesamtwirtschaft und der Allgemeinheit verboten. Diese Verbotsnormen sind im Unterschied zum Individualwucherstrafrecht i. d. R. keine Strafvorschriften, sondern sind als Ordnungswidrigkeiten ausgestaltet, die mit einer Geldbuße geahndet werden.

1. §§ 3—6 WiStG

Als heute noch bedeutsame Kodifizierungen des Sozialwuchers sind die §§ 3—6 WiStG zu nennen. Dort sind im wesentlichen Fälle geregelt, bei denen in verschiedenen Bereichen des Wirtschaftslebens Preise überhöht oder Preisregelungen nicht eingehalten werden.

Die genannten Vorschriften haben zwei Dinge gemeinsam: Zum einen finden sie nur in einem ganz bestimmten Bereich auf ganz bestimmte Geschäfte Anwendung, sind also bezüglich des zugrundeliegenden Geschäfts nicht so umfassend wie § 302 a StGB; zum anderen ist die Person des „Bewucherten" völlig bedeutungslos. Auf ihn kommt es in keiner Weise an, allein der Verstoß gegen die Preisrichtlinien, das nach außen sichtbarwerdende Streben nach einem unangemessenen Entgelt für bestimmte Leistungen zieht die Sanktion nach sich.

2. Kriegswucher

Früher war als sehr wichtiger Teil des Sozialwuchers der sog. Kriegswucher von Bedeutung[31]. Unter Kriegswucher ist die Gefährdung der Allgemeinheit durch übermäßigen Verdienst aufgrund spekulativer, preistreiberischer Machenschaften an Gegenständen des Kriegsbedarfs und des täglichen Bedarfs der Bürger in Kriegs- oder Nachkriegszeiten zu verstehen. Zu nennen sind in diesem Zusammenhang insb. die Preistreibereiverordnung sowie die Vorschriften über Kettenhandel, Schleichhandel und Warenzurückhaltung[32].

---

[29] In diesem Sinne auch Schmidt-Futterer / Blank Rdn. D 22.

[30] So z. B. § 6 Höchstpreisgesetz von 1914 und § 19 WiStVG von 1949.

[31] Zum Begriff Lobe HdRW S. 964; Peschke HdStW S. 1084; v. Lilienthal ZStW 38 (1917), 202; Müller S. 33, 37 f; Ebermayer GruchotsBeitr. 60 (1916), 201; Alsberg / Peschke S. 14.

III. Börsenwucher nach § 89 BörsenG

Nicht unter den Wucher im hier genannten Sinn fällt der sog. Börsenwucher gem. § 89 BörsenG. Zwar stellt auch diese Norm auf die Ausbeutung der Unerfahrenheit und des Leichtsinns ab, inhaltlich sanktioniert sie jedoch das Verleiten zur Spekulation und ist daher eher als eine Art des Glücksspiels oder als Ausbeutungsdelikt im weiteren Sinn zu bezeichnen[33].

D. Bedeutung des Wuchers

Trotz der dargestellten mannigfaltigen Erscheinungsformen des Individualwuchers nach dem StGB hat das Wucherstrafrecht weder in der neueren Wissenschaft noch in der Praxis eine große Bedeutung.

I. In der Wissenschaft

Aus dem Zeitraum von etwa 1870 bis zum Ersten Weltkrieg gibt es aufgrund der schlechten wirtschaftlichen Verhältnisse eine stattliche Anzahl von Abhandlungen über den Wucher. Die tatsächliche Wirtschaftslage wurde durch entsprechende Publikationen an die Öffentlichkeit und damit auch an den Gesetzgeber gebracht. Dieser erließ 1880 das Gesetz gegen den Kreditwucher, das schon 1893 durch Einfügung des Sachwuchers novelliert wurde. Diese neuen Gesetze waren Anlaß zur wissenschaftlichen Beschäftigung mit dem Wucher. Nach Ausbruch des Ersten Weltkrieges wurde der Schwerpunkt im wesentlichen auf Arbeiten zum Sozial-(Kriegs-)wucherrecht gelegt. Die Entwürfe der Zwischenkriegsjahre zur Änderung des gesamten Strafrechts bildeten kaum Anlaß zur wissenschaftlichen Beschäftigung mit dem Wucher. Dieser Trend kann bis auf wenige Ausnahmen auch heute noch beobachtet werden. So ist es nicht verwunderlich, daß die Neufassung des § 302 a StGB fast unbemerkt von Öffentlichkeit und Wissenschaft im 1. WiKG verabschiedet wurde.

II. In der Praxis

Die Bedeutung des Individualwucherstrafrechts in der Praxis ist darüber hinaus ebenfalls nie sehr groß gewesen. Man kann fast von einer gänzlichen Bedeutungslosigkeit sprechen.

---

[32] Vgl. dazu insgesamt v. Liszt / Schmidt S. 684; Peschke Zinswucher S. 10; Müller S. 33 ff.; Alsberg / Peschke S. 1 ff.; Ebermayer GruchotsBeitr. 60 (1916), 202 ff.

[33] Maurach / Schroeder S. 453; Krässig S. 399 f.; aber auch R. Schmidt S. 286 ff.

1. Ausgang des 19. Jahrhunderts

In den Jahren 1896—1902[34] wurden in Deutschland insgesamt nur 581 Personen wegen Wuchers angeklagt. Davon wiederum wurden nur 246 (ca. 42 %) verurteilt, aber 346 (ca. 60 %) freigesprochen. Im Vergleich dazu wurden wegen einfachen Diebstahls 638 946 Personen angeklagt, 501 969 (ca. 79 %) verurteilt und nur 134 191 (ca. 21 %) freigesprochen; für einfachen Betrug lauten die Zahlen 205 061 Anklagen, 145 824 (ca. 71 %) Verurteilungen und 58 894 (ca. 29 %) Freisprüche. Schon aus diesen wenigen Zahlen kann man entnehmen, daß der Wucher im Vergleich zu einfachem Diebstahl und Betrug in der forensischen Praxis eine relativ geringe Bedeutung hatte. Zudem weist der Ausschnitt aus den Statistiken folgende Besonderheit aus: Während bei Diebstahl und Betrug zwischen 70 und 80 % der Angeklagten verurteilt wurden, waren es beim Wucher nicht einmal die Hälfte.

Diese beiden Auffälligkeiten können nicht allein mit den Besonderheiten der Strafrechtspflege des ausgehenden 19. Jahrhunderts erklärt werden, wie die entsprechenden Zahlen aus der jüngsten Vergangenheit zeigen.

2. In der Gegenwart

In der Bundesrepublik Deutschland[35] sind in den Jahren 1971 bis 1976 insgesamt 16 298 306 Verbrechen und Vergehen ohne Verkehrs- und Staatsschutzdelikte bekanntgeworden. Davon waren 1 172 534 (ca. 7,2 %) Betrugsstraftaten, noch 18 922 (ca. 0,12 %) Erpressungen, aber nur 2076 (ca. 0,01 %) Wucherfälle.

In Niedersachsen[36] ergeben sich für den Zeitraum 1971 bis 1977 folgende Zahlen: Straftaten insgesamt (ohne Staatsschutz- und Verkehrsdelikte) 2 187 930, davon 114 560 (ca. 5,24 %) Betrugsfälle, 2387 (ca. 0,11 %) Erpressungen und nur 142 (ca. 0,007 %) Wucherstraftaten.

Bei den Statistiken über die Strafurteile zeichnet sich ein ähnliches Bild ab. Im einzelnen ergeben sich für die Bundesrepublik Deutschland einschließlich Westberlin folgende Zahlen für den Zeitraum 1970 bis 1977[37]:

---

[34] Zahlen nach R. Schmidt S. 232 und Friedmann S. 72; vgl. auch v. Lilienthal ZStW 8 (1888), 157 ff.

[35] Polizeiliche Kriminalstatistiken 1971—1976.

[36] Jahresberichte 1971—1977.

[37] Strafverfolgungsstatistiken 1970—1977.

Straftaten insgesamt einschließlich Vergehen im Straßenverkehr	
Aburteilungen	6 421 891
Verurteilungen	5 487 661
Anteil der Verurteilungen	ca. 85,5 %
Betrug nach § 263 StGB (bis 1974 einschließlich § 264 a StGB)	
Aburteilungen	260 737
Verurteilungen	191 840
Anteil der Verurteilungen	ca. 73,6 %
Erpressung nach § 253 StGB	
Aburteilungen	4 447
Verurteilungen	2 917
Anteil der Verurteilungen	ca. 65,6 %
Wucher nach §§ 302 a ff. StGB (bis 1974 einschließlich §§ 301 ff. StGB)	
Aburteilungen	318
Verurteilungen	124
Anteil der Verurteilungen	ca. 39,0 %

In Niedersachsen lauten die Zahlen für die Jahre 1970 bis 1977 so[38]:

Straftaten insgesamt einschließlich Vergehen im Straßenverkehr	
Aburteilungen	757 469
Verurteilungen	654 325
Anteil der Verurteilungen	ca. 86,4 %
Betrug nach § 263 StGB	
Aburteilungen	27 056
Verurteilungen	18 866
Anteil der Verurteilungen	ca. 69,7 %
Erpressung nach § 253 StGB	
Aburteilungen	444
Verurteilungen	299
Anteil der Verurteilungen	ca. 67,3 %
Wucher nach §§ 302 a—302 f StGB (bis 1974 §§ 301—302 e StGB)	
Aburteilungen	14
Verurteilungen	5
Anteil der Verurteilungen	ca. 35,7 %

Eine ähnliche Entwicklung läßt sich auch im Ausland, z. B. in der Schweiz[39], feststellen.

Durch diese Zahlen aus der jüngsten Zeit wird der Trend bestätigt, der sich schon Ende des vorigen Jahrhunderts abzeichnete, als sich die „moderne" Wucherstrafgesetzgebung in Deutschland durchsetzte. Der

[38] Auskunft des Niedersächsischen Landesverwaltungsamts — Statistik —, Strafverfolgungsstatistiken 1970—1974 und Statistisches Jahrbuch Niedersachsen 1978.

[39] Vgl. die entsprechenden Statistiken in: Die Strafurteile in der Schweiz.

Anteil der Wucherstraftaten an der Gesamtkriminalität ist verschwindend gering. Innerhalb dieses zahlenmäßig außerordentlich geringen Teils der Kriminalität kommt es zudem noch relativ selten zu Verurteilungen als Abschluß des Strafverfahrens. In der Bundesrepublik Deutschland und in Niedersachsen wurden im dargestellten Zeitraum weniger als 40 % aller Wucherstrafverfahren vor Gericht mit einer Verurteilung des Angeklagten abgeschlossen.

3. Ursachen dieser geringen Bedeutung

Dieses Ergebnis beruht zu einem sehr großen Teil auf folgenden, das Wucherstrafrecht charakterisierenden Umständen.

a) Anzeigenscheu des Bewucherten

Beim Wucher als Vermögensdelikt des Geschäftsverkehrs vereinbaren zwei Parteien, der Wucherer und der Bewucherte, den Austausch von Leistungen. Sowohl Vereinbarung als auch der Austausch finden nicht in der Öffentlichkeit, sondern im geschäftlichen oder privaten Bereich der beiden Partner statt. Die Öffentlichkeit erhält davon grundsätzlich keine Kunde, insb. nicht von den speziellen Absprachen zwischen den Partnern bei dem einzelnen Geschäft. Deshalb ist den Strafverfolgungsorganen, mehr noch als beim Betrug, kaum jemals Gelegenheit gegeben, aufgrund eigener Wahrnehmung von Amts wegen ein Ermittlungsverfahren wegen Wuchers einzuleiten. Sie sind nicht nur während eines laufenden Verfahrens auf die Mitarbeit des „Bewucherten" angewiesen, sondern schon das Ingangsetzen eines solchen Verfahrens ist vom Tätigwerden des (vermeintlichen) Opfers abhängig. Nur das Opfer kann den Strafverfolgungsbehörden die Tatsache mitteilen, die die Eröffnung eines Ermittlungsverfahrens rechtfertigen können.

Darin liegt ein großes Problem bei der Bekämpfung des Wuchers. Der Bewucherte ist nämlich in der Regel nicht bereit, den Strafverfolgungsbehörden Kenntnis davon zu verschaffen, daß er das Opfer eines Wuchers geworden ist.

Vielmehr ist hier eine gewisse Anzeigenscheu festzustellen[40]. Die früher geäußerte Befürchtung, die Wucherstrafgesetzgebung beschwöre die Gefahr des Denunziantentums oder der Provokation hervor[41], hat sich nicht bestätigt.

---

[40] Sauer S. 136; Heinz GA 1977, 229; Zirpins / Terstegen S. 438; Sturm JZ 1977, 85 und Prot. VII S. 2796; R. Schmidt S. 235; Tröndle Prot. VII S. 2561; v. Bülow S. 106 f.

[41] Rosenthal S. 50 f.; Seuffert ZStW 14 (1894), 571; Müller S. 53; vgl. auch v. Liszt GA 41 (1893), 232, 239.

Diese Anzeigenscheu, die auch im Zeitalter des Verbraucherschutzes und der Veröffentlichungen von Wucherfällen in auflagestarken Illustrierten keineswegs abgebaut und aufgehoben ist[42], hat ihren Ursprung vornehmlich in vier Umständen.

aa) Offenbarung eigener Schwächen

Zum einen setzt der Wucher voraus, daß der Wucherer eine bestimmte persönliche Situation des Bewucherten zu einem überhöhten Gewinn ausgenutzt hat. Der Bewucherte handelt in Kenntnis sowohl seiner eigenen Lage als auch der Übervorteilung durch den Geschäftspartner. Durch eine Anzeige würde der Bewucherte sein Unvermögen, ausgewogene Geschäfte abzuschließen, nach außen offen darlegen und seine Schwäche offenbaren. Dieses Eingeständnis der eigenen Schwäche sucht grds. jeder, auch der Bewucherte, nach außen zu verdecken[43].

bb) Verlust des Helfers in der Not

Des weiteren ist zu vermuten, daß ein Teil der Bewucherten, die aufgrund einer Zwangslage einen wucherischen Vertrag geschlossen haben, vermeiden wollen, jemanden, von dem sie in ihrer Notlage „Hilfe" bekommen haben, anzuzeigen und dadurch für zukünftige Zwangslagen ihren Retter zu verlieren. Sie wollen sich lieber den Weg zum Wucherer für alle Notfälle offenhalten.

cc) Unerfahrenheit in rechtlichen und geschäftlichen Angelegenheiten

Dies gilt in besonderem Maße bei in rechtlichen und geschäftlichen Dingen unerfahrenen Menschen[44]. Gerade sie sind es, die Wucherern in die Hände fallen und von ihnen ausgebeutet werden. In diesem Zusammenhang mag auch die allgemeine Scheu breiter Bevölkerungsschichten, etwas mit Polizei, Staatsanwaltschaft und Gerichten zu tun haben zu wollen, sowie die für den Bürger umständliche, langandauernde und nicht immer ganz einsichtige Prozedur bei Strafverfahren mit ihren Unbequemlichkeiten eine wichtige Rolle spielen.

dd) Furcht vor eigener Bestrafung

Schließlich ist die Furcht des Opfers vor Schwierigkeiten und schlimmstenfalls eigener Bestrafung zu nennen. Gerade bei Kreditgeschäften pflegen sich nämlich viele Kreditgeber und Kreditvermittler bei wucherlichen Geschäften durch sog. Selbstauskünfte abzusichern[45]. In diesen

---

[42] A. A. wohl Dreiss / Eitel-Dreiss S. 192.

[43] Vgl. Sturm JZ 1977, 85 und Prot. VII S. 2796; Heinz GA 1977, 229; Kohlmann S. 10; Sauer S. 136; Caro S. 144; Schachtschabel S. 4; zweifelnd Rühle S. 21 f.

[44] Vgl. Kohlmann S. 10; auch Schachtschabel S. 3; E. v. Hippel Verbraucherschutz S. 136.

i. d. R. schriftlich erteilten Selbstauskünften muß der Kreditsuchende seine wirtschaftliche Situation offenlegen. Beim Zugeständnis einer wirtschaftlichen Klemme oder Zwangslage muß er befürchten, den erhofften Kredit nicht zu bekommen. Deshalb wird er seine wirtschaftliche Lage nicht immer und in allen Teilen der Wahrheit entsprechend schildern, sondern die Selbstauskunft zu seinen Gunsten gestalten. Damit begibt sich der zukünftige Darlehensnehmer und spätere Bewucherte auf Gedeih und Verderb in die Hand des Wucherers, ohne es bei Erteilung der Selbstauskunft zu wissen oder auch nur zu ahnen. Will nämlich ein Opfer, das eine solchermaßen gefärbte Selbstauskunft erteilt und daraufhin den Kredit bekommen hat, den Kreditgeber wegen Wuchers anzeigen, müßte es damit rechnen — unter Umständen wird der Wucherer ihm dieses ausdrücklich androhen —, selbst von diesem wegen Betrugs angezeigt, von den staatlichen Behörden zur Verantwortung gezogen und im schlimmsten Fall sogar bestraft zu werden. In diesem Fall könnte seine Strafanzeige gegen den Kreditgeber zum auslösenden Faktor für eine eigene Bestrafung werden.

ee) Zusammenfassung

Bei diesen tatsächlichen Verhältnissen ist es nicht verwunderlich, daß Anzeigen wegen Wucherstraftaten nur in ganz geringem Umfang erstattet werden, und daß deshalb Wucherstrafverfahren im Bereich der gesamten Strafverfolgung nur eine unbedeutende Rolle spielen. Das rechtfertigt den Ausspruch Tröndles: „Wucherer brauchen ihre Verurteilung fast ebensowenig zu fürchten, wie bei der Promenade vom Blitz erschlagen zu werden“[46].

b) Geringes tatsächliches Vorkommen

Ein weiterer Grund für die geringe Bedeutung des Wucherstrafrechts mag auch das im Verhältnis z. B. zum Betrug geringe tatsächliche Vorkommen des Wuchers sein; denn beim Wucher handelt es sich eher um eine Randerscheinung der Kriminalität, bei der das Delikt von einem wirtschaftlich Überlegenen gegenüber einem unterlegenen Geschäftspartner begangen wird. Allerdings dürfte auch beim Wucher ein gewisses, im Vergleich mit den statistischen Zahlen nicht unerhebliches Dunkelfeld vorhanden sein[47], das nicht zuletzt auch auf die Anzeigenscheu der Bewucherten[48] zurückzuführen ist.

---

[45] Sturm JZ 1977, 85; Heinz GA 1977, 229; Schachtschabel S. 3; vgl. auch Zirpins / Terstegen S. 603; Karbach S. 34, 106 f.; Reifner / Weitz / Uesseler S. 178; Rühle S. 21 f.; Lach S. 90; BGH WPM 1980, 862; Löwe NJW 1980, 2079.

[46] Prot. VII S. 2561; vgl. auch Bender NJW 1980, 1132 und Bernsmann GA 1981, 145 f.

[47] So in der Sache auch Dähn JZ 1975, 619.

[48] s. o. S. 29 ff.

c) Geringe Praktikabilität

Ein nicht zu unterschätzender Grund für die durchgehend geringe Bedeutung des Wucherstrafrechts ist die fehlende Praktikabilität der anzuwendenden Wuchervorschriften gewesen. Dieses Problem kann an dieser Stelle nur angedeutet werden[49]; auch die Neufassung scheint daran nichts zu ändern[50].

aa) Auslegungsschwierigkeiten bei den normativen Tatbestandsmerkmalen

Sowohl in der alten wie auch in der neuen Fassung der Wucherstrafbestimmungen finden sich gehäuft normative Tatbestandsmerkmale, deren Anwendung im Einzelfall eine Fülle von Auslegungsschwierigkeiten aufwirft. An dieser Stelle sei nur auf das Tatbestandsmerkmal „auffälliges Mißverhältnis von Leistung und Vermögensvorteilen" hingewiesen[51].

bb) Anwendungsscheu in der Praxis

Wegen der angedeuteten Auslegungsprobleme scheint in der Praxis eine gewisse Scheu zu bestehen, den Wuchertatbestand anzuwenden[52]. Dem Anschein nach wird mit dem Strafrecht in der praktischen Anwendung nur die Spitze des Eisberges erfaßt, bei der die Erfüllung der Tatbestandsmerkmale des Wuchers offensichtlich ist, während im übrigen ein Vorgehen des Bewucherten mit Mitteln des Zivilrechts (§ 138 II bzw. § 138 I BGB) als ausreichend erachtet wird.

cc) Verhältnis Aburteilungen — Verurteilungen

Diese Auffassung kann auch als in den Statistiken bestätigt angesehen werden, ausweislich derer nur ein auffallend geringer Prozentsatz der wegen Wuchers abgeurteilten Personen auch bestraft wurde und wird[53]; über 60 % der vor Gericht anhängigen Verfahren enden ohne Verurteilung, also entweder durch Einstellung oder Freispruch.

dd) Unterschiedliche Behandlung von Kreditwucher und Sachwucher nach altem Recht

Zudem kam nach altem Recht der nicht immer einfachen Abgrenzung zwischen Kreditwucher und Sachwucher eine entscheidende Bedeutung

---

[49] Vgl. dazu Fuld GS 49 (1894), 42; Pardo S. 28; v. Liszt GA 41 (1893), 238 f.; v. Bülow S. 54.

[50] Karbach S. 45; Heinz GA 1977, 229; Sturm JZ 1977, 85 f.; Schmidt-Futterer JR 1974, 278; Sasserath NJW 1972, 712; vgl. auch Tiedemann 49. DJT S. C 41; zu Ermittlungsschwierigkeiten Wahl / Lauer Kriminalistik 1979, 241 f.; ausführlich Bernsmann GA 1981, 146 f.

[51] Näheres unten S. 105 ff.

[52] Vgl. dazu Kisseler Prot. VII S. 2575.

[53] s. o. unter D II; vgl. auch Seuffert ZStW 14 (1894), 555 ff.

zu. Beim Sachwucher war Voraussetzung für eine Bestrafung, daß der Täter gewerbs- oder gewohnheitsmäßig handelte; beim Kreditwucher nach § 302 a StGB a. F. hingegen waren dies lediglich strafschärfende Merkmale[54]. Diese Problematik ist jedoch durch die Neufassung des § 302 a StGB beseitigt, der Kreditwucher und allgemeinen Leistungswucher gleichbehandelt.

[54] § 302 e StGB a. F. gegenüber § 302 d StGB a. F.

Zweiter Teil

Geschichtliche Entwicklung des Wucherstrafrechts

Nicht immer und zu allen Zeiten ist Wucher als das erkannt worden, was wir heute unter Wucher verstehen, und unter Strafe gestellt worden. Vielmehr sind große Unterschiede zwischen verschiedenen Rechtsordnungen und auch innerhalb derselben Rechtsordnungen zu verschiedenen Zeiten festzustellen. Der Bereich der Regelungsformen erstreckt sich dabei von gänzlicher Freigabe des Wuchers, also völligem Fehlen von Wucherstrafnormen, bis hin zu weitreichenden strafrechtlichen Wuchervorschriften, die das Wirtschaftsleben zu ersticken drohen und zu Gesetzesverstößen und -umgehungen geradezu herausfordern.

Gesetze und Normen gegen den Wucher gibt es, seit es den Waren- und Geldverkehr zwischen den Menschen in einigem Umfang und den Unterschied zwischen arm und reich gibt; denn der wirtschaftlich und finanziell Mächtige versucht naturgemäß, seine eigene Position gegenüber seinen Mitbürgern und Kontrahenten zu festigen und den eigenen Wohlstand zu steigern. Dies wiederum gelingt ihm nur, wenn er für seine Leistungen ein Mehr an Gegenleistung, einen Gewinn erzielt. Dieser Geschäftsgewinn läßt sich steigern, wenn der Geschäftspartner aus irgendwelchen Gründen auf die Leistung angewiesen ist. Am größten wird der Geschäftsgewinn, wenn der Reiche, wirtschaftlich Mächtige dem Armen, Bedürftigen Gegenstände leihweise zur Verfügung stellt mit der vertraglichen Abrede, daß der Entleiher neben der Rückerstattung des Ausgeliehenen ein Entgelt für das Ausleihen zahlen muß. Dem Verleiher bleibt das Kapital zum weiteren Verleihen erhalten und bringt noch reichlich Frucht.

Bei dieser Sachlage nimmt es nicht wunder, daß in verschiedenen Rechtskreisen und zu verschiedenen Zeiten versucht wurde, die Erzielung übermäßiger Gewinne zu unterbinden und damit dem Geschäftsverkehr Grenzen aufzuzeigen.

A. Mosaisches Recht

Diesbezügliche Regelungen finden sich schon weit vor Christi Geburt, im mosaischen Recht[1]. Nach Exodus 22, 20—26 war dem Juden verboten,

[1] Etwa im 16. Jahrhundert vor Christi Geburt; vgl. Hug S. 3; v. Bülow S. 6;

Freunde, Witwen oder Waisen auszunützen oder auszubeuten. Ferner sollte ein Jude von seinem armen Mitbürger keinen Wucherzins fordern, wenn er diesem etwas lieh. In Levitikus 25, 35—38 wurde den Juden das Gebot auferlegt, wirtschaftlich bedrängte Brüder, Freunde oder Halbbrüder zu unterstützen. Ihnen sollte weder Geld noch Nahrung gegen Zins oder Zuschlag gegeben werden. Nach Deuteronomion 23, 20—21 war es den Juden verboten, überhaupt Zinsen von einem anderen Juden zu nehmen, während es ausdrücklich erlaubt war, von einem Ausländer, einem Nichtjuden, Zinsen zu nehmen.

Diese Regelungen sind in erster Linie als religiös-sittliche Gebote bzw. Moralvorschriften mit nationalen und politischen Elementen aufzufassen und gehen damit weit über schlichte Strafvorschriften hinaus[2]. Vom Prinzip her sind sie zu den Individualwuchervorschriften zu zählen. Geschützt werden soll nur ein bestimmter Personenkreis; zuerst nur Mitbürger, die sich in einer besonderen Bedrängnis oder Lage befinden, später Juden generell. Diesem geschützten Personenkreis sollte ein umfassender Schutz zukommen. Jeder von einer in den Schutzbereich fallenden Person erzielte Gewinn war untersagt; es wäre ein unrechtmäßiger Gewinn gewesen.

Als eine Sozialwuchervorschrift ist die Stelle aus dem Buch der Sprüche 11, 26 zu verstehen: „Wer Getreide zurückhält, den verwünscht das Volk, doch Segen kommt auf den herab, der Korn verkauft." Schon im mosaischen Recht war also das Phänomen des Wuchers erkannt und behandelt. Ein Wucherstrafrecht im heutigen Sinne gab es allerdings noch nicht. Es handelte sich vielmehr eher um sittlich-religiöse Moralvorschriften mit nationalen und politischen Elementen.

B. Wucher bei Griechen und Persern

Schon im Altertum fand bei den Persern und Griechen, im Gegensatz zu den Juden als ackerbautreibendem Volk, ein lebhafter Handelsverkehr mit stärker ausgeprägtem Geldverkehr statt[3]. Dieser wurde durch den schon im antiken Recht geltenden Grundsatz geschützt und gefördert, daß formgerecht abgeschlossene Verträge einzuhalten und durchzuführen sind[4]. Dadurch wurde offensichtlich die wirtschaftlich stärkere Partei begünstigt. Diese konnte gegenüber dem schwächeren Vertragspartner die ihr günstigsten Konditionen bei Vertragsschluß durchsetzen

die nachfolgenden Textstellen sind entnommen der Einheitsübersetzung der Hl. Schrift, Altes Testament.

[2] M. Neumann S. 2; Mahnke S. 12; R. Schmidt S. 164 f.; Peschke HdStW S. 1087; vgl. Maurach / Schroeder S. 452; Heimbach Rechtslexikon S. 54.

[3] Peschke HdStW S. 1086.

[4] Vgl. v. Bülow S. 7.

und ihre Ansprüche, seien sie auch noch so hoch und unverhältnismäßig, gerichtlich durchsetzen, wenn nur der entsprechende Vertrag formgerecht abgeschlossen war.

Dieser Rechtslage standen insb. in Griechenland Philosophen und Denker wie Plato und Aristoteles ablehnend gegenüber. Ihre Ansicht basierte auf der Grundeinstellung, daß Zinsennehmen ungerecht, unanständig und zu verachten sei. Insbesondere Aristoteles begründete und vertrat die Lehre von der Unfruchtbarkeit des Geldes. Ihre Auffassung konnte sich jedoch gegen die herrschende allgemeine Zinsfreiheit, damals gleichbedeutend mit Wucherfreiheit, nicht durchsetzen. Lediglich die Seisachthie Solons brachte gewisse Milderungen[5].

C. Römisches Recht

Ähnlich war die Wucherfrage anfangs im römischen Recht geregelt. Es herrschte das Prinzip der absoluten Freiheit des Verkehrs im privatrechtlichen Bereich. Die Vertragsschließenden orientierten sich an der Grundanschauung, daß die Ausbeutung der Situation des Vertragspartners natürlich und erlaubt war[6].

So nimmt es nicht wunder, daß die herrschende Klasse der Patrizier diese Vertragsfreiheit und die sich anschließende ungemein harte Schuldknechtschaft ausnutzte, um sich gegen die Plebejer zu behaupten. Die Wucherfrage erscheint als ein Ausschnitt aus dem allgemeinen Kampf der wirtschaftlich benachteiligten Plebejer gegen die herrschenden, wirtschaftlich mächtigen Patrizier. „Aus den innerpolitischen, sozialen und rechtlichen Verhältnissen heraus hat sich der Wucherbegriff im Kampfe der wirtschaftlich Schwachen gegen die wirtschaftlich Starken und gegen die von diesen im Recht zum Prinzip erhobene absolute Freiheit des Verkehrs herausgearbeitet“[7].

Eine gewisse Milderung in der Behandlung der Schuldner scheint nach dem Auszug der Plebejer auf den heiligen Berg eingetreten gewesen zu sein. Es dürfte sich insoweit um einen zwar allgemeinen, aber nur als Einzelmaßnahme durchgeführten Schuldenerlaß gehandelt haben, der die prinzipielle Zinsfreiheit und damit gleichzeitig Wucherfreiheit nicht in Frage stellte[8].

---

[5] Zum ganzen vgl. Hug S. 3; Peschke HdStW S. 1086; Isopescul-Grecul S. 30 Fn. 1.

[6] Isopescul-Grecul S. 29, 32; vgl. auch Steinbach S. 14 f.; Jhering Zweck S. 132 ff. und v. Tietzen und Henning S. 2.

[7] Isopescul-Grecul S. 28 ff.; Hug S. 4; vgl. auch v. Bülow S. 9 ff.; Schwarz S. 3; Jhering Geist S. 152 ff.

[8] Vgl. Isopescul-Grecul S. 33 f.

Ein erstes Zinsgesetz, und damit auch Wuchergesetz, dürften die Zwölftafelgesetze von 451 v. Chr. enthalten haben[9]. Es brachte die Einführung des „fenus unciarium“. Danach durfte eine „uncia“ Zins auf ein „as“ in einem zwölfmonatigem Jahr genommen werden. Das entspricht der Festlegung des Zinsmaximums auf 8⅓ %. Mit dieser Zinsbeschränkung war gleichzeitig eine erste Definition des Wuchers gegeben: Wucher war danach die Überschreitung des gesetzlichen Zinsfußes beim Darlehen. Die Rechtsfolgen der Überschreitung des Maximalzinsfußes waren in Intention und Auswirkung hauptsächlich zivilrechtlicher Natur. Der Schuldner konnte gegen den Gläubiger auf Rückzahlung des zuvielgezahlten Zinses klagen[10].

Gleichwohl finden sich die ersten Anklänge an eine strafrechtliche oder doch strafrechtsähnliche Ahndung der Überschreitung des Maximalzinsfußes beim nexum, dem formellen Darlehen. Zum einen war gegen den Gläubiger eine im Zivilprozeßweg zu verfolgende zivile Strafklage (deliktische Privatklage, actio poenalis, quadruplatio) auf den vierfachen Wert der zu Unrecht erhobenen Zinsen gegeben; die Klage führte zu einer Privatstrafe, dem quadruplum oder der poena quadrupli, die wenigstens zum Teil dem Kläger zufiel[11]. Zum anderen bestand die Möglichkeit, im aedilicisch-comitialen Verfahren gegen den Gläubiger einzuschreiten. Dieses Verfahren war ein Akt der öffentlichen Strafverfolgung und führte zur Verhängung der aedilizischen Mult[12]. Die multa wurde von den Aedilen nach freiem Ermessen festgesetzt und nach Abzug und Rückerstattung der vom Schuldner über den gesetzlichen Zinssatz gezahlten Beträge für öffentliche Vorhaben oder sacrale Zwecke verwendet[13]. Die die Schuldner und damit insb. die Plebejer begünstigenden Regelungen der Zwölftafelgesetze scheinen jedoch in der Praxis wenig erfolgreich angewendet worden zu sein, da die Rspr. i. d. R. in den Händen der Patrizier lag, gegen die sich die Zinsgesetze in erster Linie richteten[14].

---

[9] Peschke HdStW S. 1086; Mommsen Strafrecht S. 849; R. Schmidt S. 164 Fn. 2; Isopescul-Grecul S. 34; v. Bülow S. 11 ff.; Mahnke S. 12.

[10] Hug S. 45; Schwarz S. 4; R. Schmidt S. 164; Mahnke S. 12; Isopescul-Grecul S. 35 mit Ausführungen zu anderen Berechnungsmodalitäten.

[11] Vgl. dazu Peschke HdStW S. 1086; Mommsen Strafrecht S. 849 f.; Isopescul-Grecul S. 36 ff.; Müller S. 21; Hug S. 5.

[12] Mommsen Strafrecht S. 849; v. Liszt / Schmidt S. 683; v. Bülow S. 13 f.; Schwarz S. 4 f.; Peschke HdStW S. 1086; nach Isopescul-Grecul S. 39 ff., Müller S. 21 und Hug S. 5 ist diese Regelung erst durch die lex Duilia Menenia von 357 v. Chr. dem Zinsgesetz der Zwölftafeln hinzugefügt worden; unentschieden R. Schmidt S. 164 Fn. 2.

[13] Isopescul-Grecul S. 41 f.; Hug S. 5 f. Fn. 12; Mommsen Staatsrecht I S. 242, Staatsrecht II S. 493 u. 496 und Strafrecht S. 1015, 1025.

[14] Isopescul-Grecul S. 38 f.; v. Bülow S. 14; Hug S. 5.

Im Jahre 347 v. Chr. wurden der Maximalzinsfuß auf $4^1/_6$ % gesenkt und durch die lex Genucia von 342 v. Chr. sogar jegliches Zinsnehmen unter römischen Bürgern untersagt[15].

Die lex Genucia wurde in der Folgezeit rasch unterlaufen. An die Stelle der Darlehensform des nexum mit dem fenus als Zinsen, auf das allein sich die obengenannten Zinsgesetze bezogen, trat das mutuum des jus gentium, bei dem bald eine Vergütung für die Gebrauchsüberlassung, die usurae, bezahlt wurde. Die Höhe der usurae war durch die Zinsgesetze in keiner Weise eingeschränkt. Damit war in bezug auf die Möglichkeit, vom Schuldner Darlehenszinsen in unbeschränkter Höhe geltend zu machen, wieder der Rechtszustand vor Erlaß der Zwölftafelgesetze erreicht[16].

In der Folgezeit kam es zu Mißbräuchen im Zusammenhang mit dem mutuum. Um diese einzuschränken, wurde eine Anzahl von Plebisziten erlassen. Vermutlich wurden die Strafen, die das Zwölftafelgesetz für das fenus beim nexum vorgesehen hatte, nämlich die multa und die quadripula, auch auf die usurae des mutuum erstreckt[17]. Im Laufe der Zeit scheinen jedoch die Zinsverbote entweder nicht mehr angewendet oder doch so umgangen worden zu sein, daß man von einer zivilrechtlichen oder gar strafrechtlichen Bekämpfung des Zinswuchers in der Praxis nicht sprechen kann. Eine Bekämpfung des Sachwuchers im heutigen Sinn war noch gänzlich unbekannt.

Unter Cäsar wurde insb. durch einen Senatsbeschluß von 51 v. Chr. der Zins auf 12 % jährlich beschränkt und der Anatozismus verboten[18]. Wucher war schlicht die Überschreitung des gesetzlichen Maximalzinsfußes. Die Folgen des Wuchers waren in der Hauptsache privatrechtlicher Natur. Mommsen[19] vermutet, daß Cäsar die kriminelle Behandlung auch des Zinswuchers im Wege des Quaestionenprozesses angeordnet habe, und daß die Strafe über den einfachen Ersatz hinausging.

Zur selben Zeit entwickelte sich auch das Bewußtsein, gegen den Sachwucher einschreiten zu müssen. So wurde in der republikanischen Epoche im Rahmen des aedilicisch-comitialen Multverfahrens gegen die sog. dardanarii — das sind insb. im Getreidehandel tätige, gewerbsmäßige Zwischenhändler — eingeschritten, um Teuerungen und Preistreiberei bei Lebensmitteln, insb. Korn, zu verhindern. Es handelte sich

[15] Lehmann S. 8; v. Bülow S. 15; Isopescul-Grecul S. 42 ff.; Hug S. 6; Müller S. 21; Mahnke S. 12.

[16] v. Bülow S. 16 f.; Isopescul-Grecul S. 44 f.; Hug S. 6 f.; Müller S. 21 f.; vgl. auch v. Tietzen und Henning S. 2.

[17] Vgl. Hug S. 7; Isopescul-Grecul S. 45 f.

[18] Hug S. 7; vgl. Isopescul-Grecul S. 52; Mahnke S. 14.

[19] Strafrecht S. 850; wie Mommsen auch Hug S. 8; skeptisch Isopescul-Grecul S. 52 f.

dabei nicht um Individual- oder Einzelsachwucher, sondern um Sozialwucher im heutigen Sinn[20].

Unter Cäsar wurde in der lex Julia de annona jede auf Preissteigerung bei Lebensmitteln zielende Handlung und jede Vereinigung zu einer Gesellschaft, die denselben Zweck verfolgte, als crimen annonae von einer besonderen Quaestion, der quaestio perpetua, verfolgt[21]. Unter Augustus wurde die Gerichtsbarkeit für strafrechtliche Verfahren in den Getreidesachen einem Kaiserlichen Praefekten und in den Provinzen dem Statthalter übertragen. Die Strafen für Wucher als crimen ordinarium reichten von Interdiction des Geschäfts oder auf Relegation bei Personen besseren Standes bis hin zu Zwangsarbeit, Geldbußen oder gar Kapitalstrafen bei Personen geringeren Standes[22].

Ein Versuch Diokletians, im Jahre 301 Höchstpreise auch bei anderen Bedarfsgegenständen, Waren und Arbeitslöhnen festzusetzen und für Verstöße dagegen die Todesstrafe einzuführen, blieb erfolglos[23].

Den Schlußpunkt des römischen Wucherstrafrechts bildet die Gesetzgebung Justinians. Darin wurden Maximalzinsfüße festgesetzt, deren Überschreitung für den Gläubiger nur zivilrechtliche Folgen hatte; die Strafandrohungen gegen Zinswucher wurden endgültig beseitigt[24]. Die lex Julia de annona gegen den Kornwucher hingegen scheint noch längere Zeit Wirkungen entfaltet zu haben[25].

Insgesamt ist festzuhalten, daß im Römischen Recht die Probleme des Zinswuchers und des Sachwuchers als Sozialwucher bekannt waren. Wenn auch die Grundlagen teils nur lückenhaft erforscht sind, kann man jedoch folgendes erkennen: Die Wucherstrafgesetzgebung mit ihren Schutznormen zugunsten des wirtschaftlich Schwächeren liegt in einem ständigen Kampf mit der, insb. von den wirtschaftlich Mächtigen propagierten, allgemeinen Vertragsfreiheit. Dabei konzentriert sich das römische Recht in erster Linie auf die zivilrechtlichen Ausgleichsansprüche des Bewucherten gegen den Wucherer und modifiziert den eigenen ehernen Grundsatz der absoluten Vertragsfreiheit allenfalls in mäßiger Weise.

---

[20] Mommsen Strafrecht S. 851; Walther GS 23 (1871), 450 f.

[21] R. Schmidt S. 164 Fn. 3; Mommsen Strafrecht S. 851 f.; Müller S. 22 f.; Rosenthal S. 7 f.

[22] R. v. Hippel LB S. 270 Fn. 10 und Strafrecht I S. 64; Mommsen Strafrecht S. 852; Walther GS 23 (1871), 454 ff.

[23] Isopescul-Grecul S. 65; Lehmann S. 9; v. Tietzen und Henning S. 3; neuerdings Rühle S. 25; vgl. auch Lessing S. 11, der vom Festsetzen, und nicht nur vom Versuch desselben ausgeht; zum ganzen, besonders im Hinblick auf die wirtschaftliche Bedeutung, vgl. Bücher ZfdgStW 50 (1894), passim mit der Übersetzung der Taxordnung S. 699 ff.

[24] Binding S. 450; v. Bülow S. 21; Schwarz S. 5; Müller S. 22.

[25] R. Schmidt S. 164 Fn. 4; Hug S. 9.

D. Germanisches Recht

Im germanischen Recht war ursprünglich Wucher nicht bekannt; den meisten Volksrechten der germanischen Stämme waren die juristischen Begriffe Kredit, Zins und Wucher im heutigen Sinne fremd[26]. Der Grund dafür liegt darin, daß die Germanen ein ackerbauendes und viehzüchtendes Volk waren, bei denen Handel und Wirtschaftsverkehr nur eine unbedeutende Rolle spielten[27]. Darlehen wurden als verzinsliches Konsumtivdarlehen allenfalls von Personen aufgenommen, die sich in einer augenblicklichen Not befanden; unentgeltliche Kreditvergabe widersprach ihrem Rechtsgefühl[28].

Diese grundsätzliche Einstellung zu Wucher und verzinsbaren Krediten änderte sich unter Chlodwig. Mit der christlichen Lehre als Staatsreligion wurden die germanischen Stämme mit der völlig andersartigen kanonischen Zins- und Wucherlehre in Berührung gebracht. Unter Karl dem Großen wurde im Kapitulare von 806 jedes (Rechts-)Geschäft als wucherisch bezeichnet, das einen Gewinn abwarf: „usura est ubi amplius requiretur quam datur“[29]. Durch das Kapitulare von 809 wurde ausdrücklich auch der Kauf von Früchten auf dem Halm vor der Ernte als Wucher bestraft[30]. Insgesamt wurden unter Karl dem Großen Preistaxen für Bedarfsgegenstände des täglichen Lebens erlassen, deren Übertretung als Wucher mit Geldstrafe belegt wurde[31]. Die Wucherbestimmungen der Kapitularien von 806 und 809 wurden durch das Kapitulare von 813 bestätigt. Gleichzeitig wurde der Wucherer mit der kirchlichen Strafe des Bannes belegt[32]. Unter Lothar wurde durch das Kapitulare von 825 angeordnet, daß das weltliche Gericht bei Wucherstraftaten zu entscheiden habe. Als Höhepunkt und Abschluß dieser Epoche der Kapitularien ordnete Ludwig II. in seinem Kapitulare von 850 die Anwendung der vom kanonischen Recht für den Wucher bestimmten Strafen an[33].

Die obengenannten Kapitularien galten als allgemeines Reichsrecht und wurden insb. durch den Klerus rasch verbreitet. Obwohl nach der Aufspaltung des Reichs die Kapitularien in den einzelnen Teilen des Reichs formell weiterhin gültig waren, lebte jeder Stamm nach seinem

---

[26] R. Schmidt S. 164; M. Neumann S. 55.

[27] Vgl. dazu insb. M. Neumann S. 28 ff.

[28] Hug S. 16; Isopescul-Grecul S. 99.

[29] M. Neumann S. 60; Isopescul-Grecul S. 99 Fn. 5; v. Bülow S. 26; Ruth Beiträge zum Wirtschaftsrecht 1931, 336 f.

[30] Isopescul-Grecul S. 100; M. Neumann S. 100 f.

[31] Hug S. 34; Isopescul-Grecul S. 122 f.

[32] M. Neumann S. 61; Isopescul-Grecul S. 100; vgl. Rosenthal S. 12.

[33] Isopescul-Grecul S. 100; M. Neumann S. 62; v. Bülow S. 27; Hug S. 18.

eigenen Recht, so daß die Kapitularien in der Praxis bald an Bedeutung verloren.

Im ganzen Reich entwickelten sich Land- und Stadtrechte. In den Gesetzbüchern des nördlichen Deutschlands, insb. im Sachsenspiegel, war das Delikt des Wuchers zunächst überhaupt nicht erwähnt. Demgegenüber enthielten die Rechtsbücher des süd- und des westdeutschen Raums teils sogar sehr ausführliche Wucherbestimmungen, die in der Regel auf dem kanonischen Recht fußten und daneben auch vom römischen Recht und dem althergebrachten Gewohnheitsrecht beeinflußt waren[34]. Allmählich bildete sich der Rechtssatz aus und blieb bis in das 16. Jahrhundert gültig, daß der zuerst mit der Sache befaßte Richter das Urteil sprach und das für ihn gültige Recht anwendete. Der Wucher gehörte zu den sog. „delicta mixti fori" mit den unterschiedlichsten weltlichen und kirchlichen Strafen[35].

E. Kanonisches Recht

Das kanonische Zins- und Wucherrecht hat in Deutschland lange Zeit eine entscheidende Rolle gespielt und die Entwicklung des Wucherstrafrechts hin zum heutigen Stand entscheidend mit beeinflußt.

Die kanonische Zins- und Wucherlehre fußte auf dem Bibelzitat „mutuum date nihil inde sperantes"[36] und der allgemeinen christlichen Pflicht zur Nächstenliebe.

Schon die älteren Kirchenväter versuchten, auf der Grundlage des obengenannten Bibelzitates, des mosaischen Rechts und sogar unter Berufung auf heidnische Denker wie z. B. Plato, Seneca und vor allem Aristoteles ein allgemeines Zinsverbot in das kanonische Recht einzuführen, das über die Geltung als Moralgebot hinausgeht[37]. Dies gelang ihnen jedoch nicht in dem gewünschten Maße, da ein Teil der Kleriker selbst noch Zinsgeschäfte machte. Erst im Konzil von Nizäa (325 n. Chr.) wurde den Klerikern das Zinsnehmen unter Androhung der Absetzung untersagt[38]. Unter Papst Leo (443 n. Chr.) wurde dann das Zinsverbot auf die Laien ausgedehnt und das Zinsnehmen, gleichbedeutend mit Wucher, als „turpe lucrum" bezeichnet. Diese Erweiterung des Wucherverbots blieb vorerst noch ohne Wirkung, da es der Kirche noch nicht gelungen war, die Wucherverfolgung der weltlichen

[34] M. Neumann S. 63 ff.; Isopescul-Grecul S. 100 ff.

[35] Zum ganzen vgl. M. Neumann S. 84 ff.; His Strafrecht S. 330 ff.; Isopescul-Grecul S. 83, 92, 118 ff.; v. Bülow S. 32.

[36] Lukas VI, 34/35; vgl. auch Matthäus V, 39—48.

[37] So insb. v. Bülow S. 22 ff.; vgl. auch Ruth, Beiträge zum Wirtschaftsrecht 1931, 322.

[38] Peschke HdStW S. 1087; Isopescul-Grecul S. 72; Hug S. 10 ff.

Gerichtsbarkeit zu entziehen und der geistlichen Gerichtsbarkeit zu unterwerfen[39].

Diese Zustände änderten sich jedoch, als im karolingischen Reich die christliche Lehre zur Staatsreligion erklärt wurde und speziell unter Karl dem Großen die kanonische Zins- und Wucherlehre Eingang in die weltliche Gesetzgebung fand[40]. Neben der Zinswucherlehre wurde jetzt auch in verstärktem Maße die Sachwucherlehre weiterentwickelt. Als wucherlich wurde nach der Lehre von der „aequalitas dati et accepti in omnibus commerciis“[41] jedes zweiseitige Rechtsgeschäft angesehen, bei dem jemand für seine Leistung eine höherwertige Gegenleistung erlangte, bei dem die Gegenleistung den gemeinen Verkehrswert der Leistung überstieg und damit nicht einen „iustum pretium“, sondern einen „iniustum pretium“ darstellte; um diesen gerechten Preis ermitteln zu können, wurden in vielen Bereichen Preistaxen aufgestellt[42]. Im Zuge dieser Entwicklung gelang es der Kirche zudem, die Bestrafung wegen Wuchers bei Klerikern wie bei Laien ihrer Gerichtsbarkeit zu unterwerfen[43].

Die Strafen[44] für den recht weit gefaßten und von Amts wegen zu verfolgenden Wucher waren nach kanonischem Recht sehr hart. Den Geistlichen drohte Verlust ihres geistlichen Standes, nicht nur wenn sie selbst wucherten, sondern auch dann, wenn sie von einem Wucherer etwas annahmen oder einen verurteilten Wucherer kirchlich bestatteten. Für die Laien sah das kanonische Recht je nach Art des Verstoßes gegen die Wuchergesetze mannigfaltige Strafen vor. Ihnen drohte die Exkommunikation oder gar die Infamie; die Zinsen waren dem Schuldner, seinen Erben oder den Armen auszuhändigen; Schuldbücher waren der Obrigkeit vorzulegen; Fremde wurden ausgewiesen; Wucherer, die die Zinsen noch nicht rückerstattet hatten, durften nicht kirchlich beerdigt werden; geistliche und weltliche Fürsten und Behörden, die den Wucher gestatteten oder nicht einschritten, wurden mit dem Kirchenbann bedroht; wer wiederholt öffentlich das Zinsnehmen für rechtmäßig erklärte, wurde als Ketzer bestraft.

---

[39] Heimbach Rechtslexikon S. 55; Hug S. 12 f.; Isopescul-Grecul S. 73; vgl. auch v. Bülow S. 25.

[40] R. Schmidt S. 165 f.; Hinschius V S. 196 Fn. 8; Peschke HdStW S. 1087; Isopescul-Grecul S. 73 f., 86.

[41] Isopescul-Grecul S. 70, 87; R. Schmidt S. 165; Müller S. 23 f.

[42] Isopescul-Grecul S. 70 f., 86 ff.; vgl. dazu auch Lehmann S. 10; Schwarz S. 6 f. und Rosenthal S. 11.

[43] Hug S. 13; Ruth, Beiträge zum Wirtschaftsrecht 1931, 318.

[44] Vgl. dazu nur Hinschius IV S. 701 und V S. 196 ff.; M. Neumann S. 23 ff.; Isopescul-Grecul S. 83 f.; R. Schmidt S. 165 Fn. 5; Peschke HdStW S. 1087; Heimbach Rechtslexikon S. 56 f.; Feuerbach § 619; v. Bülow S. 28 ff.; Rosenthal S. 13; Hug S. 13.

Der Wucherbegriff des kanonischen Rechts war also umfassend: Kreditwucher war die beabsichtigte oder tatsächliche Erlangung eines Vermögensvorteils für einen gegebenen Kredit; Sachwucher lag vor, wenn bei irgendeinem Rechtsgeschäft die geforderte Gegenleistung die eigene Leistung in der Form des gemeinen Verkehrswerts, des iustum pretium, überstieg[45]. Diese Wucherlehre wurde durch Androhung und Festsetzung harter Strafen durchzusetzen versucht.

Aber nicht nur in der Laienschaft, sondern auch von Teilen des Klerus wurden Institutionen gefunden, die nicht unter das Zinsverbot fielen, aber denselben wirtschaftlichen Effekt hatten wie die Gewährung eines zinsbehafteten Darlehens. Als derartige Ausnahme von Zinsverbot sind insb. zu nennen: Der Pfandvertrag, die entgeltliche Kreditgewährung in der Form der Sozietät, die Beteiligung an einer Gesellschaft zum Ankauf eines gewinnbringenden geistlichen Amtes sowie der Rentenkauf[46]. Einschränkungen des Zinsverbots bestanden zudem darin, daß der Gläubiger eines an sich zinslosen Darlehens für bestimmte Aufwendungen und Tätigkeiten Geldbeträge vom Schuldner fordern konnte, ohne gegen das Zinsverbot zu verstoßen[47]. Eine weitere Ausnahme vom absoluten kanonischen Zinsverbot war darin zu finden, daß es sich nicht auf Juden und teilweise auch nicht auf Lombarden, oberitalienische Geldwechsler, bezog[48].

So war bis zum Ausgang des Mittelalters ein theoretisch alle Rechtsgeschäfte umfassender Wucherbegriff gefunden, der den aufkommenden verstärkten Waren- und Geldverkehr im Keim zu ersticken schien. In der Praxis hingegen war das Wucherstrafrecht durch die mannigfachen Einschränkungen und Ausnahmen vom absoluten Zinsverbot stark durchlöchert. Das kanonische Zins- und Wucherrecht ist deshalb als in der Praxis gescheitert anzusehen.

Dies scheint auf drei Fehlern zu beruhen, die leicht hätten vermieden werden können, wenn man sich in der Kirche nicht von vornherein allein auf die Bibelstelle Lukas VI, 34/35 beschränkt hätte. Zum einen hätte bedacht werden müssen, daß das Bibelzitat als Teil der Bergpredigt in erster Linie eine Moralvorschrift darstellt, die nicht einfach aus dem Zusammenhang hätte gerissen und als Rechtsvorschrift über-

---

[45] Zu den wirtschaftlichen Hintergründen s. insb. Ruth, Beiträge zum Wirtschaftsrecht 1931, 322 ff.

[46] Zu Einzelheiten siehe Isopescul-Grecul S. 77 ff.; Knies S. 337 f.; Segall S. 171 ff.; Peschke HdStW S. 1087 f.; auch M. Neumann S. 177 ff.; v. Bülow S. 30; Endemann S. 164 ff.

[47] Vgl. dazu im einzelnen M. Neumann S. 109 ff.; Hug S. 14 f., 21 f.; Isopescul-Grecul S. 76 f.

[48] Hug S. 27 f.; Knies S. 338 f.; His Geschichte S. 174; v. Bülow S. 30 f.; Endemann S. 167 f.

nommen werden dürfen. Zum anderen scheint das zum Grundsatz erhobene Bibelzitat vielleicht nicht erschöpfend ausgelegt worden zu sein. Vielmehr hätte sich die Überlegung aufgedrängt, ob nicht statt der Auslegung „Leihet nicht nur in der Hoffnung, Zinsen zu erhalten" folgende Auslegung zutreffender ist: „Leihet nicht nur da, wo ihr hoffen könnt, selbst geliehen zu erhalten", d. h. nicht nur bei den Reichen, sondern auch den Armen[49]. Mit der letzteren Auslegung könnte auch das Gleichnis von den Talenten[50] eher in Einklang gebracht werden. Selbst wenn man bedenkt, daß es sich bei den erwähnten Bibelzitaten um Gleichnisse handelt, so ist doch zumindest nach dem Wortlaut nicht verboten, mit Geld einen Gewinn zu erwirtschaften. Auch der Hinweis auf die Moralvorschriften des Alten Testaments, des mosaischen Rechts, vermag letztlich das kanonische Zins- und Wucherrecht nicht überzeugend zu begründen; denn wie schon oben dargestellt, war nach diesen Vorschriften das Zinsnehmen nur in bestimmten Sonderfällen verboten.

Es bleibt also festzustellen, daß das kanonische Zinsverbot und die sich darauf aufbauende Wucherlehre nicht nur praktisch zum Scheitern verurteilt, sondern auch in seiner theoretischen Begründung nicht überzeugend war. Letztlich fußte der Fehler, auf den die kanonische Lehre aufgebaut war, nach Isopescul-Grecul[51] auf folgendem, im Wege der deduktiven Methode gewonnenen Schluß: „Die Not eines anderen auszubeuten ist verwerflich, weil aber der Darlehenszins manchmal zu solcher Ausbeutung führt, ist er verwerflich und zu verbieten".

F. Ausgehendes Mittelalter — Anfang der Neuzeit

Zur Überwindung der kanonischen Zins- und Wucherlehre trugen insb. die italienischen Städte bei, unter deren Führung Handel und Verkehr seit dem 13. Jahrhundert gefördert und erheblich ausgedehnt wurden[52]. Im Gegensatz dazu gab die Reformation nicht, wie man vielleicht hätte erwarten können, einen entscheidenden Impuls in Richtung auf Änderung oder Überwindung des kanonischen Zins- und Wucherrechts; insb. Luther blieb zunächst fest auf ihrem Boden stehen; nur Calvin versuchte, gegen die kanonische Lehre anzugehen[53].

Insgesamt kann man jedoch feststellen, daß sich das gemeine Recht im Gegensatz zum kanonischen Recht dahin weiterentwickelte, daß in be-

[49] So R. Schmidt S. 165 Fn. 2; vgl. dazu insgesamt Knies S. 333 f. Fn. 1.

[50] Matthäus XXV, 14—30 und Lukas XIX, 11—27.

[51] S. 67 f. Fn. 4; vgl. auch Endemann S. 35 ff.

[52] Schwarz S. 7; R. Schmidt S. 166 f.; Lehmann S. 11; Müller S. 25.

[53] Binding S. 450; Schwarz S. 8; Isopescul-Grecul S. 133 f.; Hug S. 31 ff.; Peschke HdStW S. 1088; M. Neumann S. 480 ff.; v. Bülow S. 35 f.; Luther, Von Kaufhandlung und Wucher, passim.

stimmten Fällen, insb. beim Verzug des Schuldners, das Zinsnehmen in bestimmtem Rahmen nicht unerlaubt war. Die Geldpolitik großer und kleiner, weltlicher und kirchlicher Fürsten, die selbst von Juden und Wechslern Darlehen gegen Zinsversprechen aufnahmen, sowie die Besinnung auf das römische Zins- und Wucherrecht und der Einfluß sozialökonomisch und volkswirtschaftlich geschulter Rechtsgelehrter trugen dazu bei, die starre Zinsregelung des kanonischen Rechts faktisch durch Nichtanwendung zu unterlaufen und eine Wende in der weltlichen Gesetzgebung vorzubereiten. So behandelte das Reichskammergericht seit 1530 Zinsprozesse nach römischem Recht und sanktionierte damit auch die inzwischen gefestigte Praxis der unteren Gerichte, in gewissem Umfang das Nehmen von Zinsen für erlaubt anzusehen[54].

Die ersten markanten Wegsteine bei der Abwendung vom strengen Zinsdogma des kanonischen Rechts sind in Deutschland die Reichspolizeiordnungen von 1530, 1548 und 1577, nachdem in den Reichsabschieden von 1497 und 1500 die Wucherfrage bereits angeschnitten worden war. In der RPO von 1530 wurde Christen und Juden gleichermaßen gestattet, einen Rentenzins von 5 % zu nehmen. Die Partikularrechte, besonders der protestantischen Länder, erlaubten ausdrücklich, Konventionalzinsen von 5 % beim Darlehen zu nehmen; dem schloß sich unter gleichzeitiger Erweiterung der Strafen die RPO von 1577 für die Zinsgeschäfte der Juden an. In der Folgezeit wurde der Zinsfuß von 5 % als das erlaubte Maß von Konventional- und Verzugszinsen angesehen. Für Deutschland war damit ein neuer Wucherbegriff gefunden; Wucher beim Darlehensgeschäft lag vor beim Überschreiten des erlaubten Zinsfußes[55].

Die Strafen beim Nichtjuden waren unterschiedlich hohe Geldstrafen, die je zur Hälfte dem Bewucherten und der Obrigkeit des Wucherers zufielen; der jüdische Wucherer wurde mit Landesverweisung und Geleitsberaubung bestraft[56].

Für die Bestrafung wegen vollendeten Wuchers war nur das „Üben" der wucherlichen Kontrakte erforderlich. Aus dieser Formulierung läßt sich schließen, daß schon das Vereinbaren eines wucherlichen Geschäfts als vollendeter Wucher angesehen wurde[57].

Aber nicht nur der Zins- und Kreditwucher war unter Strafe gestellt. Es wurde auch der Handelswucher geregelt. Es sollte verhindert wer-

---

[54] Hug S. 35; M. Neumann S. 477.

[55] Zu dieser Epoche s. Segall S. 170 ff.; M. Neumann S. 540 ff.; v. Bülow S. 41 ff.; Hug S. 29 ff.; R. v. Hippel Strafrecht I S. 216 f.; Isopescul-Grecul S. 115, 121, 136; R. Schmidt S. 168; Feuerbach §§ 436 f.

[56] Segall S. 174 ff.; Hug S. 36; Peschke HdStW S. 1088; Feuerbach § 438.

[57] Segall S. 176; Isopescul-Grecul S. 118; als strittig bezeichnet von Hug S. 35; zweifelnd Heimbach Rechtslexikon S. 59 f.; a. A. Feuerbach § 438.

den, daß der Verkehr mit bestimmten Produkten in die ausschließliche Gewalt einzelner Gruppen gebracht wurde, die diese Produkte aufgrund ihrer Monopolstellung zu willkürlich erhöhten Preisen an die Endverbraucher absetzten, und daß gemeinschaftliche Absprachen von Handwerkern einer Branche an einem Ort zu lokalen Verteuerungen führten. Täter war jeder an den entsprechenden Absprachen Beteiligte; die Strafen bestanden in Konfiskation ihres Hab und Guts, Landesverweisung und Beraubung des freien Geleits sowie unnachlässiger Bestrafung je nach Beschaffenheit des Einzelfalles[58]. Das Denunzieren wurde belohnt.

Das Reichskammergericht sah auf dieser Grundlage seit 1580 das Nehmen von Konventionalzinsen als allgemein zulässig an; diese Rechtslage wurde nach heute überwiegender Ansicht durch den jüngsten Reichsabschied ausdrücklich bestätigt[59].

Eine ähnliche Rechtslage ist für denselben Zeitraum auch im europäischen Ausland wie z. B. Frankreich und England festzustellen, so daß man von einer einheitlichen europäischen Grundauffassung vom strafrechtlichen Wucher sprechen kann. Wucher war das Überschreiten der gesetzlich vorgeschriebenen Zins- und Preistaxen[60].

1741 erklärte Papst Benedikt XIV das Zinsnehmen beim Darlehen als nach kanonischem Recht erlaubt[61].

In Weiterentwicklung des Zinstaxensystems entstanden in der Folgezeit Gesetze, die, ähnlich wie die heutige Regelung, nicht jede überzogene Forderung unter Strafe stellten, sondern zusätzlich eine bestimmte nachteilige Lage des Bewucherten als erforderlich ansahen. So ging z. B. das preußische ALR II 20 § 1271 von der Zinstaxe aus, sah aber nur den verschleierten Wucher als strafbar an. Ihm folgte das bayerische StGB von 1813, nach dem nur der versteckte Wucher (als gemeine Betrügerei) bestraft wurde[62].

---

58 Zum einzelnen s. Segall S. 177 ff., insb. S. 181 f.; Isopescul-Grecul S. 120 ff., 138 f.; Lehmann S. 11; s. auch Feuerbach §§ 440—444; Heimbach Rechtslexikon S. 66.

59 R. Schmidt S. 168 f.; M. Neumann S. 542 f., 551 ff. und 559 ff.; Isopescul-Grecul S. 136 ff.; v. Bülow S. 37 ff.; Binding S. 451; Peschke HdStW S. 1088.

60 R. Schmidt S. 168 f.; Hug S. 35; Schwarz S. 8; Maurach / Schroeder S. 452; vgl. auch Müller S. 25.

61 Schwarz S. 8; anders Ziebe ZRP 1980, 168: Aufhebung des Zinsverbots nach kanonischem Recht am 14. 11. 1867.

62 Sauer S. 134 f.; R. v. Hippel LB S. 270 Fn. 10; Maurach / Schroeder S. 453; Isopescul-Grecul S. 153, zu Einzelheiten S. 139 ff.; zur Rechtslage in der Schweiz Hug S. 37 ff.

G. Wucherfreiheit aufgrund des Wirtschaftsliberalismus

Der entscheidende Anstoß, auch die jetzt noch bestehenden Zinsschranken einzureißen, wurde vom politisch-wirtschaftlichen Liberalismus der englischen Aufklärung (John Stuart Mill, John Locke, Adam Smith, David Hume) und den Physiokraten in Frankreich (Turgot) gegeben[63]. Diese Bewegungen sahen im Taxsystem einen Hemmschuh der Freiheit des wirtschaftlichen Verkehrs und der wirtschaftlichen Entfaltung des einzelnen. Der reelle Geschäfts- und Kreditverkehr würde unterbunden, und der Kreditsuchende würde geradezu in die Hände des nicht reellen, profitsüchtigen Geschäftsmanns getrieben. In seiner Schrift „Defence of usury" (1787) machte Jeremias Bentham auf die unterschiedliche Behandlung der Zinsen beim Darlehen einerseits und Übervorteilung bei Kauf- und Pfandverträgen andererseits aufmerksam und vertrat die Auffassung, „daß das Gemeinwohl und der Staat an solchen Übervorteilungen (s. c. beim Kaufvertrag über Waren oder Vieh, bei Pfandverträgen usw.) interessiert seien, daß alle staatlichen Schranken nur die wirtschaftliche Selbsterziehung der Individuen hemmen müssen"[64].

Zunächst schien es, als sollte sich diese neue Richtung zügig und in vollem Umfang durchsetzen. Unter Josef II. 1787 in Österreich und durch die Revolutionsregierung im Jahre 1791 für Frankreich wurden die Wucherstrafgesetze aufgehoben und die völlige Wucherfreiheit eingeführt[65].

Die erhoffte wirtschaftliche Entwicklung trat jedoch nicht ein, im Gegenteil: Wuchertaten und Bewucherungen nahmen erheblich an Bedeutung zu. Die von den Vertretern des wirtschaftlichen Liberalismus prophezeite Selbstregulierung des Marktes blieb aus. So wurde die Wucherfreiheit recht bald wieder zugunsten des Zinstaxensystems beseitigt, in Österreich schon 1803 unter Franz II. mit detaillierten Strafbestimmungen, in Frankreich durch ein Spezialgesetz von 1807, in dem für gewohnheitsmäßigen Wucher eine Geldstrafe bis zur Hälfte des Darlehens angedroht war[66]. Damit war im Grundsatz sowohl in Österreich als auch in Frankreich der Rechtszustand der anderen Länder erreicht. Dort war zwischenzeitlich bisweilen das Taxsystem einem im heutigen Sinne modernen Wucherstrafrecht gewichen[67].

---

[63] R. Schmidt S. 169 f.; Schwarz S. 8; Peschke HdStW S. 1088 f.; Lehmann S. 11; Isopescul-Grecul S. 142 f.; speziell zu Bentham Caro S. 20 ff., Rühle S. 26 Fn. 7 und Mahnke S. 15 f.

[64] R. Schmidt S. 170; vgl. auch Schwarz S. 8 f.; Hug S. 46.

[65] R. Schmidt S. 170 f.; Schwarz S. 9; v. Liszt / Schmidt S. 683; Rosenthal S. 16; Caro S. 23.

[66] Isopescul-Grecul S. 145 f.; Rosenthal S. 16; Caro S. 26 f.; Peschke HdStW S. 1090.

Damit war jedoch die Idee des wirtschaftlichen Liberalismus keineswegs überwunden; die Auseinandersetzung wurde weiter fortgeführt. Mitte des 19. Jahrhunderts vermochte sich der liberalistische Gedanke endgültig gegenüber dem Zinstaxensystem durchzusetzen. In fast allen europäischen Staaten wurde das Zinstaxensystem vom Gesetzgeber aufgehoben und dadurch die volle Wucherfreiheit eingeführt[68].

In Deutschland hob der Norddeutsche Bund 1867 nach langen und erbittert geführten Auseinandersetzungen sämtliche Wuchergesetze auf. Das Gesetz wurde durch Art. 80 der Verfassung des Norddeutschen Bundes von 1870 zum Reichsgesetz erklärt[69]. Im ganzen Reich herrschte allgemeine Zins- und Wucherfreiheit[70]. Folgerichtig enthielt auch das Strafgesetzbuch für das Deutsche Reich vom 15. Mai 1871 keinen Wucherstraftatbestand.

So war die Wucherstrafgesetzgebung in kurzer Zeit von einem Extrem, dem völligen Zinsverbot und allumfassenden Wucherbegriff des kanonischen Rechts, in ein anderes Extrem gefallen, die allgemeine Zins- und Wucherfreiheit.

H. Wuchergesetz von 1880 — Kreditwucher

Durch die gänzliche Wucherfreigabe kam es jedoch schon bald in großen Teilen des Reiches zu erheblichen Mißständen. Von ihnen waren ganz besonders die wenig wohlhabenden Klassen betroffen, Landbevölkerung und Arbeiter, aber auch kleine Handwerker und Beamte[71]. Deren Geldknappheit konnte nicht durch Darlehen und Kreditaufnahme bei öffentlichen Sparkassen und Banken ausgeglichen werden. Zum

---

[67] Z. B. in § 533 des Strafgesetzbuches von Baden aus dem Jahre 1845 und in Art. 230 des StGB für den Kanton Schaffhausen von 1859: Dort wurde als Wucher mit Strafe bedroht, „wer bei Darlehen und anderen belastenden Verträgen für sich übermäßige Vorteile bedingt, 1. wenn er die ihm bekannte Not oder den ihm bekannten Leichtsinn des anderen benützt und sich die bedungenen wucherischen Vorteile in der Vertragsurkunde verschleiert zusichern läßt; 2. wenn er, um den anderen zu täuschen, den Vertrag so einkleidet, daß dieser das wahre Verhältnis seiner Leistung zur Gegenleistung nicht erkennt und nach dem Grad seiner Einsicht nicht erkennen kann; 3. wenn einem Minderjährigen, Entmündigten, Mundtoten oder Verbeiständeten bei Verträgen der bezeichneten Art, die er mit ihm ohne Mitwirkung des Vormunds, Pflegers oder Beistands eingegangen hat, einen wirklichen Nachteil zufügt"; vgl. Isopescul-Grecul S. 156 f.; Hug S. 39; R. Schmidt S. 174 Fn. 1, 177 f. Fn. 2; Müller S. 29; Caro S. 51 ff.

[68] Hug S. 50; Caro S. 33; Peschke HdStW S. 1091; Müller S. 28.

[69] Schwarz S. 9; Hug S. 50; Binding S. 451 f.; R. Schmidt S. 178; Maurach / Schroeder S. 453; v. Liszt GA 41 (1893), 231; Caro S. 35 f.

[70] Müller S. 28; v. Bülow S. 51.

[71] Vgl. Isopescul-Grecul S. 196; R. Schmidt S. 180, dort auch Fn. 4; Müller S. 28 f.

einen war das System von Sparkassen und öffentlichen Banken erst in der Entwicklung, zum anderen konnten gerade die besitzlosen Klassen, die am dringendsten der Kredite bedurften, die auch bei öffentlichen Sparkassen geforderten Sicherheiten in der Regel nicht erbringen und bekamen deshalb auch keinen Kredit. Ihnen blieb nichts anderes übrig, als sich in Geldverlegenheiten an finanzkräftige Privatpersonen zu wenden. Diese kannten sowohl die Lage ihrer potentiellen Kreditnehmer als auch ihre eigene wirtschaftliche Machtposition. Mangels strafrechtlicher oder auch nur zivilrechtlicher Schranken verlangten sie „erlaubtermaßen", d. h. ohne Verstoß gegen ein Gesetz, den Zins in jeder beliebigen Höhe.

Als Folge wurden die minderbemittelten Kreditnehmer noch ärmer, als sie ohnehin schon waren. Gegenüber diesen Auswirkungen der absoluten Wucherfreiheit blieb der Gesetzgeber jedoch nicht untätig. Gestützt auf Anregungen des preußischen, des bayerischen und des hessischen Landtags lagen dem Reichstag schon 1879, also wenig mehr als 10 Jahre nach der reichsgesetzlichen Wucherfreiheit, zwei Gesetzesvorlagen vor.

Der Entwurf des Abg. Reichensperger[72] sah im Prinzip eine Wiederaufnahme der Zinstaxgesetzgebung vor, wobei der Höchstzinssatz 6 %, in Ausnahmefällen 8 % betragen sollte. Strafbares Verhalten sollte nur dann vorliegen, wenn das zulässige Zinsmaximum gewohnheitsmäßig und unter Verschleierung des Sachverhalts überschritten wurde. Die Ausbeutung der Not, der Unerfahrenheit und des Leichtsinns sollte nur Straferhöhungsgründe darstellen.

Nach dem Wucherstrafgesetzentwurf der Abg. v. Kleist-Ritzow, v. Flottwell und Freiherr v. Marschall[73] sollte die Benutzung bestimmter Umstände des Partners in gewinnsüchtiger Absicht bei einem Darlehensgeschäft oder bei einer Stundung einer Geldforderung zur Erzielung von im auffälligen Mißverhältnis zum Geleisteten stehenden Vorteile bestraft werden.

Bei den mehrfachen Beratungen der beiden Gesetzesanträge im Reichstag von einer Sachverständigenkommission waren sich alle am Gesetzgebungsverfahren Beteiligten darüber einig, daß es Aufgabe des Gesetzgebers sei, die Verhältnisse auf dem Kreditmarkt insoweit zu beeinflussen, als er besonders schädliche Verhaltensweisen unter Strafe stellte[74]. Die Schwierigkeit bestand nur darin, wie die schwer faßbare

[72] Verhandlungen des Deutschen Reichstags, 4. Legislaturperiode, II. Session, Aktenstück Nr. 40.

[73] Verhandlungen des Deutschen Reichstags, 4. Legislaturperiode, II. Session, Aktenstück Nr. 55.

[74] Vgl. Isopescul-Grecul S. 197, 199.

Allerweltsnatur des Wuchers[75] am treffendsten in geeignete strafrechtliche Formen eingekleidet werden könnte. Auf der einen Seite sollte versucht werden, durch Überwindung des zuletzt weitgehend nicht mehr vertretenen, zu starren Zinstaxsystems eine möglichst flexible, alle als strafwürdig erkannte Fälle von Kreditgeschäften umfassende Regelung zu finden; andererseits sollten jedoch zu weite, zu unbestimmte und die allgemeine Vertragsfreiheit zu sehr einengende Formulierungen vermieden werden. Es mußte ein Weg gefunden werden, der den reellen Geschäftsverkehr nicht zu sehr beeinträchtigte, aber den wahren Interessen der zu schützenden kreditsuchenden Menschen entsprach. Schließlich sprach sich 1880 der Reichstag mit großer Mehrheit für den in unbedeutenden Passagen veränderten Gesetzentwurf der Abg. v. Kleist-Ritzow, v. Flottwell und Freiherr v. Marschall aus. Am 14. Juni 1880 trat das Gesetz betreffend den Wucher vom 24. Mai 1880 in Kraft[76] und fügte die §§ 302 a—d StGB a. F. in das StGB ein.

Damit waren für das gesamte Deutsche Reich zum ersten Mal in der Geschichte der Wucherstrafbarkeit flexible, auf die Ausbeutungslage des Opfers abstellende Wuchertatbestände geschaffen; die moderne Richtung hatte sich für den deutschen Rechtskreis endgültig durchgesetzt. Die Erkenntnis hatte obsiegt, „daß der Wucher nicht als Überschreitung einer polizeilichen Zinsschranke, sondern als eine im Einzelfall Rechtsgüter verletzende Handlung unter Strafe zu stellen sei, und daß die Strafe mithin niemanden treffen dürfe, der eigenem Gewinn, ohne andere auszubeuten, nachgeht“[77]. Gleichzeitig war eine Regelung gefunden, die die Basis auch des noch heute bestehenden Wucherstrafrechts bildet.

J. Erweiterung des Wuchergesetzes 1893 — Sachwucher

Wenngleich mit dem Wuchergesetz von 1880 eine neue Richtung in der Wuchergesetzgebung eingeschlagen war, gelang es nicht, die tatsächlichen Verhältnisse im Bereich des Wuchers in den Griff zu bekommen. Vielmehr kam es in Teilen des Reiches, insb. auf dem Lande, weiterhin zu wucherischen Ausbeutungen in heute kaum mehr vorstellbarem Maße; ganze Landstriche drohten zu verarmen[78]. Gleichzeitig wurde jedoch nur eine ganz geringe Anzahl von Wucherstraftaten vor Gericht gebracht und nur eine noch geringere Anzahl von Personen als Wucherer verurteilt.

---

[75] Hug S. 54; M. Neumann S. 81; v. Bülow S. 54.

[76] RGBl. S. 109 ff.

[77] Isopescul-Grecul S. 131.

[78] s. dazu v. Lilienthal ZStW 8 (1888), 157 ff., insbes. 164 ff. mit vielen instruktiven Beispielen; R. Schmidt S. 181 f.; Peschke HdStW S. 1093; v. Liszt GA 41 (1893), 232 f.

Es wurde nämlich nur ein kleiner Teil der Kreditgeschäfte — Darlehen und Stundungen einer Geldforderung — vom Wuchergesetz erfaßt. Bei dieser Rechtslage und dem Erfindungsreichtum der Wucherer war es nicht schwer, bei wucherlichen Geldgeschäften und auch bei Kreditgeschäften mit Hilfe einer anderen rechtlichen Form das Gesetz zu umgehen[79].

Zudem wendete die Rechtsprechung den § 302 a StGB a. F. nur recht zögernd an und legte ihn sehr restriktiv aus. Dies zeigt sich deutlich bei der Auslegung der Begriffe „für" ein Darlehen und „im Falle" der Stundung einer Geldforderung[80].

Das Reichsgericht hat, wie schon v. Lilienthal 1888[81] feststellte, die Frage des Zusammenhangs zwischen Darlehen und Leistung des Schuldners nicht in einem materiellen, sondern nur in einem formellen Sinne verstanden. Die notwendige, unausbleibliche Folge war ein nur sehr begrenzter Anwendungsbereich der Wuchervorschriften.

Dritter und wohl entscheidender Grund für die tatsächliche Entwicklung in Deutschland war jedoch, daß in §§ 302 a ff. StGB a. F. nur der Kreditwucher, nicht jedoch der Sachwucher unter Strafe gestellt war. Wucherer konnten das Feld der Darlehensgeschäfte und Geldforderungsstundungen verlassen und gefahrlos Kaufverträge aller Art mit wucherlichen Bedingungen schließen, insb. auf dem Lande mit der dort vorhandenen speziellen Sachlage[82]; der vom Wucherer erwünschte und tatsächlich auch eingetretene Erfolg war derselbe. Die Wucherer waren nur gezwungen worden, ihre Geldgeschäfte in andere juristische Formen zu kleiden.

Diese Umstände veranlaßten schon 1893 den Gesetzgeber[83], das Wucherstrafrecht zu erweitern und hinter § 302 d StGB a. F. den § 302 e StGB a. F. einzufügen, der den Sachwucher erfaßte. Durch die gleichzeitige Erweiterung des § 302 a StGB a. F. auf alle anderen zweiseitigen Rechtsgeschäfte, die denselben wirtschaftlichen Zweck wie Darlehen und Stundung einer Geldforderung verfolgten, war eine extensive Auslegung des § 302 a StGB a. F. geboten[84].

Die Einbeziehung des Sachwuchers in den Bereich des strafbaren Wuchers war im Gesetzgebungsverfahren lange Zeit heftig umstritten.

[79] Isopescul-Grecul S. 200.

[80] Vgl. dazu die instruktiven Beispiele RGSt 4, 104 ff. und 202 ff. sowie RGSt 5, 366 ff.

[81] ZStW 8 (1888), 212 f. mit weiterer Kritik.

[82] Vgl. dazu insb. v. Lilienthal ZStW 8 (1888), 170 ff.; auch v. Liszt GA 41 (1893), 235 f.; Schwarz S. 10 f.; Kohlmann S. 13; ausführlich Caro S. 2 ff. und S. 150 ff.

[83] RGBl. S. 197 ff.

[84] Seuffert ZStW 14 (1894), 570.

Ein nicht geringer Teil der Abgeordneten fürchtete eine zu weite Ausdehnung der Wucherstrafbarkeit und eine Beeinträchtigung des redlichen Geschäftsverkehrs durch strafrechtliche Verfolgung. Zudem zeige die Statistik, daß mit Hilfe des Strafrechts dem Wucher nicht beizukommen sei[85]. Demgegenüber hielt die andere Seite, entsprechend der sittlichen Anschauung und des Rechtsbewußtseins des Volkes, weit über die Grenzen des eigentlichen Kreditwuchers hinaus die planmäßige Ausbeutung der Notlage oder sonstiger wirtschaftlicher Schwäche eines anderen nicht nur als moralisch verwerflich, sondern auch für einen Verstoß gegen die Rechtsordnung[86]. Schließlich einigte man sich auf die Gesetz gewordene Fassung des § 302 e StGB; anders als beim Kreditwucher wurden Gewerbs- und Gewohnheitsmäßigkeit als tatbestandseinschränkende Merkmale in das Gesetz aufgenommen. Dieses neue Gesetz wurde zum Teil als eine „ganz mißratene Arbeit" bezeichnet[87].

Mit dem Wuchergesetz von 1893 fand die Wucherstrafgesetzgebung in Deutschland ihren vorläufigen Abschluß. Sie wurde, außer der Einfügung des Mietwuchers (§ 302 f StGB a. F.) im Jahre 1971, bis zur totalen Neufassung durch das 1. WiKG von 1976 nicht geändert. Die zivilrechtlichen Wucherbestimmungen wurden durch § 138 II BGB, in Kraft getreten am 1. 1. 1900, abgelöst und im wesentlichen dem strafrechtlichen Wuchertatbestand angepaßt. Seit diesem Zeitpunkt läuft die Entwicklung des strafrechtlichen Wucherbegriffs mit dem des bürgerlichen Rechts konform. Durch Art. 152 der WRV wurde — ohne inhaltliche Änderung — das Wucherverbot verfassungsrechtlich verankert.

K. Sozialwuchergesetzgebung während und nach dem Ersten Weltkrieg

Während das Individualwucherstrafrecht in der Folgezeit im wesentlichen unverändert blieb, nahmen Anzahl und Arten von Vorschriften gegen den Sozialwucher erheblich zu.

Unter dem Druck der tatsächlichen Verhältnisse während des Krieges und vor allem auch im direkten Anschluß an ihn hatten sich neue Wirtschaftsformen und „Wege zum Erfolg" gebildet, denen der Gesetzgeber Herr zu werden versuchen mußte, um die Versorgung der Bevölkerung mit den wichtigsten Gütern wenigstens einigermaßen sicherzustellen und zu verhindern, daß einige wenige durch üble Machenschaften die allgemeine Not- und Mangellage verschärften und durch sie

[85] v. Liszt GA 41 (1893), 236, 238 ff.; R. Schmidt S. 184; Isopescul-Grecul S. 208 f.; Kohlmann S. 14 f.; so auch Seuffert ZStW 14 (1894), 570 ff.

[86] v. Liszt GA 41 (1893), 234, 243; Isopescul-Grecul S. 208 f.

[87] Binding S. 452; dem Sinne nach auch Seuffert ZStW 14 (1894), 569 ff.

sachlich nicht gerechtfertigte überhöhte Einkommen erzielten. Diesem Zweck diente die Sozialwuchergesetzgebung dieser Zeit, die auch als Gesetzgebung gegen den Kriegswucher bezeichnet wurde[88].

I. Höchstpreisgesetz von 1914

So wurde zunächst 1914[89] das Höchstpreisgesetz erlassen. Nach diesem Gesetz durften bestimmte Behörden für Gegenstände des täglichen Bedarfs Höchstpreise festsetzen. Die Überschreitung der festgesetzten Taxen war mit Geld- und Gefängnisstrafen bedroht, daneben aber auch gewisse Vorbereitungs- und Umgehungshandlungen wie das Zurückhalten, Verheimlichen oder Beiseiteschaffen von unter das Höchstpreisgesetz fallenden Waren, das Höchstpreiskomplott und das Anreizen, Auffordern sowie Erbieten zur Höchstpreisüberschreitung. Die anfängliche Regelung, daß auch der Käufer einer unter Verstoß gegen das Höchstpreisgesetz angebotenen Ware zu bestrafen sei, wurde 1918 als unzweckmäßig wieder abgeschafft[90].

II. Preissteigerungsverordnung von 1915

Ein weiterer Schritt im Kampf gegen den Kriegswucher war die Verordnung vom 23. Juli 1915[91] gegen übermäßige Preissteigerung.

Dort waren verschiedenartige Handlungen unter Strafe gestellt, die geeignet waren und den Zweck verfolgten, die Preise für Gegenstände des täglichen Bedarfs künstlich und ohne sachlichen Grund zu erhöhen[92].

III. Kettenhandelsverordnung von 1916

Ihr schloß sich die Kettenhandelsverordnung vom 24. Juni 1916[93] an. Diese Verordnung regelte den Handel mit Lebens- und Futtermitteln. Nach § 11 dieser VO wurde mit Gefängnis und/oder Geldstrafe bestraft, wer den Preis für Lebens- oder Futtermittel durch unlautere Machenschaften, insb. Kettenhandel, steigerte. Der Begriff „Kettenhandel" entsprach § 6 der Preistreibereiverordnung vom 13. Juli 1923[94]. Danach wurde wegen Kettenhandel bestraft, wer vorsätzlich den Preis für Gegenstände des täglichen Bedarfs dadurch steigerte, daß er sich in

[88] So insb. Alsberg / Peschke S. 1 ff.; Alsberg DJZ 1918, 369 ff.

[89] RGBl. S. 339 und S. 516.

[90] § 21 der Preistreiberei-VO vom 8. Mai 1918, RGBl. I S. 400; Peschke HdStW S. 1096.

[91] RGBl. S. 467.

[92] Zu den einzelnen Preiswucherhandlungen vgl. Alsberg / Peschke S. 94 ff.

[93] RGBl. I S. 581.

[94] RGBl. I S. 699, 700.

eigennütziger, unwirtschaftlicher Weise als Zwischenglied in der Kette des Warenumlaufs einschob.

IV. Schleichhandelsverordnung von 1918

Diese Gesetz- bzw. Verordnungsgebung wurde fortgesetzt durch die Verordnung gegen den Schleichhandel vom 7. März 1918[95]. Nach dieser VO war strafbar, gewerbsmäßig Lebens- oder Futtermittel, für die Höchstpreise oder sonstige Verkehrsregelungen festgesetzt waren, unter Verstoß gegen diese Regelungen zu erwerben. Desgleichen war die gewerbsmäßige Vermittlung und das gewerbsmäßige Sicherbieten zu solchen Geschäften strafbar[96]. Die Strafandrohungen waren gegenüber den vergleichbaren früheren Verordnungen spürbar verschärft worden.

V. Preistreibereiverordnung von 1918

Ihr folgte die Verordnung gegen die Preistreiberei vom 8. Mai 1918[97]. Diese VO regelte den größten Bereich des dargestellten Sozialwuchers. Es wurden detaillierte Regelungen aufgestellt, die die Versorgung mit Gegenständen des täglichen Bedarfs und des Kriegsbedarfs sicherstellen und unlautere Machenschaften zur künstlichen Preissteigerung und übermäßigen Gewinnerzielung auf Kosten der Allgemeinheit verhindern sollten. Ein Teil der bislang verkündeten Verordnungen desselben Regelungsinhalts wurden zwecks Vereinheitlichung aufgehoben.

VI. Wuchergerichtsverordnung von 1919

Um diesen Verordnungen in der Praxis mehr Druck verleihen zu können, wurde am 29. November 1919[98] die berüchtigte, „zu den bedenklichsten Erzeugnissen der damaligen Gesetzmacherei" gehörende[99] Wuchergerichtsverordnung erlassen. Diese VO sah für Verfahren wegen Schleichhandel und Preistreiberei ein besonderes Gericht vor, das den Umfang der Beweisaufnahme nach freiem Ermessen bestimmen konnte. Um die Verfahren bis zur rechtskräftigen Aburteilung zu beschleunigen, war zudem ein Rechtsmittel gegen die Entscheidung des Wuchergerichts nicht gegeben. Da letztlich dieser VO nicht der erhoffte Erfolg beschieden war, wurde sie glücklicherweise[100] durch VO vom 20. März 1924[101] wieder aufgehoben.

---

[95] RGBl. I S. 112.
[96] Zum ganzen s. Alsberg / Peschke S. 174 ff.
[97] RGBl. I S. 395.
[98] RGBl. II S. 1909.
[99] v. Liszt / Schmidt S. 684 Fn. 1.
[100] R. v. Hippel LB S. 272 Fn. 9.
[101] RGBl. I S. 371.

VII. Preistreibereiverordnung von 1923

Diese nicht geringe Anzahl von Gesetzen und Verordnungen gegen den Sozialwucher wurde durch die Preistreibereiverordnung vom 13. Juli 1923[102] zusammengefaßt und vereinheitlicht. Mit dieser Gesamtneuregelung sollten die sich aus der Nachkriegsinflationszeit ergebenden besonderen Schwierigkeiten überwunden werden; deshalb sah die Preistreibereiverordnung weitgehende Bestrafungsmöglichkeiten vor, indem sie den Sozialwucher im weitesten Sinn und in allen Einzelheiten zu erfassen suchte.

Die Preistreibereiverordnung hatte ebenfalls keine lange Wirkungsdauer. Sie wurde durch Gesetz vom 19. Juli 1926[103] neben anderen Verordnungen wieder aufgehoben. Mit diesem Gesetz war die Sozialwuchergesetzgebungsphase dieser Zeit im wesentlichen beendet.

Die vorgenannte Notgesetzgebung hatte nur für einen kurzen Zeitraum Bedeutung. Sie muß verstanden werden als ein Mittel zur Beeinflussung der wirtschaftlichen Verhältnisse und zur Beseitigung bestimmter Mißstände des Wirtschaftslebens in einer Ausnahmesituation. Das hatte die notwendige Konsequenz, daß diese Regelungen als überholt abzuschaffen und aufzuheben waren, als die wirtschaftlichen Verhältnisse wieder in geordnete Bahnen gebracht und eine derart detaillierte Reglementierung mit Strafandrohungen überflüssig geworden waren.

In § 49 a des Mieterschutzgesetzes vom 30. Juni 1926[104] i. d. F. der Bekanntmachung vom 17. Februar 1928[105] hat nur ein ganz geringer Teil dieser Notgesetzgebung die Nachkriegszeit des 1. Weltkriegs überdauert. Diese Vorschrift stellte das Fordern, Annehmen und Sichversprechenlassen von unangemessenen Mietzinsen bei der Raummiete unter Strafe. Sie wurde bei der Novelle des Mieterschutzgesetzes von 1942 ohne Ersatznorm und ohne ausdrückliche Aufhebung nicht mehr in das Gesetz aufgenommen[106].

L. Entwürfe zur Neufassung der strafrechtlichen Individualwuchertatbestände zwischen 1900 und 1970

Obwohl das Individualwucherstrafrecht des StGB in der Zeit vom Beginn des 20. Jahrhunderts bis 1971 nicht geändert worden ist, hat in dieser Zeit die Wuchergesetzgebung nicht vollkommen stillgestanden. Vielmehr sind eine ganze Anzahl von Änderungsvorschlägen zum Wu-

[102] RGBl. I S. 699, 700.

[103] RGBl. I S. 413.

[104] RGBl. I S. 347 (356).

[105] RGBl. I S. 25.

[106] Sasserath Vergleich S. 29.

cher gemacht worden. Diese waren jedoch i. d. R. in den Rahmen von Änderungen des gesamten besonderen Teils des StGB einbezogen, ohne daß ein besonderes Interesse am Wucherdelikt erkennbar war.

I. Vorentwurf zu einem Deutschen Strafgesetzbuch von 1909

Der VE sah zwei Wuchertatbestände vor, den Kreditwucher nach § 302 und den Sachwucher nach § 303. Als Ausbeutungslagen waren wie im geltenden Recht Notlage, Leichtsinn und Unerfahrenheit vorgesehen. Eine Bestrafungsmöglichkeit bei „Ausbeutung der Lage oder der Verhältnisse eines anderen" wurde ausdrücklich abgelehnt, da diese Begriffe zu weit seien und das Typische des Wuchers, nämlich die Ausnutzung einer wirtschaftlichen oder geschäftlichen Schwäche, nicht genügend beachte[107]. Auch bezüglich der Grundgeschäfte ist dieser Vorentwurf nicht vom geltenden Recht abgewichen, um nicht jeden zweiseitigen Vertrag einer strafrechtlichen Ahndung wegen Wuchers zugänglich zu machen; deshalb sollte der Kreditwucher aus kriminalpolitischen Gründen schon bei einfacher Begehung strafbar sein, der Sachwucher jedoch nur bei gewerbs- oder gewohnheitsmäßiger Begehungsweise[108]. Ausdrücklich wurde davon abgesehen, einen Zinsfuß als feste untere Grenze des Wuchers bei der Bestimmung des auffälligen Mißverhältnisses zwischen Leistung und Gegenleistung festzusetzen. Der Nachwucher sollte weiterhin strafbar sein; als Strafschärfungsgründe waren beim Kreditwucher die gewerbs- und gewohnheitsmäßige Begehungsweise vorgesehen.

II. Gegenentwurf zum Vorentwurf eines Deutschen Strafgesetzbuchs von 1911

Diesem Vorentwurf folgte bereits nach 2 Jahren ein Gegenentwurf bedeutender Professoren. Mit diesem GE sollten die guten Ansätze des VE weitergebildet werden, bestehende Lücken ausgefüllt und vorhandene Fehler und Schwächen beseitigt werden[109].

Auch der GE unterteilte in Kreditwucher (§ 330) und Sachwucher (§ 331). Der Sache nach unterschied sich der GE kaum vom VE. Hervorzuheben ist die Klarstellung, daß bei der Feststellung des auffälligen Mißverhältnisses die dem Gläubiger (= Wucherer) versprochenen oder gewährten Leistungen mit den Vermögensvorteilen verglichen werden mußten, die dem anderen gewährt wurden. Damit hatte sich der GE im Streit, ob bei dieser Feststellung der Gläubiger- oder Schuldnerstandpunkt der entscheidende sei, für die erste Meinung entschieden.

---

[107] VE Begr. S. 837 f.

[108] VE Begr. S. 835 f.

[109] GE Vorwort S. III; vgl. auch Kahl DJZ 1911, 501.

III. Entwurf der Strafrechtskommission von 1913

Der KE hatte ebenfalls in §§ 381, 382 zwei Wuchertatbestände. Diese lehnten sich eng an den VE an und hatten im großen und ganzen denselben Inhalt wie die Wuchertatbestände dort. Sie waren sprachlich lediglich in Einzelheiten anders gefaßt.

IV. Entwurf von 1919

Der E 19 schlug statt 2 jetzt 3 Wuchertatbestände vor, einen gegen den Geld- bzw. Kreditwucher (§ 371) und 2 gegen den Sachwucher (§§ 372, 373).

Der Grundtatbestand des Geldwuchers nach § 371 I entsprach im wesentlichen der damals geltenden Kreditwuchervorschrift des § 302 a StGB und war nur sprachlich vereinfacht. Aus praktischen Gesichtsgründen wurde der Sachwucher je nach dem Ausbeutungszustand des Geschädigten in 2 Tatbestände aufgeteilt. Bei Ausbeutung der Notlage eines anderen sollte nach § 372 I schon das Einzelgeschäft unter Strafe gestellt sein, und die gewerbs- und gewohnheitsmäßige Begehungsweise nach Abs. 3 nur Strafschärfungsgründe darstellen; bei der Ausbeutung des Leichtsinns oder der Unerfahrenheit hingegen sollten diese Merkmale strafbegründenden Charakter haben. Diese Unterscheidung wurde damit begründet, daß derjenige, der die Not eines anderen zur Erlangung eines wucherischen Vorteils ausnutzt, nicht minder strafwürdig sei als der, der sich von einem in Not befindlichen wucherische Vermögensvorteile ausbedingt, wobei das Grundgeschäft der Befriedigung eines Geldbedürfnisses dient. Als Wuchergrundgeschäfte kamen für §§ 372, 373 alle Rechtsgeschäfte in Betracht, die nicht der Befriedigung eines Geldbedürfnisses eines anderen oder der Stundung einer Geldforderung dienen sollten[110].

V. Entwurf Radbruch von 1922

Auch Radbruch faßte in seinem StGB-Entwurf die Wucherstrafbestimmungen in zwei Normen, den Geldwucher nach § 299 und den Sachwucher nach § 300[111]. Sein Entwurf wich insoweit von den Vorentwürfen ab, als er von vier verschiedenen Ausbeutungslagen ausging, nämlich Zwangslage, Leichtsinn, Unerfahrenheit und Geistesschwäche. Das bedeutet insb. durch die Umwandlung der Notlage in eine Zwangslage eine nicht unbedeutende Erweiterung des Anwendungsbereichs der Wuchervorschriften. Neu in Radbruchs Vorschlägen war, daß er ausdrücklich auch die Vermittlung eines Geld- bzw. Sachwuchergeschäfts

---

[110] Vgl. dazu Denkschrift 1919 S. 323.

[111] Radbruch S. 38.

unter Strafe gesetzt sehen wollte. Nach seinem Vorschlag sollte die gewerbsmäßige Begehungsweise beim Geldwucher einen Strafschärfungsgrund und beim Sachwucher ein strafbegründendes Merkmal darstellen. Für diesen gewerbsmäßigen Wucher war als Strafe strenges Gefängnis vorgesehen[112].

VI. Amtlicher Entwurf von 1925

Wiederum 3 Jahre später wurde 1925 ein neuer StGB-Entwurf als Reichsratsvorlage veröffentlicht. Dieser E 25 kehrte mit seinen §§ 307, 308 wieder zur Zweiteilung der Wucherstrafbestimmungen in Geldwucher, der schon bei einfacher Begehung strafbar sein sollte, und Sachwucher, der nur bei gewerbsmäßigem Handeln unter Strafe gestellt werden sollte, zurück. In Anbetracht der besonderen wirtschaftlichen Lage in Deutschland sollten die Tatbestände des im allgemeinen Rechtsempfinden als eine der fluchwürdigsten Straftaten empfundenen Wuchers ausgebaut und die Strafdrohung wesentlich verschärft werden[113]. So sollten als Ausbeutungszustände Zwangslage, Leichtsinn, Unerfahrenheit und Geistesschwäche in das Gesetz aufgenommen werden. In der Begründung wurde ausdrücklich betont, daß auch Vermittler im Kreditverkehr sich wegen Geldwuchers nach § 307 des Entwurfs strafbar machen konnten, da die Vermittlung eines Darlehens stets eine von § 307 des Entwurfs umfaßte „andere Leistung, die der Befriedigung eines Geldbedürfnisses des anderen dienen soll“, darstelle[114]. Im übrigen wichen diese Wucherbestimmungen dem Inhalt nach nicht vom geltenden Wucherstrafrecht ab.

VII. Entwurf von 1927

Dem E 25 folgte schon bald eine Reichstagsvorlage, der E 27, die sich in §§ 340, 341 mit dem Geld- und Sachwucher befaßte. Beide Vorschriften waren bis auf sprachliche Änderungen sowohl in Text als auch in der Begründung[115] dem Inhalt nach mit dem E 25 identisch.

VIII. Entwurf Kahl von 1930

Bis auf den Umstand, daß im Entwurf Kahl[116] die Ausbeutung der Zwangslage durch die Ausbeutung der Notlage ersetzt war, war dieser Entwurf in bezug auf die Wucherstrafbarkeit mit dem E 27 identisch.

---

[112] Radbruch S. 54.
[113] E 25 Begr. S. 162.
[114] E 25 Begr. S. 163.
[115] E 27 Begr. S. 175 f.
[116] E Kahl §§ 340 f.

IX. Entwurf der amtlichen Strafrechtskommission von 1934

Die Kommission war der Ansicht, daß die soziale Verwerflichkeit des Sachwuchers grundsätzlich nicht geringer zu bewerten sei als die des Kreditwuchers, und daß die Grenze zwischen Geld- und Sachwucher fließend sei[117]. Damit war zum ersten Mal ein allumfassender Individualwuchertatbestand vorgesehen, der als generelles Wuchergrundgeschäft den Austausch von Leistungen vorsah und alle herkömmlichen Individualwucherarten wie insb. Darlehens-(Kredit-)wucher, Waren-(Sach-)wucher und Vermittlungswucher umfaßte. Daneben sollte als Erweiterung des Tatbestands statt der Notlage des geltenden Rechts die Zwangslage in den E 34 aufgenommen werden.

Daneben sollten als subjektive Voraussetzungen des Wucherbegriffs[118] Leichtsinn, Unerfahrenheit, Willensschwäche, die sich in jeder Form von charakterologisch begründeter verminderter Widerstandsfähigkeit offenbart, und Mangel an Urteilsvermögen in den Wuchertatbestand aufgenommen werden. Zusätzlich sollten auch die Strafbarkeit des Nachwuchers ausgedehnt und die Strafandrohung verschärft werden.

Der E 34 blieb jedoch bei der Erweiterung des Individualwucherstrafrechts nicht stehen. Das neue Strafrecht sollte die Ausbeutung der wirtschaftlichen Nöte der Allgemeinheit und die gewissenlose Bereicherung einzelner auf Kosten der Allgemeinheit, also den Bereich des Sozialwucherstrafrechts, erfassen. Die bisherige Verweisung des Sozialwucherstrafrechts in das Gebiet des Nebenstrafrechts wurde von der Kommission als unbefriedigend empfunden. „Gegenüber solchen Mängeln des geltenden Rechts kommt in dem Programm der NSDAP. (Punkt 14) in elementarer Weise die Forderung zum Ausdruck, ‚Wucher und Schiebertum, sowie die rücksichtslose Bereicherung auf Kosten und zum Schaden des Volkes' mit den schwersten Strafen zu belegen"[119]. In konsequenter Beachtung dieser Grundsätze und in Anknüpfung an das Kriegs- und Nachkriegsrecht drohte der E 34 in dem dem Wuchertatbestand folgenden Delikt der Preistreiberei demjenigen Gefängnisstrafe an, der gegen die von der Reichsregierung oder der von ihr bestimmten Stelle zur Bekämpfung der Preistreiberei, des Ketten- oder Schleichhandels, Warenzurückhaltung oder anderer preistreiberischer Machenschaften erlassenen Vorschriften verstieß.

X. Entwurf der amtlichen Strafrechtskommission von 1935/36

Den E 34 hat die amtliche Strafrechtskommission in 2. Lesung erneut behandelt und stellenweise im E 35/36 neu gefaßt. So wurde die Preis-

[117] v. Dohnanyi in Gürtner S. 518.
[118] v. Dohnanyi in Gürtner S. 520.
[119] v. Dohnanyi in Gürtner S. 517.

treibereivorschrift des E 34 aus dem Bereich des Wuchers herausgenommen und in den Abschnitt Angriffe auf die Wirtschaft gestellt. Der (Individual-)Wuchertatbestand hingegen wurde nur unwesentlich geändert[120].

XI. Entwurf der Reichsregierung von 1939

Dieser E 35/36 der amtlichen Strafrechtskommission diente als Muster für § 443 der Kabinettsvorlage vom Juni 1938; der wiederum ist identisch mit § 445 des E 39. § 445 E 39 hatte materiell denselben Regelungsinhalt und dieselben Tatbestandsmerkmale wie der Individualwuchertatbestand des E 35/36, nur sprachlich war § 445 E 39 neu gefaßt worden. Nach Abs. 1 sollte der Wucherer mit Gefängnis nicht unter drei Monaten bestraft werden. In Abs. 2 wurde definiert, wer Wucherer ist. Nach Abs. 3 wurde dem Wucherer gleichgestellt, „wer als Rechtsnachfolger eine wucherische Forderung ausbeutet", wer sich also des Nachwuchers schuldig macht. Abs. 4 schließlich regelte die besonders schweren Fälle.

XII. Entwurf eines Strafgesetzbuchs von 1960

Nach dem zweiten Weltkrieg wurde die Gesamtreform des Strafrechts mit dem StGB-Entwurf von 1960 fortgesetzt, der den Wucher in §§ 265, 266 behandelte.

Der Grundtatbestand des Wuchers war in § 265 geregelt. Als Leistungswucher umfaßte er den gesamten Bereich des Wuchers und stellte dem Inhalt nach keine Abweichung zum E 39 und zum E 35/36 dar. Ausdrücklich wurde in der Begründung erwähnt, daß wie schon in den vorhergehenden Entwürfen die Notlage durch die Zwangslage ersetzt werden sollte[121]. Der Nachwucher war in § 265 II geregelt.

Als neues Moment erfaßt der E 60 in § 266 gesondert den schweren Wucher. In Abs. 1 wurde nach dem Prinzip der Regelbeispiele der besonders schwere Wucher kodifiziert. Dabei waren drei Regelbeispiele ausdrücklich erwähnt; Nr. 1: der Wucherer handelt gewerbsmäßig; Nr. 2: der Wucherer läßt sich wucherische Vermögensvorteile wechselmäßig versprechen; Nr. 3: der Wucherer bringt durch die Tat den anderen in wirtschaftliche Not. Abs. 2 behandelt einen Fall, der durch eine erschwerte Begehungsweise und durch besonders schwere Folgen gekennzeichnet war: der Täter handelt gewerbsmäßig und führt durch die Tat den wirtschaftlichen Zusammenbruch des anderen herbei. In diesem Fall war als Mindestfreiheitsstrafe ein Jahr Gefängnis vorgesehen. Nach Abs. 3 schließlich bestand die Möglichkeit, in den Fällen des schweren

---

[120] Vgl. v. Dohnanyi in Gürtner S. 525 f.

[121] E 60 Begr. S. 405.

Wuchers Sicherungsaufsicht anzuordnen. Dies sollte vornehmlich ein Mittel gegen den gewerbsmäßigen Wucher darstellen[122].

XIII. Entwurf eines Strafgesetzbuchs von 1962

Dem E 60 folgte schon 2 Jahre später als Abschluß dieser Epoche der nicht Gesetz gewordenen Reformentwürfe des StGB der E 62. Dieser regelte den Wucher ebenfalls in § 265 und den schweren Wucher in § 266. Bis auf sprachliche Änderungen beim Nachwucher, § 265 II, wurde der § 265 des E 60 voll und ganz übernommen. Die Rechtsfolge wurde insoweit gemildert, als auch Strafhaft zulässig sein sollte. Der schwere Wucher wich nur insoweit vom E 60 ab, als der Abs. 2 des § 266 E 60 ersatzlos gestrichen wurde. Der E 62 verzichtete auf diese Strafschärfung mit dem Argument, die Qualifikation des § 266 II E 60 setze sich von der Strafdrohung für besonders schwere Fälle nicht genug ab. Zudem gehöre der Wucher auch in dieser erschwerten Form noch nicht zur Hochkriminalität; die Ahndung nach § 266 I reiche insoweit aus[123].

XIV. Zusammenfassung

Der vorstehende Überblick über die Reformgesetze zeigt, daß die Entwürfe im wesentlichen das geltende Recht nur modifiziert, aber nicht von Grund auf geändert hätten. Erwähnenswert scheint, daß keiner der Entwürfe zur Normierung eines erlaubten Maximalzinssatzes zurückkehren wollte. Zudem gingen bis auf den E 34 und den E 35/36 alle Reformen davon aus, daß das Sozialwucherstrafrecht seinen Platz im Nebenstrafrecht, nicht aber im StGB habe. Für das heute geltende Recht haben die Entwürfe dennoch eine nicht zu unterschätzende, richtungsgebende Funktion. Die Reformvorschläge gingen bald dazu über, alle Wuchergrundgeschäfte und Wucherarten im Leistungswucher zusammenzufassen und damit die nach dem damals geltenden Recht wichtige Unterscheidung in Kredit-(Geld-)wucher und Sachwucher aufzulösen. Zusätzlich wurde alsbald und ohne Rückänderung die Notlage durch die Zwangslage ersetzt, um den Anwendungsbereich des Wuchers zu erweitern. In den letzten Reformvorschlägen ist zudem noch die Einführung der Regelbeispiele beim schweren Wucher zu erwähnen, die im gesamten Strafrecht eine zunehmend bedeutendere Rolle spielt. Insgesamt kann man sagen, daß die Entwürfe, obwohl sie nie Gesetzeskraft erlangt haben, wohl einen entscheidenden Einfluß auf die Neugestaltung des Wucherstrafrechts durch das 1. WiKG gehabt haben und von daher insb. auch durch ihre Begründungen zum besseren Verständnis des geltenden Rechts beitragen und zu seiner Auslegung herangezogen werden können.

---

[122] E 60 Begr. S. 407.

[123] E 62 Begr. S. 440.

M. Wirtschaftsstrafgesetze nach dem Zweiten Weltkrieg

Auch nach dem Zweiten Weltkrieg wurden, ähnlich wie schon beim Ersten Weltkrieg, Sozialwuchervorschriften insb. gegen Preistreiberei und Preisüberhöhungen erlassen.

I. Gesetz zur Vereinfachung des Wirtschaftsstrafrechts von 1949

Als derartige Normen sind §§ 19, 20 des WiStVG vom 26. Juli 1949[124] zu nennen. Das WiStVG galt zunächst nur in der amerikanischen und britischen Besatzungszone und wurde 1950 auf die französische Besatzungszone und auf das Land Berlin ausgedehnt[125].

§ 19 WiStVG befaßte sich mit dem Delikt der Preistreiberei. Mit dieser Vorschrift, deren Vorgänger in den Preistreibereiverordnungen von 1918 und 1923 sowie in den Preistreibereigesetzen von 1948 und 1949 zu sehen sind[126], sollte ein Preisschutz geschaffen werden, der klar und eindeutig formuliert war, zugleich aber dem Prinzip der freien Marktwirtschaft entsprach, sich also dem freien Spiel von Angebot und Nachfrage anpaßte. Deshalb wurden keine Höchst- oder Festpreise festgelegt, sondern das Merkmal „unangemessenes Entgelt" eingeführt und im Gesetzestext anhand von Regelbeispielen umfassend erläutert[127].

Die Vorschrift des § 20 WiStVG, preistreibende Machenschaften, erfaßte in seiner Nr. 1 den Tatbestand der Warenzurückhaltung, in Nr. 2 den des Kettenhandels und in Nr. 3 den des preistreibenden Kopplungsgeschäfts. In allen drei Fällen handelte es sich um Machenschaften im Wirtschaftsverkehr, mit Hilfe derer die Preise künstlich gesteigert oder auf hohem Niveau gehalten werden sollten[128].

Täter der §§ 19, 20 WiStVG konnte nur sein, wer „in Ausübung eines Gewerbes oder Berufs oder in unbefugter Betätigung wie ein Gewerbetreibender" handelte; allerdings konnte es auch der Käufer sein. Die Taten gem. § 6 WiStVG waren entweder Wirtschaftsstraftaten oder Ordnungswidrigkeiten.

II. Wirtschaftsstrafgesetz 1954

Das WiStVG wurde nach mehrmaliger Verlängerung[129] durch das Gesetz zur weiteren Vereinfachung des Wirtschaftsstrafrechts (Wirtschafts-

---

[124] WiGBl. Nr. 27 S. 193.

[125] Meyer in Erbs / Kohlhaas Vorbem. 1 vor § 1 WiStG.

[126] Drost / Erbs S. 75; Schneider S. 59.

[127] Vgl. Schneider S. 59 ff.; Drost / Erbs S. 76 f.

[128] Drost / Erbs S. 80.

[129] Ebisch S. 11 f. mit Nachweisen.

strafgesetz 1954) vom 9. Juli 1954[130] abgelöst. In dieses Gesetz war entgegen dem Vorschlag der Bundesregierung eine Strafvorschrift gegen Preistreiberei oder Preiserhöhung nicht aufgenommen worden[131].

III. Änderung 1956

Erst durch die Änderung vom 19. Dezember 1956[132] wurde mit § 2 a ein Tatbestand der Preisüberhöhung in das WiStG eingeführt. § 2 a WiStG beruhte im wesentlichen auf dem § 19 WiStVG, umfaßte aber nur solche Preisüberhöhungen, die unter Mißachtung des Wettbewerbs zustande gekommen waren und zu unangemessenen Preisen führten[133]. Als derartige Verursachungsfaktoren nannte das Gesetz die Beschränkung des Wettbewerbs, die Ausnutzung einer wirtschaftlichen Machtstellung und die Ausnutzung einer Mangellage.

IV. Änderung 1971

Nach Art. 8 des Gesetzes zur Verbesserung des Mietrechts vom 4. November 1971[134] wurde § 2 a WiStG durch drei neue Vorschriften ersetzt. § 2 a WiStG n. F. erfaßte die Preisüberhöhung in einem Beruf oder Gewerbe. In § 2 b WiStG wurde als Sonderfall der Preisüberhöhung die Mietpreisüberhöhung geregelt. Diese Norm bezog sich nur auf die Vermietung von Räumen und konnte nur vom Vermieter erfüllt werden. In § 2 c WiStG war die Preisüberhöhung bei der Wohnungsvermittlung kodifiziert. Alle drei Vorschriften stellten Ordnungswidrigkeiten dar.

V. Neufassung 1975

In der Neufassung des WiStG 1954 vom 3. Juni 1975[135] sind die bestehenden Preisüberhöhungsvorschriften der alten Fassung übernommen und als §§ 4, 5 und 6 der neuen Fassung bekanntgegeben worden.

N. Erweiterung der Individualwuchervorschriften durch § 302 f StGB von 1971

Zugleich mit der Änderung des WiStG wurde durch Art. 7 des Gesetzes zur Verbesserung des Mietrechts vom 4. November 1971[136] eine neue

---

[130] BGBl. I S. 175.
[131] Vgl. Ebisch S. 14 f. und 59.
[132] BGBl. I S. 924.
[133] Ebisch S. 61.
[134] BGBl. I S. 1745.
[135] BGBl. I S. 1313.
[136] BGBl. I S. 1745.

Individualwuchervorschrift in das StGB eingefügt, der Mietwucher nach § 302 f StGB a. F. Durch die neue Wuchervorschrift sollten die Mißstände beseitigt werden, die auf dem Gebiet des Wohnungswesens durch überhöhte Mieten entstanden waren und zu deren Bekämpfung sich § 302 e StGB a. F. als wenig geeignet erwiesen hatte[137]. § 302 f StGB a. F. lehnte sich in Aufbau und Formulierung stark an die Sachwuchervorschrift des § 302 e StGB a. F. an. Es handelte sich um einen Spezialwuchertatbestand, der sich nur auf das Grundgeschäft „Vermietung von Räumen zum Wohnen" bezog. Außerdem wich der § 302 f StGB a. F. in zwei anderen wesentlichen Punkten vom § 302 e StGB a. F. ab. Zum einen war für die Erfüllung des Tatbestands ein gewerbs- oder gewohnheitsmäßiges Handeln nicht erforderlich; zum anderen war der Begriff der Notlage durch den weiteren Begriff der Zwangslage ersetzt.

O. § 302 a StGB in der Fassung des Art. 1 des Ersten Gesetzes zur Bekämpfung der Wirtschaftskriminalität von 1976

Eine völlige Um- und Neugestaltung erfuhren die Wucherstraftatbestände durch den § 302 a StGB n. F. in der Form des Art. 1 Nr. 6 des 1. WiKG vom 29. Juli 1976[138], das am 1. September 1976 in Kraft trat. Zum ersten Mal in der Geschichte des Wuchers wurde ein Wucherstraftatbestand geschaffen, in dem Kredit- und Sachwucher unter dem Stichwort des allumfassenden Begriffs Leistungswucher zusammengefaßt sind. Während sich diese Tendenz schon in einigen Reformvorschlägen des 20. Jahrhunderts angedeutet hatte, ist die Einfügung der sog. Additionsklausel des § 302 a I 2 StGB neu und ohne gesetzgeberisches Vorbild.

P. Ausländisches Wucherstrafrecht

Die ausländischen Strafgesetze können im Hinblick auf die Wucherbestimmungen in fünf Gruppen eingeteilt werden.

I. Staaten ohne Wucherstrafbestimmungen

Zunächst sind die Staaten zu nennen, die jedenfalls in ihren Strafgesetzbüchern keine Wucherstrafbestimmungen aufgenommen haben, bei denen sich allenfalls im Nebenstrafrecht Wucherstraftatbestände finden lassen Zu diesen Ländern gehören neben Rumänien einzelne südamerikanische Staaten[139]. Diese Länder befinden sich in der absolu-

[137] BRat-Drucksache 605/70 S. 9.

[138] BGBl. I S. 2034.

[139] Vgl. Krässig S. 402, insb. auch Fn. 16; zu Rumänien Tagungsberichte Anlage 5 C XXIII.

ten Minderheit, die überwältigende Mehrheit der Staaten geht von einer kriminalpolitischen Notwendigkeit derartiger Strafbestimmungen aus.

II. Zinstaxenprinzip

In einigen Ländern, in den nordamerikanischen Staaten allgemein und in den mittel- und südamerikanischen Staaten zum größten Teil, hat die Gesetzgebung am bei uns schon im vorigen Jahrhundert überwundenen Zinstaxenprinzip festgehalten[140]. Bestraft wird in diesen Staaten die Überschreitung eines festgelegten Maximalzinsfußes bei Darlehensgeschäften. Es gibt nur die Strafbarkeit wegen Kredit-, Zins- oder Geldwuchers; eine Bestrafungsmöglichkeit wegen Sachwuchers ist ihnen fremd. Ein Teil dieser Länder stellt schematisch jede Überschreitung des gesetzlichen Maximalzinssatzes unter Strafe; bei einem anderen Teil muß die Zinztaxüberschreitung unter Ausnutzung einer im Gesetz geregelten bestimmten Schwäche des Partners erfolgen[141].

III. Prinzip der objektiven Übervorteilung

Eine zweite Gruppe von Staaten, zu denen auch Frankreich und Spanien gehören, stellt auf die objektive Übervorteilung des Bewucherten ab[142]. Bei ihnen gehört die Ausbeutung der wirtschaftlichen oder einer bestimmten anderen Schwäche des Partners nicht zum Tatbestand des Wuchers. Strafbarer Wucher liegt bereits dann vor, wenn das Grundgeschäft objektiv wucherliche Bedingungen enthält.

IV. Prinzip der Ausbeutungsrepression

In der überwiegenden Mehrzahl der Staaten gehört jedoch, wie im geltenden deutschen Strafrecht, zum Tatbestand des Wuchers die Ausnutzung oder Ausbeutung eines bestimmten Schwächezustandes beim Bewucherten[143]. Damit hat sich der „moderne" Wucherbegriff praktisch weitgehend durchgesetzt.

In einer Vielzahl west- und osteuropäischer Staaten sowie in Mexiko kann strafbarer Wucher bei allen entgeltlichen Rechtsgeschäften vorliegen; eine Unterscheidung in Darlehens-, Zins- oder Geldwucher einerseits und Sachwucher mit bestimmten Unterarten wie Waren-, Lohn- oder Mietwucher andererseits ist in diesen Rechtsordnungen nicht zu finden[144]. Darüber hinaus erstreckt sich in Schweden der Wucher auch

---

140 Krässig S. 403; zur Rechtslage in den USA s. auch Rühle S. 75.

141 Krässig S. 403.

142 Krässig S. 403, 410; s. z. B. Art. 542 des spanischen Strafgesetzbuchs in der Übersetzung von Quintano-Ripollés / Heilpern de Quintano.

143 Krässig S. 403, 410; z. B. Art. 157 I des schweizerischen Strafgesetzbuchs.

auf unentgeltliche Geschäfte[145]. In Italien und Costa Rica fallen nur solche Geschäfte unter den Wuchertatbestand, durch die sich der Bewucherte vom Wucherer Geld oder bewegliche Sachen verschafft[146]. In Österreich und Griechenland wird zwischen Geld- und Sachwucher unterschieden[147]. Während der Geld- oder Kreditwucher immer strafbar ist, ist der Sachwucher nur bei gewerbsmäßigem (Österreich) beziehungsweise berufs- oder gewohnheitsmäßigem (Griechenland) Handeln strafbar. Schließlich gibt es auch in dieser Gruppe Staaten, die nur den Darlehenswucher unter Strafe stellen, wie z. B. Belgien und Chile[148].

Im Grundsatz erfassen die Wucherstrafnormen aller Staaten nur die unverhältnismäßige Benachteiligung des Geschäftspartners durch den Wucherer. Durchweg ist für die Bewertung der Unverhältnismäßigkeit der konkrete Einzelfall von entscheidender Bedeutung. Dabei kommen in den ausländischen Gesetzen zwei Berechnungsvarianten vor. Einmal wird die Unverhältnismäßigkeit vom Standpunkt des Gläubigers aus ermittelt und auf das Verhältnis zwischen seiner Leistung und seinem Vermögensvorteil abgestellt; andere Länder hingegen gehen von einem objektiven Maßstab ohne Rücksicht auf Vermögensmehrungen oder -minderungen bei den Geschäftspartnern aus[149]. Ein Teil der Gesetze[150] unterläßt die Definition oder Umschreibung der wucherischen Vermögensveränderung und stellt auf den normativen Gehalt des Wortes Wucher oder wucherischer Zinsen ab.

Ausgehend von der Grundauffassung, daß durch die Wucherbestimmungen die wirtschaftlich Schwächeren oder sonst im Wirtschaftsleben besonders Benachteiligten geschützt werden sollen, kommt der Umschreibung der Aubeutungszustände eine wichtige Rolle zu. Insoweit lassen sich im ausländischen Recht wiederum zwei Untergruppen finden. Die eine umfaßt nur die Ausbeutung einer objektiven wirtschaftlichen Schwäche wie Not, Notlage oder Zwangslage, während die andere Untergruppe zusätzlich noch die Ausbeutung einer subjektiven Schwäche wie Leichtsinn, Unerfahrenheit, Mangel an Urteilsvermögen, Verstandes-

---

[144] Krässig S. 404.

[145] Kap. 9 § 5 des schwedischen Kriminalgesetzbuchs (Brottsbalken) in der Übersetzung von Simson.

[146] So Art. 644 des italienischen Strafgesetzbuchs in der Übersetzung von Riz; vgl. insgesamt Krässig S. 404 f., zu Art. 289 Código Pénal von Costa Rica S. 428.

[147] §§ 154, 155 des österreichischen StGB bei Foregger / Serini S. 115 f.; Art. 404, 405 des griechischen StGB in der Übersetzung von Karanikas.

[148] Tagungsberichte Anlagen 5 C II und V; Krässig S. 410; vgl. auch Art. 558 A des Cubanischen Gesetzbuchs der Sozialen Verteidigung in der Übersetzung von Blau.

[149] Zum ganzen s. Krässig S. 406 ff.

[150] Z. B. Art. 644 des italienischen Strafgesetzbuchs nach Riz.

schwäche oder ähnliche Umstände in den Wuchertatbestand aufgenommen hat[151].

Übereinstimmend gehen auch die ausländischen Wucherstrafbestimmungen davon aus, daß der Abschluß eines wucherischen Vertrags zur Deliktsvollendung ausreicht; das Fordern hingegen kann allenfalls als Versuch angesehen werden, der teils nach allgemeinen Vorschriften strafbar, teils wie in Deutschland straflos ist[152].

V. Gemischte Wucherstrafgesetzgebung

Kein einheitliches System für die gesamte Wucherstrafbarkeit, sondern unterschiedliche Prinzipien bei bestimmten Wuchertatbeständen gab es früher in der UdSSR und findet sich heute noch in Griechenland. In der UdSSR[153] war der Stadtwucher gemäß Art. 173 I und II StGB nach dem Zinstaxenprinzip ausgestaltet, während der Landwucher nach Art. 173 III StGB einen Ausbeutungstatbestand im Sinne der modernen Wucherstraftatbestandsfassung darstellte. In Griechenland[154] besteht neben dem Kreditwucherausbeutungstatbestand des Art. 404 I StGB in Art. 404 II a StGB ein auf Darlehen, Stundung einer Zahlung, Novation und Diskontierung beschränkter Straftatbestand, der eine Regelung nach dem Zinstaxensystem enthält.

VI. Nachwucher

Der Nachwucher ist nur in einem Teil der Staaten unter Strafe gestellt und kommt insgesamt in drei Formen vor: 1. Vorsätzlicher Erwerb einer wucherlichen Forderung in Verwertungsabsicht; 2. Erwerb einer wucherlichen Forderung in Kenntnis ihrer Wucherlichkeit und anschließendem Verwertungsversuch; 3. Geltendmachung einer wucherlichen Forderung in Kenntnis ihrer Wucherlichkeit[155].

VII. Wucherstrafen

In den modernen Wuchergesetzen zeichnet sich die Tendenz ab, die Strafen des Wuchers den Betrugsstrafen anzupassen. Dabei kommt in erster Linie Freiheitsstrafe mit einer Höchstgrenze von durchschnittlich

---

151 Krässig S. 410 ff.

152 Krässig S. 409, 413.

153 Krässig S. 403 Fn. 17, 406 Fn. 34 a; Tagungsberichte Anlage 5 C XII; Gallas Strafgesetzbuch S. 54 f.; im neuen Strafgesetzbuch fehlt jedoch bei den Wirtschaftsverbrechen (Art. 152 ff.) ein Wuchertatbestand wie Art. 173 a. F., vgl. dazu Pusylewitsch S. 65 ff.

154 Karanikas S. 84 f.; Tagungsberichte Anlage 5 C XII; Krässig S. 405 Fn. 25, 429.

155 Umfassend Krässig S. 414 f.

1—2 Jahren vor, die in besonders schweren Fällen auch bis zu 10 Jahren Gefängnis oder sogar Zuchthaus betragen kann. Neben oder auch an Stelle der Freiheitsstrafe kann in der Regel obligatorisch oder auch fakultativ Geldstrafe verhängt werden[156].

Q. Zusammenfassung des geschichtlichen und rechtsvergleichenden Überblicks

Der vorangegangene Einblick in die geschichtliche Entwicklung des geltenden Wucherstrafrechts und in die Wucherstrafbestimmungen der ausländischen Staaten macht deutlich: Es gibt weder „den Wucher", noch gibt es „den Wucherer". Vielmehr ändert sich je nach der Grundanschauung des Gesetzgebers — ob er mehr Gewicht auf die freie Entfaltung des Wirtschaftslebens und die Entwicklung des einzelnen am Wirtschaftsleben Beteiligten oder auf den Schutz der wirtschaftlich Schwachen bzw. sonst im Wirtschaftsleben Benachteiligten legt — auch die Entscheidung darüber, was er als den Wucher ansieht. Dies ist ein dynamischer Prozeß, der sich nicht in immer dieselbe Richtung bewegt, sondern einmal zur umfassenden Bestrafungsmöglichkeit des Wuchers führen kann und ein anderes Mal zur gänzlichen Aufgabe der Wucherstrafbarkeit tendiert.

Als Folge dieser Feststellungen muß man zum Ergebnis gelangen, daß der Wucher nicht — wie etwa Mord und Totschlag, Diebstahl und Betrug — zum Kernbereich der Kriminalität gehört und einen festen, unveränderlichen Kriminalitätskern hat, der von normalen Zeitströmungen unverändert die Zeiten und Änderungen des Rechtskreises überdauert und nur in mehr oder minder unbedeutenden Randbereichen korrigierbar ist und korrigiert zu werden pflegt.

---

156 Krässig S. 423 ff.

Dritter Teil

Das zur Zeit geltende Wucherstrafrecht nach § 302 a StGB im einzelnen

Wie bereits angesprochen, ist der Gesetzgeber in Deutschland der modernen Richtung in der Wucherstrafgesetzgebung gefolgt und hat den gesamten Bereich des Individualwuchers in einem Tatbestand nach dem Prinzip der Ausbeutungsrepression zusammengefaßt. Diesen so gefaßten Wucher kann man in einer groben Klassifizierung als ein gegen das Vermögen eines anderen gerichtetes, die Bereicherung des Täters bezweckendes Ausbeutungsdelikt bezeichnen.

A. Der Wuchergrundtatbestand des § 302 a I 1 StGB

I. Sachlicher Anwendungsbereich — Wuchergrundgeschäfte

Der neu gefaßte Wuchergrundtatbestand umfaßt im Gegensatz zu seinen Vorgängern in einer einzigen Norm den gesamten Bereich des Wuchers. Es liegt nicht mehr eine Aufteilung in verschiedene Tatbestände nach der Art des konkreten Wuchergrundgeschäfts vor. Vielmehr sind, wie schon im E 34 sowie in § 265 des E 60 und des E 62, sämtliche Unterarten und Spezialfälle des Wuchers in einem Generaltatbestand des Wuchers unter dem Begriff des Leistungswuchers[1] zusammengefaßt. Der sachliche Grund für diese Zusammenfassung liegt darin, daß der Gesetzgeber von grundsätzlich derselben Strafwürdigkeit der einzelnen Wucherarten ausging, deren Abgrenzung im Einzelfall zudem fließend und daher schwer durchzuführen war. Zudem sollten unbeabsichtigte Strafbarkeitslücken des alten Rechts geschlossen werden[2]. Gleichwohl ist der Gesetzgeber nicht dabei verblieben, als Wuchergrundgeschäft einzig und allein den Austausch von Leistungen in das Gesetz aufzunehmen. Vielmehr hat er drei weitere Rechtsgeschäfte ausdrücklich neben der sonstigen Leistung aufgeführt. Miet- und Kreditwucher sind eigens wegen ihrer besonderen Sozialschädlichkeit und ihrer großen praktischen Bedeutung angesprochen worden; die Hervorhebung der Vermitt-

---

[1] Vgl. Lackner § 302 a vor Anm. 1; Preisendanz § 302 a Anm. 3; Tröndle Prot. VII S. 2562.

[2] RegE S. 21, 40; in Prot. VII Tröndle S. 2562, Kohlmann S. 2569 und Göhler S. 2791 f.; ebenso schon E 62 Begr. S. 438.

lung als mögliche Leistung hat nur klarstellende Funktion[3]. Im weiteren Gesetzgebungsverfahren ist an dieser Aufzählung bestimmter Leistungen festgehalten worden, um die Norm anschaulicher und plastischer zu machen[4].

1. Vermietung von Räumen zum Wohnen, § 302 a I 1 Nr. 1 StGB

Als erste der besonders aufgeführten Leistungen des Täters ist in Nr. 1 des § 302 a I 1 StGB die Vermietung von Räumen zum Wohnen oder damit verbundene Nebenleistungen genannt. Diese Form des Wuchers entspricht im wesentlichen dem von § 302 f StGB a. F. umfaßten sachlichen Anwendungsbereich.

a) Vermietung

Zunächst muß es sich bei dem Rechtsgeschäft, aufgrund dessen Leistungen zwischen dem Täter und dem Opfer ausgetauscht werden oder werden sollen, um eine Vermietung handeln. Vermietung in diesem Sinne ist gleichbedeutend mit dem Mietverhältnis nach §§ 535 ff. BGB. Ohne Bedeutung ist, ob es sich um ein Haupt- oder um ein Untermietverhältnis handelt; beide Arten des Mietverhältnisses werden erfaßt[5]. Ein Pachtvertrag nach §§ 581 ff. BGB fällt nicht hierunter, obwohl über § 581 II BGB auf die Pacht im wesentlichen die Vorschriften über die Miete entsprechende Anwendung finden[6]. Die Formulierung des Gesetzes Vermietung von Räumen verdeutlicht zugleich, daß Täter der Nr. 1 nur der Vermieter, nicht aber der Mieter sein kann.

b) Vermietung von Räumen

Als Mietobjekt kommen nur Räume in Betracht. Dies sind mehrdimensionale, umschlossene und abgegrenzte Gebilde[7], seien sie beweglich oder unbeweglich. Zimmer in einem Haus fallen ebenso unter den Begriff Räume wie auch Wohnwagen, Wohnzelte, Schiffe oder gar Eisenbahnwagen[8].

c) Vermietung von Räumen zum Wohnen

Diese Räume müssen zum Wohnen vermietet sein. Ob das zutrifft, richtet sich nach der Zweckbestimmung im Einzelfall. Der Begriff Räume

---

[3] RegE S. 40.

[4] In Prot. VII Tröndle S. 2568, Göhler S. 2793 und Sturm S. 2794; zustimmend Bericht S. 20.

[5] Schäfer in LK § 302 a Rdn. 9; Stree in Schönke / Schröder § 302 a Rdn. 4.

[6] Dreher / Tröndle § 302 a Rdn. 5.

[7] Dreher / Tröndle § 302 a Rdn. 5.

[8] Stree in Schönke / Schröder § 302 a Rdn. 4; Schäfer in LK § 302 a Rdn. 9.

zum Wohnen ist weiter als der zivilrechtliche Begriff des Wohnraums[9]. Letzterer umfaßt nur jeden zum Wohnen bestimmten Raum, der Innenteil eines Gebäudes ist, nicht aber bewegliche Sachen und deren Innenräume[10]. Im Gegensatz dazu erstreckt sich der strafrechtliche Schutz des § 302 a I 1 Nr. 1 StGB auf alle beweglichen oder unbeweglichen Räume, die im Einzelfall zum Zwecke des Wohnens vermietet werden, ohne daß die generelle Bestimmung oder gar nur Geeignetheit zum Wohnen erforderlich ist. Es reicht aus, daß an sich zum Wohnen ungeeignete Räume vorübergehend oder auf Dauer zum Wohnen überlassen werden[11]. Deshalb können im Einzelfall auch Lagerhallen, Gartenlauben, Garagen oder Geräteschuppen unter den Begriff der Räume zum Wohnen fallen[12].

Probleme tauchen dann auf, wenn Räume nicht nur zum Wohnen, sondern auch zur anderweitigen Benutzung vermietet werden. Zu denken ist z. B. an die Vermietung einer Wohnung an einen Arzt, der in der Wohnung auch seine Praxis ausübt, oder an die Vermietung von Unterkünften an Dirnen, die dort auch ihrem Gewerbe nachgehen. Nach Dreher / Tröndle[13] sollen nach der Neufassung des § 302 a StGB diese Mischmietverhältnisse unter die Nr. 1 fallen. Demgegenüber bezeichnet Stree[14] diese Fälle als zweifelhaft und verweist darauf, daß hier zumindest Nr. 3 zum Tragen komme. Schäfer[15] schließlich stellt entscheidend darauf ab, ob die zu Wohnzwecken oder die zu anderen Zwecken überlassenen Räume überwiegen.

Geht man davon aus, daß für die Frage, ob ein Raum zum Wohnen vermietet ist, die Zweckbestimmung im Einzelfall entscheidend ist, muß man konsequenterweise bei derartigen Mischmietverhältnissen darauf abstellen, ob der Wohnzweck oder der andere Benutzungszweck für den Mieter im Vordergrund steht. Bejaht man die erste Möglichkeit, bestehen keine Bedenken, das Mietverhältnis unter § 302 a I 1 Nr. 1 StGB zu subsumieren; andernfalls fällt das zu beurteilende Mietverhältnis unter

---

[9] Dieser Begriff findet sich z. B. in § 556 a BGB und insb. im Gesetz über den Kündigungsschutz für Mietverhältnisse über Wohnraum vom 25. November 1971, BGBl. I S. 1839; diese differenzierende Betrachtungsweise wird nicht deutlich bei Sasserath Verhältnis S. 40.

[10] Palandt / Putzo Anm. 8 a vor § 535; Erman / Schopp § 556 a Rdn. 6.

[11] Schmidt-Futterer / Blank Rdn. D 107; Schäfer in LK § 302 a Rdn. 9; Stree in Schönke / Schröder § 302 a Rdn. 4; Blei BT S. 235; Korff NJW 1963, 698.

[12] Daß dies nicht nur von akademischer Bedeutung ist, zeigt das Beispiel Nr. 1 zum Thema Mietwucher in der Sendung „ARD-Ratgeber: Geld" vom 5. März 1972. Dort hatten die Hausbesitzer im Hinterhof eines Altbaus eine Garage zu einem Wohnraum umfunktioniert, für den sie monatlich 100,— DM Miete verlangten. Neben der Garage stand noch ein Schuppen, der für monatlich 150,— DM vermietet wurde. Die Mieter waren ausschließlich italienische Gastarbeiter; vgl. auch das Beispiel bei Besenthal S. 38 f.

[13] § 302 a Rdn. 5.

[14] In Schönke / Schröder § 302 a Rdn. 4.

[15] In LK § 302 a Rdn. 9.

die Nr. 3, den allgemeinen Leistungswucher. Durch die Neufassung des § 302 a StGB ist dieses Problem gegenüber dem alten Recht entschärft. Mietwucher nach § 302 f StGB a. F. konnte schon bei einer einmaligen, einfachen Ausnutzung der Zwangslage vorliegen; § 302 e StGB a. F., der Mietverträge außerhalb des Anwendungsbereichs des Mietwuchers nach § 302 f StGB a. F. erfaßte, setzte ein gewerbsmäßiges Handeln des Vermieters voraus, der nicht eine Zwangslage, sondern eine begrifflich enger gefaßte Notlage des Mieters ausnutzen mußte. Diese Unterscheidung hat heute keine praktische Bedeutung mehr, da der Wucher bei der Vermietung von Räumen zum Wohnen dem allgemeinen Leistungswucher in bezug auf Voraussetzungen und Folgen völlig gleichgestellt ist. Deshalb kann der Meinung Strees letztlich beigepflichtet werden, daß in Zweifelsfällen zunächst vom Leistungswucher auszugehen ist[16]. Dies dürfte auch der Intention des Gesetzgebers entsprechen. Wie bereits ausgeführt, sind die ausdrücklich kodifizierten besonderen Leistungen nur deshalb in das Gesetz aufgenommen worden, um der Vorschrift eine gewisse Anschaulichkeit und Plastizität zu geben.

d) Mit der Vermietung von Räumen zum Wohnen verbundene Nebenleistungen

§ 302 a I 1 Nr. 1 StGB umfaßt darüber hinaus die mit der Vermietung von Räumen zum Wohnen im Einzelfall verbundenen Nebenleistungen, gleichgültig ob sie üblich oder unüblich sind[17]. Solche Nebenleistungen können sein Beheizung, Beleuchtung und Reinigung von gemeinschaftlich benutzten Örtlichkeiten wie Treppen, Hof, Garten und Zugang zum Haus, Müll- und Abwasserbeseitigung, Tätigkeit eines Hausmeisters und Garage, aber auch die Zubereitung des Frühstücks etwa im Pensionsbeherbergungsgewerbe sowie sonstige Serviceleistungen in der Hotelbranche[18].

2. *Kreditgewährung, § 302 a I 1 Nr. 2 StGB*

Als nächstes Wuchergrundgeschäft nennt das Gesetz die Gewährung eines Kredits. Vorläufer und Anknüpfungspunkt für diesen Unterfall des Wuchers ist der in § 302 a StGB a. F. bislang geregelte, von der modernen Wuchergesetzgebung als erster kodifizierte Darlehens-, Kredit-, Geld- oder Zinswucher. Durch die Formulierung für die Gewährung eines Kredites ist klargestellt, daß nur der Kreditgeber, nicht aber

---

[16] Weitergehend Maurach / Schroeder S. 455, die eine exakte Abgrenzung für Praxis und Wissenschaft als entbehrlich ansehen; vgl. auch Lackner § 302 a Anm. 2.

[17] Stree in Schönke / Schröder § 302 a Rdn. 5; Dreher / Tröndle § 302 a Rdn. 5.

[18] Vgl. dazu Schäfer in LK § 302 a Rdn. 10; Preisendanz § 302 a Anm. 3 a; Sasserath Verhältnis S. 40.

der Kreditnehmer Täter des Wuchers nach § 302 a I 1 Nr. 2 StGB sein kann; für den Kreditnehmer kommt allenfalls der allg. Leistungswucher nach Nr. 3 in Betracht[19].

a) Geldkredit — Gelddarlehen

Unter Kredit i. S. d. Nr. 2 fällt der Geldkredit als die rechtsgeschäftliche Gewährung oder Belassung einer Geldsumme auf Zeit durch den Kreditgeber an den Kreditnehmer zur Befriedigung eines augenblicklichen dringenden Geldbedürfnisses mit dessen Verpflichtung, die Geldsumme, beim entgeltlichen Kredit zuzüglich eines weiteren Betrages, nach Ablauf der Zeit zurückzuzahlen[20].

Für die Wucherstrafbarkeit ist der entgeltliche Kredit von Bedeutung, wobei das Entgelt sich durchweg aus Zinsen und sonstigen Kosten zusammensetzt. Die Gewährung eines derartigen Kredits kann in vielfältigen Formen erfolgen, die für die Wucherfrage im Einzelfall von entscheidender Bedeutung sind. Man teilt Kredite grundsätzlich in drei große Gruppen ein: in Kredite mit kurzer, mit mittlerer und mit langer Laufzeit[21], bei denen das auffällige Mißverhältnis von Vermögensvorteilen und Leistung jeweils mit Hilfe unterschiedlicher Berechnungsarten zu ermitteln ist.

aa) Kredite mit kurzer Laufzeit

Als Kredite mit kurzer Laufzeit werden Darlehen bezeichnet, die für einige Tage bis maximal ca. 6 Monate gewährt werden. Sie dienen durchweg entweder der Überbrückung kurzfristiger Finanzlücken und Geldschwierigkeiten sowie bargeldlosen Einkäufen oder dem Hinausschieben der Begleichung von Rechnungen. Zu nennen sind: Girokredit, Überziehungskredit, Scheckkartenkredit, Kreditkartenkredit, aber auch offener Buchkredit, Lieferantenkredit und Gehaltsvorschuß. Als Kreditgeber fungieren je nach Kreditart Universalbanken und Teilzahlungskreditinstitute, Kreditkartengesellschaften, Geschäftspartner oder Arbeitgeber. Diese Kredite sind meistens nicht sehr hoch; ihre Gewährung hängt i. d. R. von der persönlichen Kreditwürdigkeit und Bekanntheit des Kreditnehmers ab.

---

[19] Man denke dabei etwa an folgenden Fall: A hat B einen nicht vorzeitig kündbaren Geldkredit gewährt. B saniert seine Finanzen, während A in eine finanzielle Notlage gerät. Um diese beheben zu können, wendet er sich zwecks vorzeitiger Rückzahlung des Darlehens an B. B erklärt sich dazu unter der Bedingung bereit, daß er nur einen Bruchteil des entliehenen Kapitals zurückzuzahlen braucht. Um sofort wenigstens einen kleinen Betrag Bargeld zur Verfügung zu haben, geht A auf den Vorschlag des B ein.

[20] Dreher / Tröndle § 302 a Rdn. 6; Kohlmann S. 28 f.; Lenckner in Schönke / Schröder § 265 b Rdn. 12; vgl. Schäfer in LK § 302 a Rdn. 13.

bb) Kredite mit mittlerer Laufzeit

Zu dieser Gruppe gehören Kredite mit einer Laufzeit von ca. 6 Monaten bis 4 Jahren. Sie dienen hauptsächlich der Finanzierung unterschiedlichster langlebiger Güter und Dienstleistungen. Hierzu gehören insb. der Ratenkredit, auch Konsumenten- oder Teilzahlungskredit sowie Anschaffungs- oder Allzweckdarlehen genannt, der Versicherungskredit und das Arbeitgeberdarlehen. Kreditgeber der beiden letztgenannten Kredite sind, wie sich schon aus dem Namen ergibt, Versicherungsgesellschaften und Arbeitgeber. Der Ratenkredit wird von unterschiedlichen Kreditgebern gewährt, wobei der Hauptbereich von den Universalbanken und Teilzahlungskreditinstituten bestritten wird, z. T. unter Zuhilfenahme von Kreditvermittlern. Diese Kredite werden in Raten zurückgezahlt, und zur Sicherung des Rückzahlungsanspruchs lassen sich die Kreditgeber die unterschiedlichsten Sicherheiten geben.

cc) Kredite mit langer Laufzeit

Schließlich gibt es Kredite mit Laufzeiten von über vier Jahren. Diese dienen durchweg der Finanzierung von Immobilien oder betrieblichen Anlagen. In diese Gruppe fallen neben den Bausparkassenkrediten sonstige Hypothekenkredite und auch Kredite der öffentlichen Hand aufgrund staatlicher Förderungsprogramme. Hypothekarkredite werden neben den Universalbanken von den speziell dafür geschaffenen Realkreditinstituten gewährt und durch Hypothek oder Grundschuld abgesichert.

dd) Sonstige Einteilungen

Alle vorgenannten Kredite sind Geldkredite. Während bei der ersten Gruppe i. d. R. eine persönliche Sicherheit durch den Kreditnehmer gewährt wird, leistet der Kreditnehmer bei den Krediten mit langer Laufzeit Sicherheit in Sachwerten. Man unterteilt insoweit auch in Personalkredite und in Sachkredite. Die Kredite mit mittlerer Laufzeit lassen sich nicht eindeutig klassifizieren, da dort Personalsicherheiten und Sachsicherheiten nebeneinander vorkommen.

b) Erstreckung auf sonstige Kredite nach § 265 b III Nr. 2 StGB

Neben diesen Gelddarlehen einschließlich der mitbehandelten Stundungen — z. B. offener Buchkredit[22] — könnten auch die sonstigen, gem. § 265 b III Nr. 2 StGB als Kredite i. S. d. § 265 b I bezeichneten Rechtsgeschäfte vom Begriff des Kredits in § 302 a I 1 Nr. 2 StGB erfaßt werden.

[21] So Weindlmaier S. 6, zu den Einzelheiten bei Haushaltskrediten S. 6 ff. mit einer ausführlichen Übersicht auf S. 8 f.; s. auch Palandt / Putzo Anm. 3 vor § 607.

[22] Auch „Anschreibenlassen" genannt; Weindlmaier S. 6 f.

Soweit in der Literatur dieses Problem angesprochen ist, scheint dies ohne nähere Begründung bejaht zu werden[23]. Obwohl nach § 265 b III Nr. 2 StGB auch der entgeltliche Erwerb von Geldforderungen als Kredit nach § 265 b I StGB anzusehen ist, führen Dreher / Tröndle[24] unter Berufung auf RGSt 25, 318 und 35, 112 aus, daß der Ankauf einer Forderung unter Wert bei sofortiger Zahlung nicht unter § 302 a I 1 Nr. 2, sondern unter die Generalklausel falle.

Im Gegensatz zu § 302 a StGB schützt § 265 b StGB neben dem Vermögen des einzelnen Kreditgebers auch das Allgemeininteresse an der Vermeidung von Gefahren für die gesamte Kredit- und Volkswirtschaft[25], wobei er sich aufgrund seiner abschließenden Regelung[26] nur auf Kredite erstreckt. Um ohne Ausuferung des Tatbestands den erstrebten Schutz erreichen zu können, hat der Gesetzgeber in § 265 b III Nr. 2 StGB einen sehr weiten Kreditbegriff normiert, der über den Kredit im rechtlichen Sinn hinausgeht[27] und alle Rechtsgeschäfte zu erfassen sucht, die wirtschaftlich gesehen einem Kredit gleichstehen. Bei § 302 a StGB hat der Gesetzgeber einen anderen Weg gewählt. Er ist vom Grundbild des allgemeinen Leistungswuchers ausgegangen und hat als ein besonderes Wuchergrundgeschäft den Kreditwucher herausgestellt, ohne insoweit die in § 265 b III Nr. 2 StGB kodifizierte Definition des Kredits zu erwähnen. Hätte der Gesetzgeber den Begriff Kredit in § 302 a StGB genauso verstanden wissen wollen wie in § 265 b StGB, hätte eine entsprechende Verweisung nahegelegen, zumal beide Normen durch das 1. WiKG gleichzeitig neu gefaßt wurden. Weiter ist zu bedenken, daß eine extensive Auslegung des Begriffs Kredit bei § 302 a StGB nicht erforderlich ist. Alle kreditähnliche, wirtschaftlich denselben Zweck verfolgende Rechtsgeschäfte fallen unter den allgemeinen Leistungswucher; es besteht kein sachlicher Grund, entgegen der Gesetzessystematik die Kreditdefinition des § 265 b III Nr. 2 StGB auf den Wuchertatbestand entsprechend anzuwenden. Deshalb ist eine Erstrekkung des § 302 a I 1 Nr. 2 StGB über die unter a) zusammengefaßten Kredite hinaus auf die sonstigen Rechtsgeschäfte des § 265 b III Nr. 2 StGB abzulehnen.

---

[23] So Stree in Schönke / Schröder § 302 a Rdn. 6; Dreher / Tröndle § 302 a Rdn. 6; Samson in SK § 302 a Rdn. 13; einschränkend in der Sache wohl Kohlmann S. 28 f.

[24] § 302 a Rdn. 6.

[25] RegE S. 17 f.; Bericht S. 14; Lenckner in Schönke / Schröder § 265 b Rdn. 3; Lackner § 265 b Anm. 1; einschränkend Dreher / Tröndle § 265 b Rdn. 6; a. A. Samson in SK § 265 b Rdn. 2.

[26] Dreher / Tröndle § 265 b Rdn. 8.

[27] Lenckner in Schönke / Schröder § 265 b Rdn. 11; s. auch Samson in SK § 265 b Rdn. 7.

c) Sachkredite

Zu prüfen bleibt, ob ein Kredit im Sinne des § 302 a I 1 Nr. 2 StGB auch dann gewährt wird, wenn dem Schuldner andere vertretbare Sachen als Geld mit der Abrede überlassen werden, nach einer bestimmten Zeit andere vertretbare Sachen derselben Art, Güte und Menge dem Gläubiger zurückzugewähren[28]. Nach der in der Literatur durchweg vertretenen Meinung fallen Naturaldarlehen nicht unter den Begriff des Kredits nach § 302 a I 1 Nr. 2 StGB. Kredit in Nr. 2 setze voraus, daß das abgeschlossene Rechtsgeschäft der Befriedigung eines augenblicklichen Geldbedürfnisses dienen solle[29]. Dem ist aus gesetzessystematischen Gründen zuzustimmen. Da der Gesetzgeber die Methode der Generalklausel mit explizierenden Beispielen gewählt hat und unter Kredit im allgemeinen Sprachgebrauch der Geldkredit verstanden wird, sollte die rechtsgeschäftliche Gewährung eines Naturaldarlehens nicht unter das besondere Beispiel der Nr. 2, sondern unter die Generalklausel der Nr. 3 subsumiert werden.

3. Sonstige Leistungen, § 302 a I 1 Nr. 3 StGB

§ 302 a I 1 Nr. 3 StGB umfaßt in einer Generalklausel als Wuchergrundgeschäft jede Leistung, die nicht in der Vermietung von Räumen zum Wohnen (Nr. 1), in der Gewährung eines Kredits (Nr. 2) oder in der Vermittlung irgendeiner Leistung (Nr. 4) besteht, und deckt den gesamten Bereich rechtsgeschäftlicher Tätigkeit ab.

a) Wirtschaftliche Leistungen

Beim Wucher als einem Delikt des Geschäftslebens kommen als Wuchergrundgeschäfte zunächst alle Geschäfte in Betracht, bei denen wirtschaftliche Leistungen gegen bestimmte Gegenleistungen ausgetauscht werden, also alle entgeltlichen, zweiseitigen Geschäfte des Wirtschaftslebens.

aa) Einmalige Austauschgeschäfte

Von erheblicher Bedeutung sind die Geschäfte, bei denen Zug um Zug ohne längere Abwicklungsdauer wirtschaftliche Leistungen ausgetauscht werden, also alle Bargeschäfte. Aus der Fülle derartiger, in Rechtsprechung und Literatur erwähnter Geschäfte seien nur folgende genannt: Verkauf von Geräten zum Abschirmen von Erdstrahlen[30], Warenkaufverträge im Verlaufe sog. Kaffeefahrten[31], Kaufverträge über Vieh und

---

[28] So der Begriff des Darlehens bei Palandt / Putzo Anm. 1 a vor § 607.

[29] Preisendanz § 302 a Anm. 3 b; wohl auch Dreher / Tröndle § 302 a Rdn. 6.

[30] BGH NJW 1959, 1787.

[31] LG Trier NJW 1974, 151 f.; Sack NJW 1974, 564 f.

Korn[32], über Immobilien[33], über Drogen[34] und über Gegenstände der Pornographie[35], Verträge über Lieferungen von Kunstgegenständen, Antiquitäten und anderen Sammlerobjekten[36], Verabreichung von Getränken in Nachtbars und anderen Vergnügungsstätten[37] sowie Erbschaftskäufe[38].

In diese Gruppe fallen auch Verträge über Dienst-, Arbeits- und Werkleistungen, die nicht auf Dauer gerichtet sind, sondern sich in einem einmaligen Tätigwerden eines der Vertragspartner erschöpfen. Hier sind zu nennen Verträge über illegalen Schwangerschaftsabbruch[39], die auch heute noch eine gewisse Rolle zu spielen scheinen, über Rechtsberatung durch einen Rechtsberater oder Rechtsanwalt[40] sowie über Heilbehandlung durch kundige oder unkundige Personen[41], das entgeltliche Tätigwerden eines Privatdetektivs[42] und die Ausbedingung eines Erfolgshonorars bei Inkassogeschäften[43]. Aber auch kurzzeitige Leistungen von Handwerkern fallen in diesen Bereich. Man denke nur an den Installateur, der seine einzig erreichbare, aber sofort erforderliche Hilfe zur Abwendung weiterer Schäden nach einem Wasserrohrbruch in einer Wohnung von der Zusage einer besonders hohen Vergütung abhängig macht.

bb) Daueraustauschgeschäfte

Diesen Geschäften, die sich im einmaligen Austausch von Leistungen erschöpfen, stehen Leistungsaustauschverträge mit Wirkungen über einen langen Zeitraum gegenüber. Gerade bei diesen Verträgen wird

---

[32] Fuld Wuchergesetz S. 32, 41; Caro S. 149; Preis S. 46; Dreher / Tröndle § 302 a Rdn. 7.

[33] Dreiss / Eitel-Dreiss S. 202; R. Schmidt S. 248; Fuld Wuchergesetz S. 32; vgl. auch RGSt 25, 315 (316).

[34] Stree in Schönke / Schröder § 302 a Rdn. 7; Lackner § 302 a Anm. 3; Sturm JZ 1977, 85.

[35] Tröndle Prot. VII S. 2562; Stree in Schönke / Schröder § 302 a Rdn. 7; Schäfer in LK § 302 a Rdn. 16.

[36] Stree in Schönke / Schröder § 302 a Rdn. 7; Lackner § 302 a Anm. 3; Tröndle Prot. VII S. 2562; Hug S. 81; Sturm JZ 1977, 85; anders bei Liebhabergeschäften R. Schmidt S. 245/6 Fn. 1.

[37] Lackner § 302 a Anm. 3; Dreher / Tröndle § 302 a Rdn. 7; Göhler Prot. VII S. 2794; Sturm JZ 1977, 85.

[38] RG Recht 1915 Nr. 737.

[39] Stree in Schönke / Schröder § 302 a Rdn. 7; Tröndle Prot. VII S. 2562; Müller-Emmert TW 1977, 1/6.

[40] RGSt 45, 197 ff.; R. v. Hippel LB S. 272 Fn. 7; Galli DJZ 1913, 139; Schäfer in LK § 302 a Rdn. 16.

[41] RG Recht 1916 Nr. 1419; Lackner § 302 a Anm. 3; Schäfer in LK § 302 a Rdn. 16; Preis S. 46 Fn. 2.

[42] RG DR 1944, 903; Tröndle Prot. VII S. 2562; Dreher / Tröndle § 302 a Rdn. 7.

[43] LG Nürnberg-Fürth NJW 1959, 438 f.

der Geschäftspartner formell lange Zeit gebunden und kann dadurch nicht allein vermehrte wirtschaftliche Einbußen erleiden, sondern sogar in seiner gesamten Wirtschafts- und Lebensführung in erheblichem Maße beeinträchtigt werden[44].

Am deutlichsten tritt dieser Gesichtspunkt neben Mietverträgen, die nicht unter die Nr. 1 fallen wie etwa bei Mietverträgen über Geschäftsräume[45], bei Pachtverträgen[46], bei gemischten Verträgen wie der Vermietung von Räumen an Prostituierte zur Ausübung ihres Gewerbes[47], auch bei Miet- und Aufbauverträgen[48] sowie bei Automatenaufstellverträgen[49] hervor. Ganz besonders krasse Erscheinungsformen können bei längerandauernden, den Lebensunterhalt finanzierenden Dienst- und Arbeitsverträgen oder auch Gesellschaftsverträgen vorkommen.

aaa) Lohnwucher bei Arbeits- und Dienstverträgen

Ob auch der Lohnwucher bei Arbeitsverträgen unter Strafe zu stellen sei, war indes nicht immer unbestritten. So ging R. Schmidt[50] zwar davon aus, daß der Sachwucher nach § 302 e StGB a. F. formell auch den Lohnwuchertatbestand einschließe, meinte jedoch, daß die Entfernung des Lohnwuchers aus dem strafbaren Bereich des Wuchers als ein „gesundes Ergebnis“[51] zu bezeichnen sei und einem „gesunden Instinkt entspringe“[52]. Trotz moralischer Verwerflichkeit und sozialer Schädlichkeit der Ausbeutung von Arbeitern durch die Arbeitgeber sei dem Lohnwucher mit den Mitteln des Strafrechts nicht beizukommen. Zum einen mangele es an typischen Vergleichsfaktoren der variablen, individuellen Arbeitsleistungen; zum anderen müßten sich bei anderer Betrachtungsweise die Gerichte in die sozialen Kämpfe zwischen Arbeitnehmern und Arbeitgebern einmischen. Diese Kämpfe würden durch Wucherprozesse aufgrund des notwendigerweise dehnbaren und unbestimmten Lohnwuchertatbestands nur noch an Schärfe zunehmen. Der Schutz der Arbeitnehmer müsse vielmehr durch andere Vorschriften wie der Gewerbeordnung oder der Sozialversicherungsgesetze gewährleistet werden[53].

Demgegenüber bestanden und bestehen nach der ganz überwiegenden Meinung in der Literatur[54] — soweit ersichtlich hatte die höchstrichter-

---

[44] Auf diesen Gesichtspunkt hat besonders v. Stein S. 42 ff. hingewiesen.

[45] Dreher / Tröndle § 302 a Rdn. 7; Blei BT S. 236.

[46] Bockelmann BT S. 104; Dreher / Tröndle § 302 a Rdn. 7.

[47] Vgl. dazu OLG Hamm NJW 1972, 1874.

[48] BGH NJW 1957, 1274.

[49] LG Frankfurt NJW 1964, 255 f.

[50] S. 259 ff., 289 ff.

[51] S. 259.

[52] S. 260.

[53] S. 260 f., 289 ff.

liche Rechtsprechung kaum Anlaß, sich dazu zu äußern[55] — keine Bedenken, auch den Lohnwucher in den Bereich des Sach- oder Leistungswuchers miteinzubeziehen.

Bedenkt man, daß grundsätzlich jedes Rechtsgeschäft, der Austausch von Leistungen jedweder Art[56] vom Leistungswuchertatbestand erfaßt werden soll, leuchtet nicht ein, warum der Lohnwucher bei Arbeitsverträgen aus dem Schutzbereich herausfallen soll. Gerade hier kann es dem Wucherer gelingen, die wirtschaftliche und auch die persönliche Entfaltung seines Vertragspartners auf Jahre entscheidend zu beeinflussen. Der Einwand, es stünde ein Eingriff in die sozialen Kämpfe der Arbeitsvertragsparteien zu befürchten, vermag die Schutzwürdigkeit der Arbeitnehmer nicht zu überlagern. Lohnwucherfälle werden nur in Bereichen auftreten, in denen eine Arbeitsvertragspartei von bestehenden Tarifvereinbarungen zu Lasten seines Partners abweichende Konditionen durchsetzt oder bindende tarifliche Regelungen nicht vorhanden sind. Der Einsatz strafrechtlicher Wucherbestimmungen im Arbeitskampf ist theoretisch und praktisch kaum ernsthaft in Erwägung zu ziehen.

Auch der Hinweis von Dreher/Tröndle[57], Lohnwucher sei abgesehen von illegalen Arbeitsverhältnissen kaum mehr von Bedeutung, ist durch nichts bewiesen. Gerade im Bereich des Lohnwuchers können wucherliche Verträge in nicht unerheblichem Umfang auftreten, die nur nicht immer als Fälle strafrechtlichen Wuchers angesehen und entsprechend behandelt werden. Beispielhaft seien nur einige Fälle hervorgehoben, die durchweg in anderem Zusammenhang durch Presse und Fernsehen gegangen sind. Ein Student wird für seine Arbeit in den Semesterferien statt in der Lohngruppe II in die Lohngruppe I eingestuft, in der er statt 1200,— DM nur 900,— DM pro Monat verdient; eine andere Stelle hat er nicht finden können. Ältere Arbeitnehmer und entlassene Strafgefangene nehmen wegen der gerade für sie äußerst schwierigen Arbeitsmarktlage einen Job als Parkwächter zu finanziellen Bedingungen an, die weit unter den tariflichen Sätzen liegen. Arbeitnehmer lassen sich an fremde Firmen ausleihen, um nicht arbeitslos zu werden und wenigstens von eigenem Geld ihren Lebensunterhalt finanzieren zu

---

[54] Wenninger S. 43; R. v. Hippel LB S. 272 Fn. 7; Fuld Wuchergesetz S. 41 f.; Lackner § 302 a Anm. 3; Ebermayer Gruchots Beitr. 60 (1915), 198; Schäfer in LK § 302 a Rdn. 16; Stree in Schönke / Schröder § 302 a Rdn. 7; ausdrücklich gegen R. Schmidt v. Tietzen und Henning S. 14 f.; kritisch Lampe Maurach-FS S. 387 ff.; vgl. auch Suchanek 35. DJT I S. 171 ff. und Groh 35. DJT II S. 80 ff.

[55] Das Problem wird in RGSt 38, 363 (365) nur am Rande angesprochen und entsprechend der h. M. behandelt.

[56] Moser S. 2; Wachenfeld S. 418; Tröndle Prot. VII S. 2560; RegE S. 40.

[57] § 302 a Rdn. 7.

können. Junge Profisportler werden zu miserablen Bedingungen eingestellt; sie sind darauf angewiesen, weil sie einen bürgerlichen Beruf nicht erlernt haben und auf den großen Durchbruch warten. Ein ähnliches Bild bot sich zeitweise in Teilbereichen des Arbeitsmarkts für Akademiker. Ein nicht ganz unbedeutender Teil der Volljuristen mit gerade bestandenem 2. Staatsexamen versuchte, wenn ihm keine andere Stelle zugesagt wurde, zumindestens vorübergehend eine Stelle bei einem Rechtsanwalt gegen ein Entgelt zu finden, das nur einen Bruchteil dessen ausmachte, was man herkömmlicherweise als Anfangsgehalt für eine derartige Stellung ansieht, um überhaupt bis zu einer längerfristigen Anstellung im Fach bleiben zu können. Es soll sogar Fälle geben, daß Kinder ohne Lohn in Betrieben arbeiten, um dort später eine Lehrstelle zu erhalten[58]. In all diesen Fällen liegt der Verdacht nicht fern, daß eine Wucherstraftat vorliegen könnte. Diese Fälle nicht als Austausch von sonstigen Leistungen nach § 302 a I 1 Nr. 3 StGB anzusehen hieße, ohne sachlichen Grund und entgegen der Intention des Gesetzgebers bedeutsame und unter Umständen folgenreiche Fälle aus dem Anwendungsbereich des Wuchers auszuklammern.

bbb) Wucher bei Gesellschaftsverträgen

Ein weiterer strittiger Punkt ist die Frage, ob der Abschluß eines Gesellschaftsvertrages ein Wuchergrundgeschäft beim allgemeinen Leistungswucher darstellen kann. Während ein Teil der Literatur[59] und am Rande auch die Rechtsprechung[60] derartige Verträge in den Bereich der Wuchergrundgeschäfte miteinbeziehen will, sollen nach Dreiss / Eitel-Dreiss[61] Gesellschaftsverträge nicht unter § 302 a StGB fallen, da sie aus „dogmatischen" Gründen nicht auf den Austausch von Leistungen gerichtet seien.

Letzterer Meinung ist zuzugestehen, daß beim Gesellschaftsvertrag kein Austausch von Leistungen vereinbart wird. Nach heute wohl h. M.[62] liegt auch kein gegenseitiger Vertrag zwischen den Gesellschaftern vor. Jedoch ist zu bedenken, daß jeder Gesellschafter verspricht, eine Leistung dafür zu erbringen, daß auch der andere leistet, wenn auch der

---

[58] Vgl. ZDF-Sendung vom 6. 3. 1979 über Kinderarbeit aus der Serie: Die Neun — Soziale Wirklichkeit in Europa; siehe auch das Urteil des Arbeitsgerichts Duisburg vom 7. Juni 1979 — Ca 554/79 — S. 2, 4 f.

[59] R. v. Hippel LB S. 272 Fn. 7; vgl. auch Lehmann S. 14; Wenninger S. 43.

[60] RGSt 38, 363 (365).

[61] S. 199.

[62] Ernst Wolf II S. 269 ff.; Westermann Rz. 25; Larenz II S. 339 f. m. w. N.; aber auch Baumbach / Duden § 105 Anm. 2 D und v. Gamm in RGRK § 705 Rdn. 8; a. A. Palandt / Heinrichs vor § 320 Anm. 1 c bb und Palandt / Thomas § 705 Anm. 3 c sowie die ständige Rspr. mit RGZ 76, 276 (279); 78, 303 (305); 147, 340 (342) und BGH NJW 1951, 308.

Endzweck des Vertrags ein anderer ist[63]. In welcher Form der einzelne Gesellschafter seine Leistung zur Förderung des Gesellschaftszwecks zu erbringen hat, hängt von der Ausgestaltung des konkreten Gesellschaftsvertrags ab. Dabei können die unterschiedlichsten Beiträge vereinbart werden[64]. Gleichzeitig wird im Gesellschaftsvertrag festgelegt, wie Gewinne und Verluste geteilt werden und welche sonstigen Ansprüche wie Vergütungen für bestimmte Tätigkeiten und Ersatz von Aufwendungen dem einzelnen Gesellschafter gegen die Gesellschaft zustehen sollen[65]. Es werden vertragliche Vereinbarungen über die Vorteile jedes Gesellschafters aus seiner Beteiligung an der Gesellschaft getroffen. Wirtschaftlich gesehen sind diese beiden Komplexe, nämlich welche Leistungen in Form von Vermögensvorteilen oder anderen Vorteilen die Gesellschaft bzw. die Gesamtheit der Gesellschafter dem einzelnen Gesellschafter schuldet und welche Leistungen andererseits der einzelne Gesellschafter der Gesellschaft gegenüber zu erbringen hat, von entscheidender Bedeutung. Letztlich wird jeder Gesellschafter nur deshalb einen Beitrag zur Erreichung des gemeinschaftlichen Ziels leisten, um damit mittelbar einen eigenen, von ihm persönlich verfolgten Zweck zu erreichen, mag dieser auch „nur" darin bestehen, für den eigenen Kapital- oder sonstigen Aufwand entsprechende Vermögensvorteile der Gesellschaft zu erhalten. Wenn ein Gesellschafter aufgrund einer Schwäche von seinen Mitgesellschaftern zum Abschluß bestimmter Bedingungen gezwungen wird, die bei objektiver Würdigung des gesamten Gesellschaftsverhältnisses außer Verhältnis zum Beitrag dieses Gesellschafters stehen, ist nicht einzusehen, warum ein derartiges Verhalten nicht den Tatbestand des Wuchers sollte erfüllen können. § 302 a I 1 Nr. 3 StGB setzt nur voraus, daß für eine sonstige Leistung Vermögensvorteile versprochen oder gewährt werden. Beim Gesellschaftsvertrag besteht ein enger Zusammenhang zwischen den erbrachten Beiträgen und den wirtschaftlichen Vorteilen an der Beteiligung des einzelnen Gesellschafters. Nach dem Wert der Beiträge wird in einem ausgewogenen Gesellschaftsvertrag auch der Anteil am Gewinn und an den sonstigen Vergütungen bemessen sein; in Anbetracht dieser Umstände wird jeder Gesellschafter versuchen, mindestens den Anteil an den gesamten Vorteilen zu erlangen, den auch seine Beiträge an den Gesamtbeiträgen ausmachen. Beiträge werden in unterschiedlicher Höhe erbracht, um mindestens mit demselben Anteil am Ertrag beteiligt zu sein. Bei wirtschaftlicher Betrachtungsweise kann man davon sprechen, daß die Gesellschaft/Gesellschafter sich Vermögensvorteile in der Form der Beiträge gewähren

[63] Palandt / Thomas § 705 Anm. 3 c.

[64] Vgl. dazu Palandt / Thomas § 706 Anm. 1 d, 2; Baumbach / Duden § 105 Anm. 2 D; Westermann Rz. 258 ff.

[65] Vgl. Schultze-v. Lasaulx in Soergel / Siebert vor § 705 Rdn. 38 und § 705 Rdn. 49 ff.; v. Gamm in RGRK § 705 Rdn. 20; Westermann Rz. 179, 308 ff., 317.

lassen für ihre Leistung in der Form der anteiligen Beteiligung am Gewinn sowie sonstiger finanzieller Zuwendungen und anderer Vorteile. Die durch die Wendung für eine sonstige Leistung zum Ausdruck gebrachte Konnexität zwischen Leistung und Gegenleistung[66], hier zwischen den von der Gesellschaft aufgrund des Gesellschaftsvertrags an den einzelnen Gesellschafter zu erbringenden finanziellen Zuwendungen, Gewinnbeteiligungen und sonstigen Vorteilen und den von den Gesellschaftern zu leistenden Beiträgen, ist dabei gewahrt.

b) „Nichtwirtschaftliche" Leistungen

Die bislang genannten Leistungen sind wirtschaftliche Leistungen. Darüber hinaus könnten aber auch nichtwirtschaftliche Leistungen Gegenstand einer vertraglichen Vereinbarung sein. Die wohl h. M. ist der Ansicht, daß die Unterscheidung in wirtschaftliche und in nichtwirtschaftliche Leistungen für das geltende Wucherstrafrecht irrelevant sei; auch bei nichtwirtschaftlichen Leistungen wie Fluchthilfe[67], Lebensrettung[68] und bei überhöhten Preisen im Prostitutionsgewerbe[69] und bei der Ehevermittlung[70] soll Leistungswucher in Betracht kommen können. Demgegenüber vertritt Tiedemann[71] die auch vom AE[72] geteilte Auffassung, daß Wucher nur bei wirtschaftlichen Leistungen in Betracht kommen solle, „um u. a. Fluchthelfer- und Dirnenfälle, aber auch das Beispiel der Lebensrettung gegen ein zu hohes Entgelt auszuschließen"[73].

Zunächst ist zu prüfen, ob es zwischen einer wirtschaftlichen und einer nichtwirtschaftlichen Leistung einen in unserem Zusammenhang interessierenden Unterschied überhaupt gibt und worin dieser gegebenenfalls besteht. Einerseits wird man zugestehen können, daß die vorgenannten Leistungen jedenfalls nicht zum Kernbereich dessen gehören, was man unter wirtschaftlichem Tätigwerden, unter Teilnahme am Wirtschaftsleben versteht. Andererseits kann man jedoch auch nicht leugnen, daß z. B. im Prostitutionsgewerbe jährlich ein nicht unerheblicher Geldumsatz zu verzeichnen ist. Auch im Bereich der Fluchthilfe sind nicht unbedeutende Geldverschiebungen festzustellen. Das ver-

---

[66] Vgl. dazu RGSt 27, 190 (193); 28, 288 (290 f.) und 45, 197 (199).

[67] Heinz GA 1977, 219 Fn. 198; OLG Gera NJW 1947/48, 436; Liesegang JZ 1977, 89; Blei BT S. 236; vgl. auch BGH NJW 1980, 1574 ff.; Bernsmann GA 1981, 157 ff.

[68] Heinz GA 1977, 219 Fn. 198; Göhler Prot. VII S. 2793; vgl. auch Hillenkamp S. 35.

[69] Vgl. Göhler Prot. VII S. 2793; Dreher / Tröndle § 302 a Rdn. 7; Bernsmann GA 1981, 157 ff.

[70] Göhler Prot. VII S. 2794; Dreher / Tröndle § 302 a Rdn. 7; Blei BT S. 236.

[71] Prot. VII S. 2473; ZRP 1976, 53.

[72] Vgl. dort S. 113.

[73] Tiedemann Prot. VII S. 2473.

deutlicht das Beispiel des Kaufmanns und Fluchthelfers Hans Ulrich Lenzlinger mit seiner Fluchthilfeorganisation „Aramco AG". Dort wurden peinlich genau abgefaßte Fluchthilfeverträge mit Erfolgshonoraren von 71 000 Schweizer Franken geschlossen und mit einer guteingespielten Organisation ausgeführt[74]; Rettungsorganisationen wie Rotes Kreuz, Lebensrettungsgesellschaft und Bergwacht können ihren Aufgaben nur mit hohen finanziellen Aufwendungen nachkommen. Wegen der wirtschaftlichen Auswirkungen der genannten Geschäfte ist es schon sehr problematisch, überhaupt von nichtwirtschaftlichen Leistungen zu sprechen.

Wenn man aber an dieser Unterteilung festhalten will, so spricht vieles dafür, daß § 302 a I 1 Nr. 3 StGB jede Art einer Leistung, also auch eine nichtwirtschaftliche Leistung umfassen soll[75]. Zum einen besteht kein sachlicher Grund, diese Leistungen auszuklammern. Bei Fluchthilfe, Lebensrettung und vielleicht auch Ehevermittlung stehen für den Betroffenen elementare Bedürfnisse und Interessen auf dem Spiel, deren Nichtrealisierungsmöglichkeit zum physischen oder psychischen Untergang eines Menschen führen kann; es kann ein Gipfelpunkt aller möglichen Zwangs- und Notlagen erreicht sein. Für einen Wucherer, der in solchen Fällen Hilfe anzubieten vermag, ist es sehr leicht, sich seine Dienste gut honorieren zu lassen, denn sein Partner hat keine Wahl, diese Dienste auszuschlagen. Wer aber solche Nöte seines Mitmenschen dazu benutzt, sich finanziell „gesundzustoßen", verdient weit mehr bestraft zu werden als der, der seinen Partner beim Verkauf einer barocken Madonna oder bei einem Kredit zur Anschaffung eines neuen Autos maßlos übervorteilt.

c) Unterlassen als sonstige Leistung des Wucherers

Betrachtet man die ausdrücklich kodifizierten besonderen Leistungen, drängt sich der Gedanke auf, der Gesetzgeber sei vom Leitbild der Leistung in der Form des positiven Tuns, dem zielgerichteten Tätigwerden ausgegangen. Daneben könnte jedoch auch ein Unterlassen als sonstige Leistung angesehen werden. Dann wären auch Fälle erfaßt, in denen sich jemand — neben den übrigen Voraussetzungen — für ein Nichtstun, ein Unterlassen Vermögensvorteile zukommen läßt.

Um das Problem zu verdeutlichen, seien zwei (erfundene) Beispiele dargestellt.

Zwei Arbeitskollegen A und B wollen sich um dieselbe höherwertige und höherdotierte Stellung bewerben. A weist die besseren Voraussetzungen für diese Stelle auf und würde bei gleichzeitiger Bewerbung

---

[74] Göttinger Tageblatt vom 6. Februar 1979.

[75] So ausdrücklich RegE S. 40.

der beiden auf jeden Fall dem B vorgezogen werden. B ist unbedingt auf die Anstellung angewiesen, um den dringenden „Wünschen" seiner Ehefrau und seiner Schwiegereltern zu entsprechen. Er bietet dem A Geld an, wenn dieser sich nicht bewirbt. Nach längerem Zögern verpflichtet sich A gegen Zahlung von 10 000,— DM zu einem entsprechenden Untätigbleiben.

X schuldet dem Y 500,— DM. Da X nicht zahlt, droht Y mit Klage. Daraufhin bittet X den Y, vorerst von einer Klage abzusehen. Er stehe direkt vor einem wichtigen Geschäftsabschluß. Das Geschäft habe seine Barvorräte erschöpft, bringe ihm aber bei günstigem Abschluß einen Gewinn von 10 000,— DM ein. Es würde aber scheitern, wenn sein Partner von den Schulden oder gar einem Zivilprozeß erfahre. Wenn er, X, seinen Gewinn erhalte, werde er sofort seine Schuld bei Y begleichen. Y sieht seine Chance und verspricht, gegen eine „angemessene Beteiligung am Gewinn" in Höhe von 2000,— DM stillzuhalten. Da X keine andere Möglichkeit sieht, geht er auf den Vorschlag ein.

In beiden Fällen soll jemand Vermögensvorteile für das Unterlassen eines ganz bestimmten Tätigwerdens erhalten. Legt man den zivilrechtlichen Leistungsbegriff zugrunde, bestehen keine Bedenken, dieses Untätigbleiben als Leistung anzusehen, denn nach § 241 S. 2 BGB kann eine Leistung auch in einem Unterlassen bestehen. Der Grundtyp einer Leistung ist ein positives Tun oder gar ein vom Schuldner durch sein Tun zu bewirkender Erfolg. Jedoch kann auch, wie sich unmißverständlich aus dem Gesetz ergibt, ein Unterlassen als Hauptpflicht vertraglich vereinbart und zum alleinigen Gegenstand der Leistung gemacht werden; zur Erfüllung der Leistungspflicht genügt dann das geforderte Verhalten selbst[76].

Diesen weiten Leistungsbegriff muß man auch dem § 302 a StGB zugrundelegen. Er entspricht der Intention des Gesetzgebers, der jede Art von Leistung in umfassendem Sinne erfaßt sehen will[77]. Entscheidend ist, daß jemand Vermögenswerte zu dem Zweck einsetzt, einen anderen zu einem bestimmten Verhalten oder zur Herbeiführung eines bestimmten Erfolges zu veranlassen. Ohne Bedeutung ist, ob das Verhalten in einem Tun oder einem Unterlassen besteht. Dies mag eine Abwandlung des zweiten Beispiels verdeutlichen. Nicht X selbst trägt Y die Bitte vor, sondern Z. Z läßt sich die 2000,— DM dafür zusagen, daß er seinen Freund Y zum Stillhalten überredet. In diesem Fall hätte Z sich zu einem positiven Tun verpflichtet, seinen Freund Y zum Verschieben der Klageerhebung zu veranlassen. Dieses Tun würde nach den bereits ge-

---

[76] Larenz I S. 6 ff.; Palandt / Heinrichs § 241 Anm. 4; Erman / Sirp § 241 Rdn. 10; vgl. auch Ernst Wolf I S. 17.

[77] RegE S. 40; früher schon E 62 Begr. S. 438; vgl. auch Tröndle Prot. VII S. 2560.

nannten Kriterien zweifelsohne eine Leistung gem. § 302 a I 1 Nr. 3 StGB darstellen; es bestünden keine Bedenken, ein Wuchergrundgeschäft anzunehmen. Für den X ist es bei wirtschaftlicher Betrachtungsweise gleichgültig, ob das Geld dem Y oder dem Z zukommt. Ihm ist nur das Ziel seiner Anstrengungen wichtig, die Vermeidung des Zivilprozesses zum gegenwärtigen Zeitpunkt. Das kann er in beiden Fällen nur gegen die Zahlung von 2000,— DM erreichen. § 302 a StGB dient aber gerade dem Schutz des Schuldners vor übermäßiger Verminderung seines Vermögens; wollte man Tun und Unterlassen unterschiedlich behandeln, würde ihm ohne sachliche Rechtfertigung beim Unterlassen gegen Entgelt der Wuchertatbestand keinen Schutz bieten können.

d) Leistungen ohne Vergleichsmaßstäbe

Möglicherweise fällt jedoch aus dem Anwendungsbereich des § 302 a StGB der Austausch von Leistungen heraus, bei denen Vergleichsmaßstäbe zur Ermittlung des auffälligen Mißverhältnisses zwischen der Leistung des Wucherers und seinen Vermögensvorteilen fehlen[78]. Ob ein auffälliges Mißverhältnis nach § 302 a StGB vorliegt, kann nur im konkreten Einzelfall entschieden werden. Wollte man dieses Kriterium schon bei der Frage der sonstigen Leistungen prüfen, müßte man alle Leistungen in Gruppen von Leistungen mit und ohne Vergleichsmaßstäbe einteilen. Als Folge der Einteilung bliebe ein ganzer Bereich von Geschäften mit zum Teil nicht unerheblichen Vermögensverschiebungen außerhalb der Wucherstrafbarkeit, obwohl durch die Neufassung des Wucherstrafrechts Strafbarkeitslücken bei den Wuchergrundgeschäften vermieden werden sollten. Zudem führt diese Auffassung dazu, zur Frage des auffälligen Mißverhältnisses zweimal Stellung nehmen zu müssen. Zunächst muß festgestellt werden, daß der Täter bei dem konkreten Geschäft eine Leistung erbringen muß oder erbracht hat, die nicht zu den Leistungen ohne Vergleichsmaßstäbe gehört. Dies wird im Einzelfall einer umfangreichen und sachlich schwierigen Erörterung bedürfen. Ist diese Voraussetzung dann bejaht worden, liegt also eine für § 302 a StGB taugliche Leistung mit Vergleichsmaßstäben vor, muß geprüft werden, ob im Einzelfall ein auffälliges Mißverhältnis festzustellen ist.

Eine Einschränkung des Anwendungsbereichs des allgemeinen Leistungswuchers ist aus dem Gesetz heraus nicht ersichtlich und letztlich als unzweckmäßig und dem Sinn und Zweck der Vorschrift widersprechend abzulehnen; § 302 a StGB erfaßt den gesamten denkbaren Bereich rechtsgeschäftlicher Tätigkeit mit Leistungen jeder Art[79].

---

[78] In diesem Sinne wohl Göhler Prot. VII S. 2793 und auch Dreher / Tröndle § 302 a Rdn. 7; s. auch Isopescul-Grecul S. 236 und Hug S. 81.

e) Unentgeltliche Geschäfte

Des weiteren ist zu prüfen, ob auch unentgeltliche Geschäfte unter § 302 a StGB fallen können. Anders als im schwedischen Recht, nach dem Wucher auch bei Vorteilen ohne Gegenleistung vorliegen kann[80], verlangt das deutsche Wucherstrafrecht, daß sich der Täter für eine Leistung Vermögensvorteile versprechen oder gewähren läßt. Daraus wird einhellig der Schluß gezogen, daß nur gegenseitige entgeltliche Verträge unter den Wuchertatbestand fallen; die Leistung muß den Charakter eines Äquivalents für die Gegenleistung haben[81].

aa) Schenkungsgeschäfte

Dieser Meinung ist bezüglich Schenkungen und ähnlichen Geschäften beizutreten. Wenn das „Opfer" sich darüber bewußt ist, daß es für seine Leistung keine Gegenleistung erwarten kann, und dies auch will, ist kein Grund ersichtlich, warum dann die Annahme des Geschenkes strafbar sein soll. Der Wuchertatbestand bezweckt, das Vermögen im wirtschaftlichen Verkehr zu schützen. In diesem Bereich sollen grobe Übervorteilungen eines Schwachen vermieden werden. Der Täter soll nicht nur deshalb ein ganz besonders gutes Geschäft machen können, weil ihm ein ausnutzbarer Partner gegenübersteht. Bei Schenkungen weiß der Schenker, daß er vom Beschenkten — außer vielleicht Dank — nichts zu erwarten hat. Er bedarf des Schutzes durch das Strafgesetz nicht.

bb) Andere „unentgeltliche" Geschäfte

Anders ist möglicherweise zu entscheiden, wenn der Schwache eine Leistung erbringt, für die keine direkte Gegenleistung vereinbart ist, die aber ein bestimmtes Verhalten des Geschäftspartners veranlassen soll. Hier soll noch einmal auf das bereits oben[82] erwähnte Beispiel der unentgeltlichen Kinderarbeit zurückgekommen werden. Wenn diese Kinder ihre Arbeit erledigen, wissen sie, daß sie dafür keine Gegenleistung in Form von Geld oder anderen Vermögenswerten erhalten. Sie arbeiten also ohne „Entgelt". Gleichwohl kann man nicht ernstlich die Meinung vertreten, diese Kinder dächten daran, den Arbeitgebern ihre Arbeitskraft zu schenken. Vielmehr beabsichtigen sie, auf diese Weise einen Vorteil bei der Entscheidung der Arbeitgeber bezüglich der Vergabe von Ausbildungsstellen zu erhalten. Dieser Vorteil ist lediglich

[79] Vgl. Sturm JZ 1977, 85; Lackner § 302 a Anm. 2; Tröndle Prot. VII S. 2560; Samson in SK § 302 a Rdn. 14; auch RegE S. 40 und früher schon E 62 Begr. S. 438.

[80] Kap. 9 § 5 des schwedischen Kriminalgesetzbuchs bei Simson S. 117.

[81] Hug S. 80 f.; R. Schmidt S. 245 f.; Isopescul-Grecul S. 236 ff.; Fuld Wuchergesetz S. 40; Moser S. 18; Preis S. 45; heute Lackner § 302 a Anm. 2; Maurach / Schroeder S. 455.

[82] 80; zu unentgeltlichen Beschäftigungen s. auch Preis S. 48.

eine Hoffnung, kein durchsetzbarer Gegenanspruch. Hätten diese Kinder daneben noch einen Arbeitslohn vereinbart, der z. B. ein Zehntel des für diese Arbeit gewöhnlich bezahlten Lohnes ausmacht, bestände keine Schwierigkeit, dieses Arbeitsverhältnis als taugliches Wuchergrundgeschäft anzusehen. Wenn die Kinder aufgrund der tatsächlichen Verhältnisse nicht einmal dieses eine Zehntel erhalten, ist es dann gerechtfertigt, ihnen den Schutz des § 302 a StGB zu versagen? Es wäre nahezu grotesk, den Fall, in dem die Zwangslage zwingender und das Mißverhältnis zwischen den Vorteilen des Gläubigers und seinen Unkosten und Aufwendungen auffälliger ist, aus dem generellen Anwendungsbereich des Wuchers herausfallen zu lassen, nur weil der Gläubiger scheinbar keine Gegenleistung zu erbringen hat, der Schuldner vielmehr erkennbar hofft und auch durchzusetzen können glaubt, den Gläubiger zu einem bestimmten Verhalten zu veranlassen. Dieses Verhalten ist zwar nicht das Entgelt für die Leistung des Schuldners; es ist jedoch Anlaß und Zweck, aus dem heraus der Schuldner seine Vermögensverschiebung zugunsten des Gläubigers vornimmt.

cc) Gebot der Differenzierung

Wie die vorangegangenen Erörterungen zeigen, fallen unter den Begriff „unentgeltliche Geschäfte" zwei verschiedene Unterarten. Zum einen die Schenkungsgeschäfte, zum anderen solche Geschäfte, die vom Prinzip her entgeltliche Geschäfte darstellen, bei denen der Schuldner aus bestimmten Gründen gezwungen ist, auf das normalerweise anfallende Entgelt zu verzichten, um andere Ziele zu erreichen, die sich nicht als Gegenleistung i. S. d. § 302 a StGB darstellen; bei den Schenkungsgeschäften hingegen will der Schenker freiwillig im Bewußtsein der Unentgeltlichkeit tätig werden, mag er dabei auch in seinem Beschluß durch eine Schwäche nach § 302 a StGB mitbestimmt worden sein.

Bei dieser Sachlage ist die Annahme verfehlt, daß generell unentgeltliche Geschäfte nicht als Wuchergrundgeschäfte in Betracht kommen können. Dies trifft nur auf die Schenkungsgeschäfte, auf die liberalen Leistungen des Schuldners zu. Wird hingegen ein Geschäft, das im Regelfall als entgeltliches Geschäft abgeschlossen wird, bei dem sich also unter normalen Bedingungen Leistung und Gegenleistung gegenüberstehen, im konkreten Fall ohne Verpflichtung des Gläubigers zur Erbringung einer Gegenleistung abgeschlossen, und will der Schuldner seine Leistung nicht freiwillig und bewußt als Geschenk erbringen, sondern den Gläubiger zu einem bestimmten Verhalten veranlassen, liegt ein taugliches Wuchergrundgeschäft vor.

Die Frage ist, ob sich dies mit der geltenden Fassung des § 302 a StGB in Einklang bringen läßt, oder ob dies nicht als eine verbotene Analogie zuungunsten des Täters anzusehen ist.

Ausgangspunkt ist die Feststellung, daß ein Äquivalenzverhältnis zwischen Leistung und Vermögensvorteilen bestehen muß. Dabei ist unter Leistung im umfassenden Sinne jede bewußte und gewollte Verbesserung der wirtschaftlichen oder Vermögenslage eines anderen zu verstehen. Gewährt jemand Vermögensvorteile in Geld oder anderen vermögenswerten Leistungen, mit denen er erkennbar eine bestimmte Erwartung verknüpft, macht er deutlich, daß ihm diese Erwartung die erbrachte Leistung wert ist. Nimmt der andere diese Vermögensvorteile an, bringt er objektiv zum Ausdruck, daß er die Verknüpfung Leistung — Erwartungshaltung als realisierbar erachtet. Er dokumentiert mit der Annahme der Vermögensvorteile, daß er die Hoffnungen und Erwartungen seines Gegenübers — in welchem Umfang auch immer — bei seinen weiteren Entscheidungen miteinkalkulieren und berücksichtigen will. Gerade um diese Position werden die wirtschaftliche Gesamtposition und die Vermögenslage beim Gegenüber erhöht[83]; ihre Gewährung ist als Leistung nach § 302 a I 1 Nr. 3 StGB anzusehen, bei der die erforderliche Konnexität, das Äquivalenzverhältnis von Leistung und Vermögensvorteilen gewahrt ist. Somit ist auf diese Geschäfte § 302 a StGB anwendbar; ein Verstoß gegen das Analogieverbot besteht nicht.

4. Vermittlung einer Leistung, § 302 a I 1 Nr. 4 StGB

Als letztes Wuchergrundgeschäft nennt das Gesetz in Nr. 4 die Vermittlung einer Leistung.

Nach §§ 302 a ff. StGB a. F. war es im Einzelfall schwierig zu entscheiden, wie sich der Vermittler z. B. eines wucherischen Darlehens strafbar gemacht hatte. Es gab folgende Möglichkeiten: Der Vermittler konnte Mittäter des nach § 302 a StGB a. F. strafbaren Täters sein, er konnte dessen Gehilfe sein oder er konnte — nach der Erweiterung des Wucherstrafrechts von 1893 — Täter nach § 302 e StGB a. F. sein[84].

Diese Lage ist durch die Neufassung des § 302 a StGB insoweit entschärft, als Kreditwucher und allgemeiner Leistungswucher dieselben Voraussetzungen haben. Die Vermittlung von Leistungen ist nur als eine besondere Leistung vom Gesetzgeber zur Klarstellung hervorgehoben[85]. An der Tatsache, daß der Vermittler Täter des Vermittlungswuchers nach Nr. 4 oder Teilnehmer an der Wucherstraftat des anderen, für den er das Geschäft vermittelt, sein kann, hat sich prinzipiell nichts

---

[83] Zum Begriff Vermögensvorteil näher unten S. 101 ff.

[84] Aus der reichhaltigen Rspr. vgl. nur RGSt 5, 366 (368 f.); 8, 17 (21); 18, 419 (424); 28, 288 (292); 29, 78 (79 f.); 35, 111 (115); 36, 226 (227); RG GA 46 (1898/99), 47 f.; aus der Literatur z. B. Binding S. 456; Frank § 302 a Anm. II; Niethammer S. 365; zusammenfassend Kohlmann S. 50 ff. und in Prot. VII S. 2570 f.

[85] RegE S. 40.

geändert[86]. Neu hinzugekommen ist nur noch die weiter unten zu behandelnde Bestrafungsmöglichkeit nach § 302 a I 2 StGB. Die Nr. 4 erfaßt die Vermittlung jeglicher Leistungsart. Als praktische bedeutsame Beispiele sind zu nennen die Vermittlung von Krediten[87], von Geschäfts-, Wohnräumen und Grundstücken[88] sowie von Anstellungen[89].

5. *Zusammenfassung*

Bis auf unentgeltliche, einseitige Geschäfte mit Schenkungscharakter kommen alle Rechtsgeschäfte als Wuchergrundgeschäfte in Betracht, bei denen der eine Teil Leistungen erbringt, um vom anderen Vermögensvorteile zu bekommen. Der Wucherstraftatbestand deckt damit bis auf die Ausnahme den gesamten Bereich rechtsgeschäftlichen Tätigwerdens ab. Dies ist aus kriminalpolitischen Erwägungen und generalpräventiven Gründen erforderlich. Nur so kann das Wucherstrafrecht die Bedeutung erhalten, die ihm zukommt. Man muß sich vom Gedanken trennen, daß der Wucher auf bestimmte Bereiche des Geschäftslebens und auf bestimmte Geschäfte beschränkt ist. Der Unterschied zwischen redlichen und wucherischen Geschäften ist kein qualitativer, sondern nur ein quantitativer, bezogen auf das Verhältnis von Leistung und Vermögensvorteil. Nicht die Art des Rechtsgeschäfts, sondern die speziellen Bedingungen des Vertrages und der Vertragspartner trennen ein Wuchergeschäft von einem nicht zu beanstandendem Rechtsgeschäft des Wirtschaftslebens. Dabei kann je nach Lage des Einzelfalls der eine oder der andere Geschäftspartner der Wucherer sein. So kann z. B. beim Lohnwucher der Arbeitgeber Kapital daraus schlagen, daß zur Zeit eine überdurchschnittliche Arbeitslosenquote besteht; andererseits ist es jedoch auch möglich, daß ein Arbeitnehmer die Chance ausnutzt, daß gerade eine Kraft mit seinen Qualifikationen dringendst gesucht wird und er ohne Konkurrenz ist. Zu denken wäre etwa an einen „arbeitslosen" Bundesligatrainer, der Kapital daraus schlägt, daß in einem Verein der Trainer aus irgendwelchen Gründen ausgefallen ist und er der einzig freie Trainer mit einer entsprechenden Lizenz und Qualifikation ist. Auch bei schlichten Kaufverträgen kommt es auf den konkreten Fall an. Einerseits kann der Verkäufer gezwungen sein, seine Ware unverzüglich absetzen zu müssen; andererseits kann aber auch der Käufer unbedingt auf den Erwerb einer zur Zeit raren Ware angewiesen sein.

---

[86] Vgl. dazu Stree in Schönke / Schröder § 302 a Rdn. 39; Dreher / Tröndle § 302 a Rdn. 33; vgl. auch Blei JA 1976, 814; Tiedemann ZStW 87 (1975), 282.

[87] Stichwort: Kredithaie; RegE S. 20; in Prot. VII Kohlmann S. 2570 f. und D. Schmidt S. 2572 f.; Tiedemann ZStW 87 (1975), 282; Dreher / Tröndle § 302 a Rdn. 8; B. Schulz ZRP 1974, 196; Lach S. 90; Schäfer in LK § 302 a Rdn. 17.

[88] Stree in Schönke / Schröder § 302 a Rdn. 8.

[89] Dreher / Tröndle § 302 a Rdn. 8; Stree in Schönke / Schröder § 302 a Rdn. 8; vgl. auch das Beispiel einer Vermittlung bei Becker Die Polizei 1976, 138.

II. Ausbeutungssituation beim Opfer

Während vom sachlichen Anwendungsbereich her die ganze Bandbreite rechtsgeschäftlicher Betätigung als Wuchergrundgeschäft in Betracht kommt, ist der Kreis der möglichen Opfer erheblich eingeschränkt. Nicht jeder Geschäftspartner soll bewuchert werden können, sondern nur der mit einer bestimmten schutzwürdigen, im Gesetz abschließend geregelten Schwäche[90].

1. Zwangslage

An erster Stelle nennt das Gesetz die Zwangslage, die auch praktisch die größte Bedeutung hat. Durch dieses Merkmal hat der Gesetzgeber nach dem Vorbild des § 302 f StGB a. F. den Begriff der Notlage abgelöst, den er als zu eng erachtete[91].

a) Notlage nach altem Recht

Im alten Recht lag eine Notlage nach h. M. nur dann vor, wenn eine drängende Not die wirtschaftliche Existenz des Schuldners bedrohte[92], wobei eine nur vorübergehende, zeitlich begrenzte Existenzbedrohung ausreichte[93]; z. T. wurde auch nur verlangt, daß eine angemessene wirtschaftliche Lebenshaltung des Schuldners fühlbar eingeengt wurde[94]. In der Literatur wurde diese Beschränkung des Begriffs Notlage auf rein wirtschaftliche Schwierigkeiten teilweise abgelehnt und Notlage als jede ernste Zwangslage aufgefaßt[95].

Eine weitere Streitfrage war, ob die Notlage objektiv vorliegen mußte oder ob es ausreichte, daß sich der Schuldner irrtümlicherweise in einer Notlage zu befinden glaubte, die sog. eingebildete Notlage. Die ständige Rspr.[96] und ihr folgend ein Teil der Literatur[97] forderten eine wirklich

---

[90] Vgl. RegE S. 40 f.; Stree in Schönke / Schröder § 302 a Rdn. 22.

[91] RegE S. 21, 40.

[92] RGSt 4, 390 (392); 28, 288 (290); BGH 5 StR 14/52, inhaltlich wiedergegeben bei Neumann, Anm. zu BGH LM Nr. 1 zu § 302 d StGB; BGHSt 12, 390 (391); Bockelmann BT S. 102; vgl. Schäfer in LK § 302 a Rdn. 19; R. v. Hippel LB S. 271 Fn. 1.

[93] RGSt 4, 390 (391 f.); 5, 9 (15); 58, 321 (330); Frank § 302 a Anm. IV 1; Binding S. 456; Friedmann S. 53.

[94] So insb. beim Mietwucher, als § 302 f StGB a. F. noch nicht in das Strafrecht aufgenommen war; vgl. RGSt 53, 285; 71, 325 (326); BGHSt 11, 182 (185 f.); Niethammer S. 363; Martin Anm. zu BGH LM Nr. 1 zu § 302 a StGB und zu BGH LM Nr. 1 zu § 302 e StGB; Besenthal S. 37 f. m. w. N.

[95] Z. B. Welzel S. 391; Maurach BT S. 354; Schönke / Schröder (18.) § 302 a Rdn. 11; Mezger / Blei BT S. 206; besonders weitgehend — Lage des Schuldners — R. Schmidt S. 244.

[96] RGSt 12, 303 (304); 28, 288 (290); RG Recht 1902, 187 Nr. 930; RG JW 1908, 587; RG HRR 1930 Nr. 1563.

[97] Frank § 302 a Anm. IV 1; v. Olshausen § 302 a Anm. 10 a; Fuld Wucher-

vorhandene Not beim Opfer. Die Gegenmeinung[98] sah auch die eingebildete Not als Not an, da nur das Notgefühl motiviere. Es läge sogar ein besonders schwerer Fall vor, wenn der Täter den Irrtum seines Opfers erkannt habe.

b) Zwangslage nach neuem Recht

Diese Auslegungsprobleme wollte der Gesetzgeber dadurch beseitigen, daß er statt der Notlage bewußt den weiteren Begriff Zwangslage verwendete[99]. Unter Zwangslage ist eine wirtschaftliche oder andere persönliche Bedrängnis zu verstehen, die das zwingende Bedürfnis nach den in Nr. 1 bis Nr. 4 genannten Leistungen zur Folge hat[100]. Da der Begriff der Zwangslage die bedeutsamste Schwächesituation des Opfers darstellt und einen Schwerpunkt der Reform des Wucherstrafrechts bildet[101], soll im folgenden näher auf dieses Tatbestandsmerkmal eingegangen werden.

aa) Art der Bedrängnis

Gerade beim Kreditwucher wird der Bewucherte in einer wirtschaftlichen Bedrängnis sein, die ihn zur Aufnahme eines Darlehens mit wucherlichen Bedingungen veranlaßt. Ein solcher Fall liegt ohne Zweifel vor, wenn jemand mangels persönlicher oder sachlicher Sicherheiten von einem seriösen Kreditunternehmen einen Kredit nach seinen Vorstellungen nicht bekommt. Aber auch ein wohlhabender Mensch kann in eine wirtschaftliche Zwangslage geraten, wenn er zwar Vermögenswerte besitzt, diese jedoch zur Zeit nicht oder nur unter großen Verlusten zur Barkapitalbeschaffung einsetzen kann. Bei Kaufverträgen kann die Zwangslage auf der Verkäuferseite gerade darin bestehen, daß er aufgrund widriger Umstände gezwungen ist, hier und jetzt die Kaufgegenstände zu veräußern[102].

Aber auch eine nichtwirtschaftliche Bedrängnis kann jemanden in eine Zwangslage nach § 302 a StGB versetzen. Je nach Art des Geschäf-

---

gesetz S. 20; Dreher § 302 a Rdn. 12; vgl. auch R. Schmidt S. 242; Ebermayer Gruchots Beitr. 60 (1916), 199.

[98] Hug S. 124; Binding S. 456; Koffka S. 63 f.; Maurach BT S. 353; Schäfer in LK § 302 a Rdn. 25; Schönke / Schröder (18.) § 302 a Rdn. 12.

[99] Vgl. dazu RegE S. 21, 40 f.; in Prot. VII Tröndle S. 2563, Kohlmann S. 2569, Göhler S. 2794 f., Sturm S. 2796 und Penner S. 2797; Tagungsberichte S. 109, 112, 118.

[100] Vgl. neben den vorgenannten Zitatstellen z. B. Stree in Schönke / Schröder § 302 a Rdn. 23; Göhler / Wilts DB 1976, 1661; Müller-Emmert / Maier NJW 1976, 1664; Dreher/Tröndle § 302 a Rdn. 10; Lohmeyer S. 113; Maurach / Schroeder S. 457.

[101] Göhler Prot. VII S. 2795.

[102] Vgl. dazu insgesamt Stree in Schönke / Schröder § 302 a Rdn. 23 mit Beispielen und m. w. N.

tes, nach Art der auszutauschenden Leistungen können die unterschiedlichsten persönlichen oder sonstigen Gründe jemanden veranlassen, sich an wucherliche Geschäfte zu binden. So kann jemand zum Schutz seiner Ware handeln, die bei Nichtabschließen des wucherlichen Geschäfts in gravierender Weise beeinträchtigt worden wäre[103]. In einer ähnlichen seelischen Bedrängnis befindet sich die Frau, die eine aus einer Vergewaltigung resultierende Schwangerschaft abbrechen[104], oder das Elternpaar, das seinem Kind den Abschluß einer begonnenen qualifizierten Ausbildung zukommen lassen will[105]. Weiterhin sind Situationen zu erwähnen, in denen jemand zum Schutz von Leib und Leben tätig wird[106]. Im Bereich des Mietwuchers kommt es vor, daß jemand eine Wohnung in einem bestimmten Ort benötigt, aber mangels anderer adäquater Angebote auf eine bestimmte Wohnung angewiesen ist[107].

In Einzelfällen mögen wirtschaftliche und nichtwirtschaftliche Aspekte zusammenfallen, wenn z. B. ein Hauseigentümer wegen Einfrieren der Heizungsanlage dringend auf die Hilfe eines Heizungsmonteurs angewiesen ist, um einerseits sich und seine Familie vor Gesundheitsschäden zu schützen und andererseits zu vermeiden, daß an Heizungsanlage und Haus weitere Schäden eintreten. Ein weiteres Beispiel ist, daß ein in Abstiegssorgen befindlicher Verein der Fußballbundesliga während der Saison seinen Trainer verliert. Wenn dieser Verein einen neuen Trainer sucht, der die Mannschaft vor dem Abstieg retten soll, spielt neben dem wirtschaftlichen Gesichtspunkt eines Abstiegs der sportliche Aspekt eine nicht minder große Rolle.

Es ist, wie aus den vorangegangenen, keineswegs erschöpfend dargestellten Beispielen ersichtlich, eine große Anzahl von beruflichen, familiären, anderen persönlichen, wirtschaftlichen und sonstigen Gründen und Umständen[108] denkbar, die zu einer Zwangslage führen können.

bb) Ziel des geschäftlichen Tätigwerdens

Allen diesen Situationen ist gemeinsam, daß der Bedrängte tätig wird, um die Nachteile, in den überwiegenden Fällen wirtschaftliche Nachteile, von sich abzuwenden. Es liegt auf der Hand, daß die Bedrängnis um so ernster wird, je größer die drohenden Nachteile für den Betroffenen sind. Folglich fordert die wohl überwiegende Ansicht[109] für das

---

[103] s. dazu auch BGHSt 12, 390 (391); Maurach / Schroeder S. 457; Sauer S. 138 f.; Friemel S. 78; Müller-Emmert TW 1977, 1/6.

[104] Müller-Emmert TW 1977, 1/6.

[105] Sturm JZ 1977, 86; vgl. auch Kohlmann S. 32 f.

[106] Friemel S. 78; Sauer S. 138 f.

[107] Stree in Schönke / Schröder § 302 a Rdn. 23; Bockelmann BT S. 104; vgl. schon zur „Notlage" nach altem Recht BGHSt 11, 182 (185 f.).

[108] Göhler / Wilts DB 1976, 1661; Schmidt-Futterer NJW 1972, 135 f. und JR 1972, 134; Sasserath NJW 1972, 712; Dreiss / Eitel-Dreiss S. 200.

Merkmal Zwangslage, daß schwere oder schwerwiegende Nachteile zu befürchten sind. Es stellt sich die Frage, ob der Grad der drohenden Nachteile geeignet ist, Fälle einer Zwangslage von Fällen zu unterscheiden, bei denen eine Zwangslage nicht angenommen werden kann.

Zum einen ist anzumerken, daß im Einzelfall schwer einzuschätzen und zu quantifizieren ist, ob große, weniger große oder nur geringe Nachteile drohen. Zum anderen taucht wieder das Problem auf, ob dabei von einem objektiven oder subjektiven Maßstab auszugehen ist. Je nach Einstellung und Erwartungshaltung des Betroffenen können zu befürchtende Nachteile in ihrer Schwere unterschiedlich beurteilt werden. Desgleichen leuchtet ohne weiteres ein, daß die Frage, ob schwerwiegende Nachteile zu befürchten sind, von einem außenstehenden Dritten, der die Sachlage in vollem Umfang überblickt und mögliche Alternativen zur Behebung des Mißstands in die Entscheidung über sein zukünftiges Verhalten einbeziehen kann, grds. anders beantwortet werden kann und häufig auch anders beantwortet werden wird als von jemandem, der selbst in der mißlichen Situation steckt und diese — möglicherweise unter Zeitdruck und ohne positive Unterstützung Dritter — zu meistern hat. Diese Gründe legen nahe, die Schwere der zu befürchtenden Nachteile nicht als entscheidendes Abgrenzungskriterium zu verwenden.

cc) Auswirkung auf das Opfer

Demgegenüber kommt der Wirkung der Bedrängnis auf den Bedrängten eine entscheidende Bedeutung zu. Denn letztlich wird sich nur der „freiwillig" zu einem ihn in erheblichem Maße übervorteilenden Geschäft entschließen, dessen Willens- und Entschlußfreiheit durch die Bedrängnis eingeschränkt ist. Nur der, der die Nachteile des Geschäfts erkennt, aber gleichwohl keinen anderen Ausweg aus der Situation sieht, befindet sich in einer Zwangslage[110]. Dabei spielt das Drohen schwerer Nachteile im Falle des Nichttätigwerdens naturgemäß eine große Rolle: je schwerer die zu befürchtenden Nachteile sind, desto intensiver werden Willens- und Entschlußfreiheit eingeschränkt. Zwänge können aber auch dann auf den Betroffenen einwirken, wenn ihm objektiv keine Nachteile drohen, er vielmehr nur von einer derartigen für ihn ungünstigen Lage ausgeht; so kann er z. B. irrig annehmen, ihm stünden schwerwiegende Nachteile bevor, wenn er das

[109] E 62 Begr. S. 439; RegE S. 40; Krauß DStR 1977, 569; Besenthal S. 110; Dreher / Tröndle § 302 a Rdn. 10; Bockelmann BT S. 104; Biener Steuerberaterkongreß-Report 1977, 379; nicht ganz deutlich bei Müller-Emmert TW 1977, 1/6 und Lackner § 302 a Anm. 4.

[110] Vgl. dazu Schäfer in LK § 302 a Rdn. 20; Stratenwerth BT S. 261; v. Dohnanyi bei Gürtner S. 525; BGH NJW 1958, 2075; Stree in Schönke / Schröder § 302 a Rdn. 24; Schmidt-Futterer NJW 1972, 135 f. und JR 1972, 132; s. auch Müller-Emmert TW 1977, 1/6.

wucherliche Geschäft nicht abschließt. In diesem Fall ist die Einwirkung auf seine Psyche, seine Willens- und Entschlußfreiheit, dieselbe wie beim tatsächlichen Vorliegen der irrig angenommenen Umstände; dasselbe trifft zu, wenn jemand einen vorhandenen Ausweg aus einer Bedrängnis nicht erkennt[111].

Man kann also sagen: Bedrängt ist, wer sich bedrängt fühlt. Nur das Gefühl, nicht anders handeln zu können, (vermeintlich) geringe Nachteile auf sich nehmen zu müssen, um (vermeintlich) gravierende bevorstehende Nachteile abzuwenden, kann jemanden sehenden Auges veranlassen, ein ihn erheblich benachteiligendes Geschäft abzuschließen[112]. Nur wer sich sagt: was bleibt mir anderes übrig, als diese wucherischen Konditionen anzunehmen, befindet sich in einer Zwangslage. Vom Sinn und Zweck des Gesetzes her ist der Begriff der Zwangslage nicht objektiv, sondern subjektiv auszulegen. Dies ist der entscheidende Unterschied zur Notlage des alten Rechts. Nur bei dieser Betrachtungsweise werden alle Fälle erfaßt, in denen der Betroffene schutzwürdig erscheint.

Legt man den Begriff Zwangslage so aus, taucht sofort die Frage auf, ob eine Zwangslage auch dann vorliegt, wenn dem Betroffenen die bedrückenden Umstände entweder nicht bekannt sind oder er sie nicht als bedrückend empfindet. Da das Charakteristikum der Zwangslage die Beeinträchtigung der Entschluß- und Willensfreiheit ist, kann notwendigerweise eine nicht als bedrückend erkannte oder empfundene Lage keine Zwangslage darstellen. Es fehlt am Motivationsdruck, an der unmittelbaren Verknüpfung von Zwangssituationen beim Betroffenen mit dem konkret abgeschlossenen Geschäft. Nur der soll geschützt werden, der sich aufgrund einer mißlichen Situation zu einem ungünstigen Geschäft entschließt. Hat er seine Situation nicht erkannt, hat er das Geschäft auch nicht aus seiner Bedrängnis heraus geschlossen. Wenn er gleichwohl auf die wucherischen Bedingungen eingeht, ist er ebensowenig schutzwürdig wie der, bei dem auch objektiv keine Bedrängnis vorliegt. Es ermangelt am die Zwangslage bestimmenden, motivierenden Zwangsgefühl[113].

---

[111] Stree in Schönke / Schröder § 302 a Rdn. 24; Schmidt-Futterer NJW 1972, 135 f. und JR 1972, 134.

[112] In der Sache so schon Binding S. 456: Nur das Notgefühl motiviert; ebenso Isopescul-Grecul S. 293; Schütz Kriminalistik 1958, 336.

[113] Ein ähnliches Problem taucht bei § 240 StGB auf, wo erforderlich ist, „daß das den Nötigungserfolg begründende Opferverhalten gerade durch den vom Täter gesetzten Motivationssachverhalt ausgelöst worden ist“, Horn in SK § 240 Rdn. 6, 8; vgl. auch Eser in Schönke / Schröder § 240 Rdn. 14 f.; Wessels BT S. 44; Maurach / Schroeder S. 121.

dd) Intensität der Bedrängnis

Legt man die Zwangslage subjektiv aus, stellt sich die Frage, ob bereits jede Beeinträchtigung der Entschluß- und Willensfreiheit als Zwangslage zu bezeichnen ist oder ob die Bedrängnis einen bestimmten Grad erreichen muß. Problemlos sind die Fälle, in denen schwere Nachteile drohen, der Betroffene dies erkennt und in Anbetracht seiner Lage sich zum Abschluß des wucherischen Geschäfts entschließt. Im übrigen scheint die Meinung sich dahingehend zu entwickeln, daß ein gradueller Unterschied zwischen einer relevanten und einer irrelevanten Bedrängnis nicht besteht. So wird z. T. vertreten, daß sich auch der Kreditsuchende in einer Zwangslage befinde, der in unserer Konsumgesellschaft nicht genügend Barmittel zum Erwerb von Konsumgütern wie Fernsehapparat oder Kraftwagen habe und deshalb ein Darlehen benötige[114]. Nach einer ähnlichen Auffassung soll eine Zwangslage dann vorliegen, wenn „der Bewucherte nach seinen Verhältnissen die Leistung dringend benötigt und sie nach den Umständen anderweitig nicht günstiger erlangen kann“[115]. Diese Ansichten hätten bei konsequenter Betrachtungsweise zur Folge, daß jeder, der Werbungsmaßnahmen im weitesten Sinne nicht widerstehen kann oder nicht widerstehen zu können glaubt, sich in einer Zwangslage befindet. Damit würde der von Handel und Industrie durch Werbemaßnahmen auf alle Bürger ausgeübte „Kaufzwang“ per se eine Zwangslage darstellen[116]. Es wäre ein fast uferloser Zwangslagebegriff gefunden[117]. Den vorgenannten Umschreibungen kommt in etwa auch die Definition der Zwangslage gleich als eine Lage, „welche den Bewucherten in seiner Entschlußfreiheit dermaßen beeinträchtigt, daß er sich zu der wucherlichen Leistung bereit erklärt“[118]. Vollends konturenlos wird der Begriff Zwangslage, wenn man in Anschluß an eine besonders eklatante Übervorteilung beim Darlehen formuliert: „Daß hier eine Zwangslage vorgelegen hat, kann man wohl unterstellen. Sonst hätte ein Volksschullehrer nicht Zinsen in dieser Höhe gezahlt“[119]. Nach dieser Auslegung wäre das Tatbestandsmerkmal Zwangslage schlichtweg überflüssig; man käme auf die Ausnutzung der Lage des anderen zurück, wie es R. Schmidt[120] schon vor Jahrzehnten vorgeschlagen hat[121]. Es würde im Ergebnis letztlich der unange-

[114] So ausdrücklich Kohlmann S. 33 und Prot. VII S. 2569; zustimmend Rühle S. 53; der Sache nach ähnlich Tröndle Prot. VII S. 2563 und RegE S. 21, 40 f.

[115] Lackner § 302 a Anm. 4.

[116] Zum Kaufzwang bei sog. Kaffeefahrten vgl. LG Trier NJW 1974, 151 f. mit Anm. Sack NJW 1974, 564 f.

[117] Kritisch dazu Stratenwerth BT S. 261 sowie Dreiss/Eitel-Dreiss S. 193 ff.

[118] BGE 70 IV 204; 92 IV 137.

[119] Göhler Prot. VII S. 2804; vgl. zum Zivilrecht RGZ 150, 1 ff.

[120] S. 242; ähnlich Lehmann S. 62.

[121] Dies Problem ist auch schon im Gesetzgebungsverfahren gesehen wor-

messene Austausch von Leistungen unter Strafe gestellt; dem ist entschieden entgegenzutreten. Auch der Hinweis, in den Merkmalen des ungewöhnlich hohen Gewinns[122] oder des Ausbeutens[123] ein Regulativ zu haben, vermag nicht zu überzeugen. Zum einen würde der Gesamtkontext der Norm zur Bestimmung eines einzelnen Tatbestandsmerkmals herangezogen[124], zum anderen würde nur noch deutlicher herausgestellt, daß das Tatbestandsmerkmal Zwangslage überflüssig ist.

Es ist eine ernste Bedrängnis erforderlich[125], die das Maß dessen übersteigt, dem jeder Bürger in unserer Gesellschaft ausgesetzt ist. Vor allem scheiden der allgemeine Konsumzwang und der durch die auf jeden einwirkende Werbung verursachte allgemeine Kaufzwang aus. Nur die Bedrängnis, die sich über das allgemeine Niveau heraushebt und ernst zu nehmende Formen annimmt, läßt den Bedrängten schutzwürdig erscheinen. Dabei ist der Begriff der Zwangslage mit dem der Notlage jedoch keinesfalls gleichzustellen, da die Bedrängnis weder eine wirtschaftliche noch eine existenzbedrohende sein muß. Die Bedrängnis muß die Intensität erreichen, daß sich der Betroffene ernsthaft die Frage stellt, ob er die Nachteile des wucherlichen Geschäfts auf sich nimmt, um tiefergreifenden Nachteilen zu entgehen.

ee) Sonstige Einzelfragen

Wie bei der Notlage ist auch für die Zwangslage unerheblich, ob der Betroffene sie selbst verursacht oder gar verschuldet hat[126], und ob kein anderer Ausweg besteht oder ob ihn der Betroffene nur nicht erkennen oder realisieren kann. Zudem kann eine von § 302 a StGB als Individualwuchervorschrift erfaßte Zwangslage bei einer allgemeinen Mangellage vorliegen, wie sie beim Mietwucher sehr häufig anzutreffen ist[127]. Dort laufen Gastarbeiter, farbige Ausländer, kinderreiche Familien und Studenten Gefahr, von gewissenlosen Vermietern, die sich ihrer besonderen Stellung bewußt sind, übervorteilt zu werden; sie sind generell gefährdet. Für das Vorliegen des Merkmals Zwangslage ist aber nicht die Zugehörigkeit zu einer dieser Gruppen entscheidend, sondern nur

---

den; vgl. nur Abg. Freiherr Ostmann von der Leye Prot. VII S. 2796 und Abg. Penner Prot. VII S. 2797.

[122] Vgl. RegE S. 41.

[123] Tröndle Prot. VII S. 2563; BR-Drucksache 605/70 S. 9 f.

[124] Vgl. zu § 138 II BGB Urteil OLG Stuttgart vom 24. April 1979 — 6 U 169/78 — S. 38 ff. und Bender Rödig-Gedächtnisschrift S. 34/38 ff.: „Sandhaufentheorem“.

[125] Ausdrücklich auch Müller-Emmert TW 1977, 1/6.

[126] Schmidt-Futterer NJW 1972, 135 f. und JR 1972, 134; Preisendanz § 302 a Anm. 4 a; Dreher / Tröndle § 302 a Rdn. 9; BGHSt 11, 182 (186); Schäfer in LK § 302 a Rdn. 20.

[127] Vgl. BGHSt 11, 182 (183); Sasserath NJW 1972, 712 und Verhältnis S. 126 f.

die persönlichen Gegebenheiten. § 302 a StGB greift nicht ein, weil das Opfer ein Gastarbeiter oder dergleichen ist, sondern weil es sich in einer Zwangslage befindet, wie sie in diesen Gruppen in gehäuftem Maße vorkommt. Infolgedessen scheiden die Mitglieder dieser Gruppen aus dem Kreis möglicher Wucheropfer aus, bei denen aufgrund ihrer persönlichen Umstände im Einzelfall eine Zwangslage nicht angenommen werden kann[128, 129].

2. *Unerfahrenheit*

Unerfahrenheit ist die einem Menschen innewohnende Eigenschaft, die auf mangelnder Geschäftskenntnis und Lebenserfahrung im allgemeinen oder auf Teilgebieten menschlichen Tätigwerdens basiert und die Befähigung zur Wahrnehmung oder zutreffenden Beurteilung irgendwelcher Zustände insb. rechtsgeschäftlicher Art ausschließt oder einschränkt[130]. Die bloße Unkenntnis über Bedeutung und Tragweite des abzuschließenden Geschäfts reicht nicht aus, es muß vielmehr ein gegenüber dem Durchschnittsmenschen besonders benachteiligender Mangel vorliegen[131]. Das Merkmal Unerfahrenheit hat im Bereich des Wucherrechts nur auf dem Teilgebiet Gastarbeiter und Wohnungsmiete[132] eine praktische Bedeutung.

Beim Merkmal Unerfahrenheit muß der erforderliche intellektuelle Mangel an Geschäftskenntnis und Lebenserfahrung von der nicht ausreichenden Unkenntnis über die Bedeutung des abzuschließenden Geschäfts abgegrenzt werden. So sollen fehlende Sprachkenntnisse, die keinen Überblick über die Gegebenheiten des örtlichen Wohnungsmarkts gestatten, zur Annahme der Unerfahrenheit ausreichen[133], des-

---

128 Weil auch in diesen Fällen nur auf die persönlichen Verhältnisse abzustellen ist, liegt eindeutig Individualwucher vor. Kritisch Stree in Schönke / Schröder § 302 a Rdn. 2; Sasserath NJW 1972, 1870; LG Darmstadt NJW 1975, 550; für eine strikte Trennung Schmidt-Futterer NJW 1972, 135; vgl. auch Tröndle Prot. VII S. 2561.

129 Zur Fragwürdigkeit des Zwangslagenwuchers generell s. Samson in SK § 302 a Rdn. 4 ff. und 20 ff.

130 So die ständige Rspr., vgl. nur RGSt 37, 206 f.; BGH GA 1971, 209 und BGHSt 11, 182 (186) m. w. N., ihr folgend das Schrifttum: Besenthal S. 36, mit Beispiel S. 38 ff.; Stree in Schönke / Schröder § 302 a Rdn. 25; Dreher / Tröndle § 302 a Rdn. 11.

131 BGHSt 13, 233 (234f.); BGH ZMR 1957, 334; Schäfer in LK § 302 a Rdn. 23; Maurach / Schroeder S. 457; Schmidt-Futterer NJW 1972, 136; Busch Anm. in LM Nr. 2 zu § 302 e StGB; Glaser ZMR 1966, 98; vgl. auch BGH NJW 1979, 758.

132 Vgl. nur BGHSt 11, 182 ff.; LG Mannheim Justiz 1976, 518; LG Köln WM 1976, 35; zu den Gründen, auf denen diese Sachlage beruht, vgl. insb. Besenthal S. 36 f.; Lach S. 89 f.

133 Dreher / Tröndle § 302 a Rdn. 11; Blei BT S. 234; OLG Köln ZMR 1975, 367, 369; zweifelnd RG Recht 1915 Nr. 735; differenzierend Stree in Schönke / Schröder § 302 a Rdn. 25.

gleichen unter Umständen ein weitreichender Mangel an Informationen über wirtschaftliche Fragen[134]. Dagegen genüge die bloße Unkenntnis der Wohnungsmarktverhältnisse und der Miethöhen nicht[135].

Abgesehen von der Vielfalt der Ursachen, aus der sich die Unerfahrenheit eines Menschen ergeben kann[136], zeigen die vorstehenden Beispiele deutlich, daß die Abgrenzung zur Unkenntnis im Einzelfall schwierig und die Grenzen flüssig sind[137]. Je nach Intensität der Benachteiligung des Betroffenen kann Unkenntnis oder aber auch Unerfahrenheit vorliegen; zwischen beiden Merkmalen besteht kein aliud-Verhältnis, sondern nur ein gradueller Unterschied; entscheidend ist der Grad der Negativbeeinträchtigung.

Außerdem muß die Unerfahrenheit auch vom Leichtsinn unterschieden werden, der mangels Schutzwürdigkeit[138] nicht mehr als Schwächesituation vom Gesetz umfaßt wird. Während der Unerfahrene die wirtschaftlichen Folgen seines Handelns nicht zu übersehen vermag, schenkt der Leichtsinnige aus Unbedachtsamkeit oder Sorglosigkeit den von ihm erkannten Folgen nicht die ihnen gebührende Beachtung[139]. Bei der Unerfahrenheit ist das Erkenntnisvermögen eingeschränkt, während beim Leichtsinn die auf einer richtigen Erkenntnis beruhenden Auswirkungen unterschätzt werden.

3. *Mangel an Urteilsvermögen*

Neu in das Gesetz eingefügt wurde als Ausbeutungssituation der Mangel an Urteilsvermögen. Dieses Merkmal ist weiter als die Unerfahrenheit und liegt dann vor, wenn dem Betroffenen in erheblichem Maße die Fähigkeit fehlt, sich durch vernünftige Beweggründe leiten zu lassen sowie die beiderseitigen Leistungen und die wirtschaftlichen Folgen des Geschäftsabschlusses richtig zu bewerten[140]. Er kann auf einer intellektuellen Schwäche beruhen[141], jedoch auch vorübergehender Natur sein[142].

---

[134] Dreher / Tröndle § 302 a Rdn. 11; Stree in Schönke / Schröder § 302 a Rdn. 25; vgl. auch Göhler in Prot. VII S. 2796; Zirpins / Terstegen S. 438; Schäfer in LK § 302 a Rdn. 24.

[135] LG München ZMR 1963, 177; Besenthal S. 36; Glaser ZMR 1966, 98.

[136] Vgl. Hug S. 126; zur technischen Unerfahrenheit Rühle S. 16.

[137] So in der Sache auch Kohlmann S. 36 f. und Göhler Prot. VII S. 2796.

[138] RegE S. 41; Kohlmann S. 34 ff.; kritisch Tröndle Prot. VII S. 2563; anders Antrag 5/2/75, nach dem auch der Leichtsinn in das neue Recht aufgenommen werden sollte.

[139] Ganz einhellige Meinung z. B. BGHSt 11, 182 (186); Kohlmann S. 34 ff.; Schäfer in LK § 302 a Rdn. 27.

[140] So ausdrücklich RegE S. 41; ihm folgend das gesamte Schrifttum, vgl. nur Lohmeyer S. 113; Müller-Emmert TW 1977, 1/6; Göhler / Wilts DB 1976, 1662; Stree in Schönke / Schröder § 302 a Rdn. 26; Schäfer in LK § 302 a Rdn. 25; Besenthal S. 110 f.; Rühle S. 53 f.

Wem die Fähigkeit fehlt, sich durch vernünftige Beweggründe leiten zu lassen und die beiderseitigen Leistungen richtig zu bewerten, dem ist auch die Befähigung zur zutreffenden Beurteilung von Zuständen und Geschehnissen eingeschränkt. Dies ist ein typisches Merkmal der Unerfahrenheit. Folglich umfaßt der Mangel an Urteilsvermögen auch die bloße Unerfahrenheit, die einen Teilaspekt des Mangels an Urteilsvermögen darstellt[143]. Wenn zum Mangel an Urteilsvermögen andererseits auch die Unfähigkeit gehört, die wirtschaftlichen Folgen des Geschäftsabschlusses richtig zu bewerten, ist ein Moment des Leichtsinns umfaßt. Beim Leichtsinn beruht die Fehleinschätzung der Folgen nur nicht auf Unfähigkeit, sondern auf Unbedachtsamkeit oder Sorglosigkeit. Das Merkmal Mangel an Urteilsvermögen ist also aus Elementen der Unerfahrenheit und des Leichtsinns zusammengesetzt. Es beinhaltet gegenüber der alten Regelung eine Verengung des Tatbestands[144].

4. *Erhebliche Willensschwäche*

Willensschwäche ist jede Form der verminderten Widerstandsfähigkeit, die in der Persönlichkeit und dem Wesen des Bewucherten ihre Ursache hat[145]. Es handelt sich damit um eine voluntative charakterliche Schwäche gegenüber psychischen Reizen. Diese Schwäche ist erheblich[146], wenn die Beeinträchtigung des Willens gravierend ist und ein den übrigen Ausbeutungszuständen vergleichbares Maß erreicht[147]. Ob die Schwäche angeboren, erworben oder krankhafter Natur ist, ist ohne Bedeutung[148]. Erfaßt werden sollen durch dieses Merkmal insb. auch Alkohol- und Drogensüchtige[149], während die allgemeine Labilität gegenüber der Werbung durch die Wirtschaft nicht ausreicht[150]. Die

---

[141] Lackner § 302 a Anm. 4; Blei JA 1976, 813; Dreher / Tröndle § 302 a Rdn. 12; Göhler Prot. VII S. 2799.

[142] So zu Recht Maurach / Schroeder S. 457.

[143] I. E. ebenso RegE S. 41.

[144] Kritisch dazu Tröndle Prot. VII S. 2563 f.

[145] RegE S. 41; ebenso das gesamte Schrifttum, z. B. Stree in Schönke / Schröder § 302 a Rdn. 27; Göhler / Wilts DB 1976, 1662; Schäfer in LK § 302 a Rdn. 26.

[146] Das Wort „erheblich" war im RegE noch nicht vorgesehen und wurde erst im Laufe des Gesetzgebungsverfahrens eingefügt. Diese Einschränkung soll nach Rühle S. 54 zu bedauern sein.

[147] Bericht S. 20; Sturm JZ 1977, 86; Lackner § 302 a Anm. 4; Müller-Emmert / Maier NJW 1976, 1664; Krauß DStR 1977, 569.

[148] Lackner § 302 a Anm. 4; Dreher / Tröndle § 302 a Rdn. 13; Stree in Schönke / Schröder § 302 a Rdn. 27; Müller-Emmert / Maier NJW 1976, 1664; Blei JA 1976, 813.

[149] Maurach / Schroeder S. 457; Müller-Emmert TW 1977, 1/6; Göhler / Wilts DB 1976, 1662; Lackner § 302 a Anm. 4; Schäfer in LK § 302 a Rdn. 26.

[150] Bericht S. 20; Dreher/Tröndle § 302 a Rdn. 13; Krauß DStR 1977, 569.

Willensverwirklichungsmöglichkeit des Betroffenen muß deutlich unter der Widerstandskraft eines Durchschnittsmenschen zurückbleiben, der unter denselben äußeren Bedingungen und in derselben Lage am Wirtschaftsverkehr teilnimmt[151]. Bedenken gegen die Einfügung der erheblichen Willensschwäche als konturenlose und neben der Zwangslage überflüssige Schwächesituation haben sich nicht durchsetzen können[152].

5. *Stellungnahme*

Beim Vergleich der Ausbeutungszustände des § 302 a StGB n. F. mit denen des alten Rechts ist bis auf die Ersetzung der Notlage durch die wesentlich umfassendere Zwangslage eine tiefgreifende Änderung nicht festzustellen. Gravierende Leichtsinnsfälle werden von den anderen Ausbeutungszuständen umfaßt; die Neueinfügung der Merkmale Mangel an Urteilsvermögen und erhebliche Willensschwäche führt nicht zu einer bedeutenden Erweiterung der vom Gesetz erfaßten Ausbeutungssituation des Bewucherten.

Allen Ausbeutungssituationen gemeinsam ist die herausragende Benachteiligung des Betroffenen gegenüber dem am Wirtschaftsleben beteiligten Durchschnittsbürger. Die Benachteiligung, mag sie auf äußeren Umständen beruhen — Zwangslage — oder in der Person des Betroffenen selbst begründet sein — Unerfahrenheit, Mangel an Urteilsvermögen und erhebliche Willensschwäche —, muß, um den Benachteiligten schutzwürdig erscheinen zu lassen, so erheblich sein, daß er vor außergewöhnlichen wirtschaftlichen Übervorteilungen bewahrt werden soll. Von eher untergeordneter Bedeutung ist, auf welchem Zustand oder auf welcher Eigenschaft die Benachteiligung beruht. Bei der Feststellung der besonderen, unter den Wuchertatbestand fallenden Ausbeutungssituation ist allerdings in jedem Fall eine quantitative Abstufung erforderlich. Nicht jede Zwangslage usw. ist eine für § 302 a StGB ausreichende Ausbeutungssituation, sondern nur die gravierende. Beim Merkmal Willensschwäche hat der Gesetzgeber dies erkannt und den Regierungsentwurf durch Einfügung des Wortes „erheblich" abgeändert. Dieselbe Einschränkung ist auch bei den anderen Schwächesituationen zu machen. Nur so gelangt man zu einer sinnvollen Abgrenzung der schutzbedürftigen von den nichtschutzbedürftigen Situationen des Betroffenen. Alle Ausbeutungssituationen des § 302 a StGB stehen also unter dem — ungeschriebenen — tatbestandseinschränkenden Merkmal, daß die Eigenschaft des Betroffenen gegenüber allen unter vergleich-

---

[151] Lackner § 302 a Anm. 4; Stree in Schönke / Schröder § 302 a Rdn. 27; Maier Prot. VII S. 2802.

[152] AE S. 113; Tiedemann Prot. VII S. 2473, ZStW 87 (1975), 291 f.; in Prot. VII Eyrich S. 2800, Penner S. 2801 und Sturm S. 2800.

baren Umständen am Geschäftsverkehr teilnehmenden Durchschnittsmenschen erkennbar herausragt.

Diese Gewichtung kommt der von R. Schmidt[153] schon 1906 gestellten Forderung nahe, auf die Kodifizierung einzelner Ausbeutungssituationen zu verzichten und statt dessen auf die „Lage" des Betroffenen abzustellen. Jedoch bestehen gegen einen derartigen Wuchertatbestand schwerwiegende Bedenken. Nach R. Schmidts Vorschlag läuft die Abgrenzung nur noch auf die Feststellung einer vom Normalbürger deutlich abweichenden Lage hinaus. Für den Bürger wäre es nahezu unmöglich, strafbares Verhalten von straflosen Verhaltensweisen zu trennen. Die Hervorhebung der deutlichen Benachteiligung hat nicht eine tatbestandsbestimmende, sondern nur eine tatbestandsverengende Funktion. Zunächst muß festgestellt werden, welcher Art die Benachteiligung des Betroffenen ist; dazu bedarf es der Festlegung der einzelnen Ausbeutungssituationen. Auf einer zweiten Stufe ist dann zu prüfen, ob die Benachteiligung einen bestimmten Grad erreicht hat, ob der Benachteiligte sich von dem Durchschnitt vergleichbarer Bürger deutlich absetzt. Erst beides zusammen führt zu einer tatbestandsrelevanten Ausbeutungssituation.

Diese Betrachtungsweise muß konsequenterweise dazu führen, das einzelne Ausbeutungsmerkmal extensiv auszulegen, um möglichst viele Benachteiligungen tatbestandlich zu erfassen. Das Korrektiv liegt in der Prüfung der 2. Stufe. Der Vorteil besteht in einer gerechteren Einzelfallösung und der Vermeidung von Auswüchsen bei der Feststellung der Zwangslage, die leicht auftreten können, wenn man die Zwangslage mit dem Satz feststellt: Wer so ungünstige Geschäfte abschließt, muß sich in einer Zwangslage befunden haben.

III. Tathandlung

Die Tathandlung des Wucherers besteht im Versprechen- oder Gewährenlassen von Vermögensvorteilen für seine Leistung.

1. Vermögensvorteile

Vermögensvorteil in § 302 a StGB hat dieselbe Bedeutung wie in § 263 StGB. Er umfaßt jede günstige Gestaltung der Vermögenslage[154]. Alles, was Vermögenswert hat, kann einen Vermögensvorteil darstellen. Die Geldleistung bildet den wichtigsten und eindeutigsten Fall. Aber auch

---

[153] S. 242; vgl. auch Lehmann S. 62.

[154] So die wohl einhellige Ansicht; vgl. nur RGSt 20, 279 (286); Kohlmann S. 21 m. w. N.; Schäfer in LK § 302 a Rdn. 30; Stree in Schönke / Schröder § 302 a Rdn. 10; Koffka S. 38 f.

andere vermögenswerte Vorteile wie Anstellungen, Sach- oder Dienstleistungen kommen in Betracht[155]. Sie müssen nur bewertbar sein, also in eine Geldsumme transformiert werden können, da nur auf diese Weise ein auffälliges Mißverhältnis von Vermögensvorteilen und Leistung festgestellt werden kann[156]. Auch bedingt zugesagte Vermögensvorteile[157] und Vollmachten, über fremdes Vermögen zu verfügen[158], sollen als Vermögensvorteile gelten. Demgegenüber besteht bei der Einbeziehung rein immaterieller Vorteile wie Geschlechtsverkehr und anderer Zärtlichkeiten Streit[159].

Eine direkte Beziehung zwischen Vermögensvorteilen und immateriellen Werten ist nicht ohne weiteres zu erkennen. Daß auch immaterielle Werte wie der schon erwähnte Geschlechtsverkehr als Vermögensvorteile in Betracht kommen, zeigen die Fälle, in denen Dirnen um ihren Lohn geprellt werden. Ob die Hingabe der Dirne für sie eine Vermögensverfügung und für den Freier ein Vermögensvorteil darstellt, ist bis heute nicht endgültig geklärt[160]. Die h. M. begründet ihre Ansicht im wesentlichen damit, daß der Empfang von Arbeitsleistungen zwar grundsätzlich ein Vermögensvorteil sei, daß aber die Hingabe der Dirne sittenwidrig, nicht durch rechtswirksamen Vertrag realisierbar sei und daher aus Gründen der Einheitlichkeit der Rechtsordnung kein Vermögensbestandteil darstelle. Damit wird die Dirne, die sich dem Freier hingibt, in bezug auf den Erhalt der Gegenleistung nicht als schutzwürdig angesehen.

Die — vielleicht objektiv sittenwidrigen — immateriellen Leistungen werden erbracht, weil der Betroffene sich in einer bestimmten Schwächesituation befindet. Der sich hingebenden Person ist ein erhöhter Schutz zu gewähren, weil nach dem Grundgedanken des § 302 a StGB niemand die schutzwürdige Lage eines anderen ausnützen soll. Zudem

---

155 Vgl. Maurach / Schroeder S. 455; Stree in Schönke / Schröder § 302 a Rdn. 10; Samson in SK § 302 a Rdn. 17.

156 Friemel S. 77; Dreher / Tröndle § 302 a Rdn. 17; Schäfer in LK § 302 a Rdn. 30; Koffka S. 38 f.; Niethammer S. 364; a. A. bei illegalen Geschäften Bernsmann GA 1981, 164.

157 RG JW 1891, 114; RGSt 20, 279 (286); Dreher / Tröndle § 302 a Rdn. 17; Stree in Schönke / Schröder § 302 a Rdn. 10.

158 Schäfer in LK § 302 a Rdn. 30; Dreher / Tröndle § 302 a Rdn. 17; Stree in Schönke / Schröder § 302 a Rdn. 10.

159 Für eine Einbeziehung Hirschberg S. 280 Fn. 29; Hillenkamp S. 36: typischer Wucherfall; dagegen Maurach / Schroeder S. 455 unter Berufung auf BGHSt 4, 373; vgl. auch Bernsmann GA 1981, 162.

160 Für die Annahme eines Vermögensvorteils sind Kohlhaas JR 1954, 98; Bruns Mezger-FS S. 357 ff.; Preisendanz § 263 Anm. V 3 1; Dreher / Tröndle § 263 Rdn. 29, 42; a. A. die wohl h. M., z. B. Cramer Vermögensbegriff S. 241 ff. und JuS 1966, 475, 477; Samson in SK § 263 Rdn. 124; Lackner in LK § 263 Rdn. 132, 140, 241; Franzheim GA 1960, 277; vgl. RGSt 65, 99 (100); ebenso trotz des Festhaltens am wirtschaftlichen Vermögensbegriff BGHSt 4, 373.

ist die Wertverschiebung nicht von der Opfer-, sondern von der Täterseite aus zu bewerten. Die entscheidende Frage lautet, ob der Täter etwas bekommen hat oder bekommen soll, das sich für ihn als Vermögensvorteil darstellt.

Ein Vermögenswert ist zumindest dann anzunehmen, wenn der Täter dem Opfer für die körperliche Hingabe eine Verbesserung der finanziellen Lage gewährt, wenn er z. B. Zinsen erläßt[161]. Aber auch in den übrigen Fällen ist zu bedenken, daß die Hingabe des Opfers nicht aus ideellen Gründen, sondern aus wirtschaftlichen Notwendigkeiten oder aus einer anderen schutzwürdigen Position heraus erfolgt. Dem Täter gelingt es aufgrund der besonderen Lage des Opfers, immaterielle Werte und Leistungen zu erlangen, die er sonst nur gegen eigene Vermögensaufwendungen erlangen könnte. Die von der h. M. im Bereich des § 263 StGB hervorgehobenen Argumente „Einheitlichkeit der Rechtsordnung“[162] und „aus Rechtsgründen kein Vermögensbestandteil“[163] schlagen nicht durch. Der Täter erhält also auch dann einen Vermögensvorteil, wenn das Opfer ihm immaterielle Vorteile gewährt, die er sonst nur gegen Entgelt erlangt hätte und die für ihn wegen der Ersparung von Aufwendungen wirtschaftliche Vorteile darstellen[164].

2. *Sichversprechenlassen*

Sichversprechenlassen bedeutet, daß der Wucherer die Verpflichtung des Schuldners zur Erbringung der Vermögensvorteile annimmt; gemeint ist damit die Einigung zwischen Wucherer und Bewuchertem, daß der Bewucherte dem Wucherer für dessen Leistung Vermögensvorteile erbringen wird[165]. Die Annahmeerklärung kann durch schlüssiges Verhalten erfolgen[166]; auch die Annahme einer nur bedingten Zusage genügt[167]. Nach wohl einhelliger Ansicht[168] ist erforderlich, aber auch aus-

[161] Vgl. zu diesem Beispiel Hirschberg S. 280 Fn. 29.

[162] Cramer JuS 1966, 475.

[163] Lackner in LK § 263 Rdn. 140, 241.

[164] Zum Gesamtkomplex der Mißverhältnisklausel des § 302 a StGB bei illegalen Leistungen vgl. Bernsmann GA 1981, 160 ff., der die Problematik des auffälligen Mißverhältnisses zwischen Vermögensvorteilen und Leistungen bei verbotenen oder sittenwidrigen Geschäften unter besonderer Berücksichtigung des normativen Aspekts des Vermögensbegriffs dadurch lösen zu können glaubt, daß er in diesem Bereich statt von einem im übrigen geltenden quantitativen von einem qualitativen Mißverhältnis ausgeht und erforderliche Korrekturmöglichkeiten bei den normativen Tatbestandsmerkmalen Auffälligkeit des Mißverhältnisses und Ausbeutungsabsicht ansiedelt.

[165] RGSt 15, 333 (334); 29, 413 (413 f.); Dreher / Tröndle § 302 a Rdn. 18; Stree in Schönke / Schröder § 302 a Rdn. 19; Samson in SK § 302 a Rdn. 18.

[166] Preis S. 51; Stree in Schönke / Schröder § 302 a Rdn. 19.

[167] RG JW 1891, 114; Dreher / Tröndle § 302 a Rdn. 18; Schäfer in LK § 302 a Rdn. 54.

[168] Z. B. RGSt 15, 333 (334); 29, 413 f.; Schäfer in LK § 302 a Rdn. 54; Dreher / Tröndle § 302 a Rdn. 18.

reichend, daß der Täter zu diesem Zeitpunkt die Absicht hat, die vom Schuldner versprochenen Vermögensvorteile auch wirklich in Anspruch zu nehmen; die Scheinannahme der Verpflichtung reicht nicht aus. Dem ist zuzustimmen. Durch die Einführung des Merkmals Sichversprechenlassen wird die Vollendungsstrafbarkeit auf einen Zeitpunkt festgelegt, in dem das Opfer noch keinerlei tatsächliche Einbußen erlitten hat. Das Opfer ist jedoch dann noch nicht schutzwürdig, wenn der Gläubiger nur zum Schein das Leistungsversprechen seines Partners annimmt in der festen Absicht, die Absprache nicht durchzuführen. Andererseits kann es dem Täter nicht zugute kommen, wenn er bei Entgegennahme des Leistungsversprechens den Willen zur Entgegennahme der versprochenen Vermögensvorteile hat, diesen Willen jedoch noch vor Inempfangnahme eines Vorteils aufgibt und von der Durchführung des Geschäfts Abstand nimmt, da mit dem Versprechenlassen das Opfer zumindest konkret gefährdet und die Tat vollendet ist.

3. Sichgewährenlassen

Das Sichgewährenlassen besteht in der unter Umständen auch schlüssigen Annahme der Leistung, sei es nach oder ohne vorangegangenem Sichversprechenlassen[169].

4. Verhältnis der beiden Tathandlungen zueinander

Im Regelfall wird sich der Wucherer die Vermögensvorteile zuerst versprechen und danach, sofort oder in zeitlichem Abstand, auf einmal oder in Raten, gewähren lassen. In diesem Fall ist die Tat mit dem Versprechenlassen vollendet und mit dem Gewährenlassen des letzten Rests der Vermögensvorteile beendet; es liegt eine einheitliche Wucherstraftat vor[170].

Eine selbständige tatbestandliche, über das Sichversprechenlassen hinausgehende Bedeutung hat das Sichgewährenlassen, wenn eine vorher nicht versprochene Leistung vom Schuldner gegeben und vom Gläubiger angenommen wird[171], oder wenn sich aufgrund nachträglicher, zwischen Versprechen und Gewähren der Vermögensvorteile eintretender Änderung der wirtschaftlichen Verhältnisse ehemals nicht wucherische Absprachen in wucherische Bedingungen umschlagen[172].

---

[169] Vgl. RGSt 15, 333; 29, 413 (413 f.); 32, 143 (145 f.); Schäfer in LK § 302 a Rdn. 54; Stree in Schönke / Schröder § 302 a Rdn. 19; vgl. auch Lessing S. 86.

[170] Einhellige Ansicht, z. B. RG DStrR 1938, 189 und 244; Maurach / Schroeder S. 455; Stree in Schönke / Schröder § 302 a Rdn. 19; Dreher / Tröndle § 302 a Rdn. 19.

[171] RGSt 4, 109 (111); 32, 143 (145 f.); RG JW 1926, 2187 f. mit Anm. Alsberg; Stree in Schönke / Schröder § 302 a Rdn. 19; Kohlmann S. 25; Niethammer S. 364.

Trotz dieses scheinbaren Überwiegens der ersten Alternative liegt der Schwerpunkt bei der zweiten Tathandlung. Zum einen wird nach der ersten Alternative auch die zweite erfüllt, wenn das Geschäft durchgeführt wird. Zum anderen behandelt die erste Alternative formell einen Fall der bloßen Vermögensgefährdung im Gegensatz zur Vermögensschädigung der zweiten Alternative. Daß beim Wucher die weniger intensive Beeinträchtigung des Vermögens an erster Stelle genannt ist, mag auf die historische Entwicklung zurückzuführen sein. Dem Sinn und Zweck nach soll die Vorschrift verhindern, daß der Wucherer aufgrund der Schwäche seines Geschäftspartners übermäßige Vorteile erhält. Um das Gewährenlassen entsprechend zu betonen, muß § 302 a StGB so gelesen werden, als stünde dort „... Vermögensvorteile gewähren oder auch nur versprechen läßt ...“[173].

5. *Weitere Einzelfragen*

Die Nichtigkeit oder Anfechtbarkeit des Grundgeschäfts aus welchem Grund auch immer ist bedeutungslos[174]. Es kommt nur auf die faktische Vereinbarung, nicht auf die rechtliche Bindung zwischen den Parteien an, weil der Bewucherte aufgrund seiner Schwäche die Nichtigkeit in concreto nicht geltend machen kann.

Aus dem Sinn und Zweck des Gesetzes ergibt sich auch, daß der Bewucherte die rechtliche Tragweite und Nichtigkeit des Geschäfts nicht zu erkennen braucht[175]. Wer sich in einer Schwächesituation befindet, die ihn die tatsächliche Situation nicht erkennen oder gar verkennen läßt, ist in besonderer Weise schutzbedürftig.

IV. Auffälliges Mißverhältnis von Vermögensvorteil und Leistung

Nicht jeder aus der Schwächesituation des Geschäftspartners gezogene Vorteil erfüllt den Tatbestand des § 302 a StGB. Die wirtschaftliche Übervorteilung muß vielmehr ein Maß erreicht haben, das die Grenze zwischen — vielleicht — anrüchigen und unmoralischen Ge-

---

[172] Vgl. RG JW 1926, 2187 f. mit ablehnender Anm. Alsberg; RG Recht 1926 Nr. 1222; RGSt 58, 321 (327 f.); 60, 130 (132); Schäfer in LK § 302 a Rdn. 54; Stree in Schönke / Schröder § 302 a Rdn. 19; Dreher / Tröndle § 302 a Rdn. 19.

[173] So auch Maurach / Schroeder S. 455, während im übrigen das Hauptaugenmerk auf das Merkmal Versprechenlassen gerichtet ist, z. B. Stree in Schönke / Schröder § 302 a Rdn. 19; Schäfer in LK § 302 a Rdn. 54; Dreher / Tröndle § 302 a Rdn. 19; vgl. auch Samson in SK § 302 a Rdn. 47.

[174] RG Recht 1915 Nr. 2413; RGSt 35, 111 (113); Maurach / Schroeder S. 455; Stree in Schönke / Schröder § 302 a Rdn. 20; Schäfer in LK § 302 a Rdn. 56; differenzierend Samson in SK § 302 a Rdn. 18.

[175] RG LZ 1918, 1085; Schäfer in LK § 302 a Rdn. 55; Dreher / Tröndle § 302 a Rdn. 19.

schäften einerseits und strafwürdigen Übervorteilungen andererseits überschreitet. Nur so kann eine zu enge Beschränkung und zu starke Beeinträchtigung des Geschäftsverkehrs vermieden werden[176]. „Bestimmungen gegen den Wucher können nicht die Herbeiführung einer möglichst weitgehenden Vertragsgerechtigkeit, sondern nur die Verhinderung von besonders auffälligen, schwerwiegenden Verstößen gegen dieses Prinzip bezwecken“[177]. Da viele wirtschaftliche und sonstige Faktoren diese Grenzziehung beeinflussen, wird die Feststellung des auffälligen Mißverhältnisses zum zentralen Problem des § 302 a StGB.

1. *Allgemeines*

a) Vergleich vom Standpunkt des Gläubigers aus

Zur Ermittlung des Mißverhältnisses müssen zunächst Wert der Leistung des Wucherers einerseits und Wert der versprochenen oder gewährten Vermögensvorteile andererseits festgestellt werden. Bei den §§ 302 a ff. StGB a. F. war streitig, von welcher Position aus die Bewertung durchzuführen war. Die wohl h. M. in Rspr. und Literatur[178] hielt den Gläubigerstandpunkt für maßgebend, während nach einer Mindermeinung[179] die Sicht des Schuldners, des Bewucherten, entscheidend sein sollte. Nach der Neufassung des § 302 a StGB geht die Meinung[180] in Übereinstimmung mit den am Gesetzgebungsverfahren Beteiligten[181] davon aus, daß der Gläubigerstandpunkt maßgebend ist. Notwendige Folge dieser Auffassung ist, daß aus dem Geschäft gezogene oder erwartete Vorteile des Bewucherten unberücksichtigt bleiben müssen[182].

Es ist also der Wert, den die Leistung des Wucherers hat, mit dem Wert, den die Vermögensvorteile für ihn haben, zu vergleichen. Erhält jemand einen Kredit zu Bedingungen, die vom Kreditgeber aus gesehen in einem auffälligen Mißverhältnis zum Wert des Kredits stehen, um

---

[176] Dieser Gesichtspunkt spielt im Wucherstrafrecht von jeher eine entscheidende Rolle, vgl. nur v. Liszt GA 41 (1893), 236, 239 ff.; Fuld GS 49 (1894), 29; Seuffert ZStW 14 (1894), 571 f.; v. Rizy, Zeitschrift für das Privat- und Öffentliche Recht der Gegenwart 1881, 776 f.; Göhler Prot. VII S. 2791.

[177] Tagungsberichte S. 103.

[178] Vgl. nur RGSt 39, 126 (129); 53, 285 (286); 60, 216 (219); Schwarz S. 41; Wachenfeld S. 416 f.; Zirpins / Terstegen S. 437; Binding S. 457; R. v. Hippel LB S. 271 Fn. 2; Frank § 302 a Anm. III 2; v. Bülow S. 71.

[179] v. Lilienthal ZStW 8 (1888), 208; v. Liszt / Schmidt S. 685; Löwenstein S. 460; R. Schmidt S. 268, 270; Isopescul-Grecul S. 267.

[180] Dreher / Tröndle § 302 a Rdn. 22; Schäfer in LK § 302 a Rdn. 31; Lackner § 302 a Anm. 3; Maurach / Schroeder S. 455; Heinz GA 1977, 220; Sturm JZ 1977, 85 f.; Friemel S. 77.

[181] So schon E 62 S. 438; Schäfer in LK § 302 a Rdn. 31.

[182] RGSt 11, 388 (389 f.); 39, 126 (129); Schäfer in LK § 302 a Rdn. 31; Dreher / Tröndle § 302 a Rdn. 22; Binding S. 457; Schwarz S. 41.

mit dem Darlehen einen finanziellen Zusammenbruch zu verhindern und einen wesentlich höheren Schaden abzuwenden, ist ohne Bedeutung, ob die Verwendung des Darlehens zur finanziellen Sanierung mit erheblichen Gewinnen führt, oder ob der finanzielle Zusammenbruch nicht verhindert werden kann. Ein auffälliges Mißverhältnis kann auch vorliegen, wenn ein Sammler ein Einzelstück zu weit überhöhtem Preis erwirbt, mit ihm seine bislang unvollständige Sammlung komplettiert und dadurch einen weit über den Kaufpreis hinausgehenden Zuwachs des Gesamtwerts verzeichnen kann. Andererseits liegt Wucher nicht vor, wenn der Kreditgeber Vermögensvorteile erhält, die isoliert betrachtet das Maß des auffälligen Mißverhältnisses noch nicht erreichen, der Kreditnehmer das Geld aber so unwirtschaftlich anlegt, daß es binnen kurzer Zeit ohne Gewinn zerrinnt und zur Intensivierung der Zwangslage führt.

Nur diese Betrachtung vom Gläubigerstandpunkt aus bietet die Gewähr, daß zum Zeitpunkt des Versprechenlassens ein auffälliges Mißverhältnis festgestellt werden kann. Wollte man auf den Schuldnerstandpunkt abstellen, müßte man entweder die Vermögensentwicklung des Schuldners abwarten oder zusätzliche Kriterien finden, die eine zuverlässige Prognose der voraussichtlichen Vermögensentwicklung ermöglichen. Darüber hinaus würde der Nachweis des Wuchervorsatzes weiter erschwert, da der Wucherer durchweg nicht alle für die zukünftige Entwicklung bedeutsamen Umstände auf der Schuldnerseite kennen und eine günstige Veränderung der Vermögenssituation des Schuldners erhoffen wird, um alle versprochenen Vermögensvorteile zu erhalten.

b) Zu berücksichtigende Geschäfte

Werden zwischen denselben Partnern mehrere selbständige Geschäfte abgeschlossen und sollen sie gleichzeitig durchgeführt und abgerechnet werden, muß das auffällige Mißverhältnis für jedes einzelne Geschäft festgestellt werden; eine zusammenfassende, pauschale Beurteilung ist unzulässig. Wenn hingegen mehrere Geschäfte miteinander gekoppelt sind und dadurch eine wirtschaftliche Einheit bilden, ist die Summe der Leistungen des Wucherers mit sämtlichen versprochenen oder bereits gewährten Vermögensvorteilen in Relation zu setzen[183].

c) Auffälligkeit des Mißverhältnisses

Nicht jedes Mißverhältnis zwischen Leistung und Vermögensvorteilen ist für § 302 a StGB relevant, sondern nur ein auffälliges. Ein auffälli-

[183] Vgl. zum ganzen RGSt 20, 279 (281 f.); RG LZ 1914, 932 f.; RG Recht 1915, Nr. 2412; RGSt 60, 216 (219); RG JW 1935, 531; Dreher / Tröndle § 302 a Rdn. 22; Schäfer in LK § 302 a Rdn. 32; Lackner § 302 a Anm. 3; Kohlmann S. 50; Samson in SK § 302 a Rdn. 21.

ges Mißverhältnis soll vorliegen, wenn das Mißverhältnis dem Kundigen nach Prüfung des Sachverhalts ins Auge springt[184], wenn die Vermögensvorteile im Vergleich zur Leistung völlig unangemessen sind[185], wenn der Wert der Vermögensvorteile von dem der Leistung offenbar und außergewöhnlich abweicht[186] und sich dem Kundigen als grobe Überschreitung des Gleichgewichts darstellt[187].

Diese Definitions- oder Umschreibungsversuche sind verständlicherweise ebenso blaß und schwer faßbar wie der zu definierende Begriff. Zum einen müssen Vermögensvorteile und Leistungen, die nicht ausschließlich in der Zahlung einer bestimmten Geldsumme bestehen, in einen bestimmten Geldwert transformiert werden. Dies bedarf bei der Mannigfaltigkeit der Wuchergrundgeschäfte mit ihren jeweiligen Eigenarten und Spezialkonditionen schwieriger Abgrenzungen und Bewertungen. Zudem richtet sich die Frage, wann noch kein und wann schon ein auffälliges Mißverhältnis vorliegt, nicht nach qualitativen, sondern nach quantitativen Abgrenzungskriterien, die in starkem Maße von der wirtschaftlichen Grundeinstellung des Urteilenden abhängen[188].

d) Beurteilungszeitpunkt

Wird mit Abschluß des Geschäfts gleichzeitig der Vermögensaustausch vollständig vorgenommen, ist dies auch der Beurteilungszeitpunkt. Anderes gilt, wenn Geschäftsabschluß — Versprechenlassen — und Vermögensverschiebung — Gewährenlassen — zeitlich auseinanderfallen.

Ist bei Vertragsabschluß ein auffälliges Mißverhältnis feststellbar, sind später eintretende Änderungen der wirtschaftlichen Verhältnisse nicht zu berücksichtigen, da der Wucher in der Form des Versprechenlassens bereits mit Vertragsschluß vollendet ist.

Liegt zwischen Geschäftsabschluß und Geschäftsabwicklung ein längerer Zeitraum, soll nach einer Meinung[189] die aufgrund äußerer Um-

[184] LG Mannheim Justiz 1976, 518; Stree in Schönke / Schröder § 302 a Rdn. 12; Maurach / Schroeder S. 456; Samson in SK § 302 a Rdn. 25.

[185] RG HRR 1940, Nr. 835; Lackner § 302 a Anm. 3; Sturm JZ 1977, 84, 86; Kohlmann S. 22, 24.

[186] Schäfer in LK § 302 a Rdn. 33; Dreiss / Eitel-Dreiss S. 208; Schmidt-Futterer JR 1974, 278.

[187] AE S. 113; Binding S. 458.

[188] Die Lage wird ohne sachlichen Grund und ohne Verbesserung der Auslegungs- und Anwendungsmöglichkeiten verkompliziert, wenn man wie Samson in SK § 302 a Rdn. 5 f. und 22—24 zwischen Schwächewucher und Zwangslagenwucher differenziert und für die erste Wucherart den üblichen Marktpreis, für die zweite jedoch einen „wie auch immer bestimmbaren gerechten Preis" (Rdn. 24) als Vergleichsmaßstab nimmt; eingehend unten S. 166 f.

[189] Tröndle Prot. VII S. 2567; Stellungnahme des BDI und anderer in Prot. VII S. 2625; Hellner Prot. VII S. 2532; Dreiss / Eitel-Dreiss S. 208.

stände eintretende Verwandlung des bei Geschäftsabschluß noch nicht zu beanstandenden Mißverhältnisses in ein auffälliges ebenfalls unbeachtlich sein; Refinanzierung und andere preisbildende Faktoren könnten nur auf der Grundlage der Bedingungen bei Vertragsabschluß kalkuliert werden; einen ex-post-Wucher dürfe es nicht geben. Demgegenüber soll nach Dreher / Tröndle[190] nicht nur der Zeitpunkt des Geschäftsabschlusses, sondern auch der der Realisierung entscheidend sein.

Die Tathandlung des Wuchers kann in zwei verschiedenen Begehungsweisen verwirklicht werden, im Versprechenlassen und im Gewährenlassen von Vermögensvorteilen. Unter dem Blickwinkel der möglichen Schadensverwirklichung beim Opfer liegt der Schwerpunkt auf dem Gewährenlassen, da zu diesem Zeitpunkt die für den Bewucherten nachteilige Vermögensverschiebung stattfindet und die übermäßige Bereicherung des Wucherers, der letztlich vom Täter gewünschte Erfolg, eintritt. Nicht der Geschäftsabschluß, sondern in erster Linie der Zeitpunkt der Vermögensverschiebung seitens des Opfers auf den Täter ist als maßgeblicher Zeitpunkt anzusehen. Ein ex-post-Wucher liegt nicht vor, denn Tathandlung und Bewertungszeitpunkt fallen nicht auseinander. Die nachträgliche Änderung der tatsächlichen Umstände ist in diesem Fall zu beachten und kann zur Strafbarkeit wegen Wuchers führen, sofern zum Zeitpunkt des Leistungsaustausches die übrigen Voraussetzungen erfüllt sind.

Ein praktisch bedeutsamer Sonderfall liegt vor, wenn der Schuldner die Vermögensvorteile in Teilbeträgen erbringt und diese, jeweils bezogen auf den Zeitpunkt des Erbringens, teils das auffällige Mißverhältnis noch nicht erreichen, teils schon überschreiten. Ein Beispiel: Ein Kreditgeber gewährt einen Ratenkredit mit einer Laufzeit von fünf Jahren. Zur Zeit des Vertragsabschlusses liegt die effektive Jahresverzinsung knapp unterhalb der Grenze des auffälligen Mißverhältnisses. Im Laufe der Zeit sinkt das allgemeine Zinsniveau. Nach drei Jahren haben sich die Verhältnisse am Kapitalmarkt derart verändert, daß, würde der Kreditvertrag jetzt so abgeschlossen, die Schwelle des auffälligen Mißverhältnisses zwischen Leistung und versprochenen Vermögensvorteilen überschritten wäre[191].

Drei Lösungsmöglichkeiten sind denkbar: Wenn die ersten gewährten Vermögensvorteile noch nicht im auffälligen Mißverhältnis zur Leistung gestanden haben, muß eine nachträgliche Änderung unberücksichtigt bleiben; der Grenzwert ist im Rahmen einer Durchschnittsberechnung für die gesamte Laufzeit zu ermitteln und mit dem Wert der Vermö-

---

[190] § 302 a Rdn. 22; vgl. auch Hug S. 115, wonach eine spätere Änderung des auffälligen Mißverhältnisses möglich sein soll.

[191] Ähnliches gilt auch bei längerfristigen Arbeits- und Mietverhältnissen.

gensvorteile zu vergleichen; bei jeder einzelnen Rate ist zu prüfen, ob bei dieser einzelnen Teil-Vermögensverschiebung zu diesem Zeitpunkt das Mißverhältnis den Grad der Auffälligkeit erreicht.

Nach den oben aufgestellten Grundsätzen kann nur die dritte Lösungsmöglichkeit zutreffen. Beim zweiten Lösungsweg kann erst nachträglich, nach Rückzahlung der letzten Rate, festgestellt werden, ob ein auffälliges Mißverhältnis vorlag oder nicht. Abgesehen von zusätzlichen Berechnungsschwierigkeiten wüßte der Täter also bei Entgegennahme der Teil-Vermögensvorteile nicht, ob er sich damit strafbar macht oder nicht. Für die dritte Lösungsmöglichkeit spricht, daß die wirtschaftlichen Verhältnisse sich unter normalen, geordneten Bedingungen in überschaubaren Zeiträumen nicht sprunghaft und kraß immer nur in dieselbe Richtung ändern, sondern eher in einem wellenförmigen Auf und Ab. Ein Umschlagen in ein wucherliches Geschäft ist nur dann denkbar, wenn der Kreditgeber sich schon bei Vertragsabschluß einen übermäßigen Vorteil hat zusichern lassen, der zwar den Grad des auffälligen Mißverhältnisses noch nicht erreicht hat, aber doch schon in dessen Nähe gerückt ist. Dann obliegt es auch dem Gläubiger, ein Überschreiten des Grenzwerts zu verhindern. Dem entspricht, daß bei Konsumenten- und Kleinkrediten teilweise Zinsänderungs- und -anpassungsklauseln üblich sind[192]; nachträgliche Änderungen von Konditionen längerfristiger Vertragsverhältnisse sind dem Wirtschaftsleben also nicht fremd[193]. Wenn die wirtschaftlich Überlegenen auf diese Weise finanzielle Risiken aufgrund geänderter Umstände auf ihre Vertragspartner abwälzen können, müssen sie andererseits auf außergewöhnliche, durch in anderer Richtung geänderter Sachlage hervorgerufene Gewinne unter Umständen verzichten. Der Kreditnehmer, der später einen wucherlichen Vertrag mit diesen Bedingungen abschließt, ist nicht schutzwürdiger als der, der einen Vertrag mit denselben Bedingungen schon früher abgeschlossen hat. Der Zeitablauf des konkreten Geschäfts kann nicht deshalb zur Straffreiheit des Übervorteilenden führen, nur weil — vielleicht zufällig — der Vertrag rechtzeitig geschlossen wurde und sich dabei gerade noch im von § 302 a StGB nicht erfaßten Bereich gehalten hat.

2. Berechnungen bei den einzelnen Gruppen der Wuchergrundgeschäfte

Leistungen und Vermögensvorteile können nur durch Umrechnung in einen bestimmten Geldbetrag quantifiziert und auf eine vergleich-

[192] Steppeler Sparkasse 1979, 259; vgl. auch BGH NJW 1979, 806 und 2093.

[193] In diesem Zusammenhang sind außerhalb des Kreditbereichs Änderungen von Arbeitsentgelten aufgrund von Tarifverträgen, Mietpreiserhöhungen aufgrund des Art. 3 des 2. Wohnraumkündigungsschutzgesetzes sowie sonstige vertragliche Gleitklauseln zu nennen.

bare Größe gebracht werden. Für diese Umrechnung sind je nach Wuchergrundgeschäft unterschiedliche Faktoren von ausschlaggebender Bedeutung.

a) Beim Mietwucher

Der Wert der Vermögensvorteile des Vermieters ist leicht zu ermitteln, da der Mietzins fast ausschließlich in Geld zu leisten ist[194]; für die Wertbestimmung der Vermieterleistung bieten sich grundsätzlich zwei Methoden an[195].

aa) Abstrakte Methode

Nach der heute überwiegend angewendeten abstrakten Methode[196] ist Bewertungsgrundlage die ortsübliche Miete, der Marktwert der Wohnung. Das ist der Mietzins, der für die konkrete Wohnung in dieser Gegend von vergleichbaren Mietern üblicherweise verlangt wird. Mit Hilfe der Vergleichsmiete wird ein objektiver Maßstab gesetzt, an dem sich jeder Vermieter orientieren kann und die zu einer Gleichbehandlung vergleichbarer Mietverhältnisse führt. Allerdings müssen bei der Festsetzung der Vergleichsmiete alle wertbildenden Faktoren richtig gewichtet werden, um einen zutreffenden Bewertungsmaßstab zu erhalten. Diese Ermittlung der Vergleichsmiete wird erschwert, wenn nicht genügend Wohnungen mit denselben wertbildenden Faktoren vorhanden sind oder wenn die Vergleichsmiete selbst schon überhöht ist.

bb) Konkrete Methode

Bei Anwendung der konkreten Methode[197] muß der Wert der Vermieterleistung im Einzelfall unter Berücksichtigung von Gestehungskosten und sonstigen Aufwendungen für die vermietete Wohnung ermittelt werden. Unter Mitberücksichtigung eines angemessenen (?)

---

[194] Zu Ausnahmen s. Stree in Schönke / Schröder § 302 a Rdn. 14; Schäfer in LK § 302 a Rdn. 37.

[195] Zum ganzen ausführlich und differenzierend Sasserath Verhältnis S. 36 ff.

[196] Vgl. nur LG Darmstadt NJW 1975, 549 mit Anm. Göthling und NJW 1972, 1244; LG Köln ZMR 1975, 367 f. und WM 1976, 34 f.; auch OLG Köln NJW 1976, 120; LG Mannheim Justiz 1976, 518 f. (Die Revision des Angeklagten ist vom BGH als offensichtlich unbegründet zurückgewiesen worden); vgl. RGSt 61, 130 (141 f.); Stree in Schönke / Schröder § 302 a Rdn. 13; Schmidt-Futterer / Blank Rdn. D 116; Bockelmann BT S. 104 f.; mit Hinweis auf § 5 WiStG Lackner § 302 a Anm. 3; Gallas / Schirmeister WM 1978, 81; Maurach / Schroeder S. 456; Dreher / Tröndle § 302 a Rdn. 23; früher schon Roquette Wucher S. 54, 57.

[197] Vertreten u. a. von Sasserath Verhältnis S. 74 ff. und NJW 1972, 1870 f.; für nicht preisgebundenen Wohnraum nach früherem Recht Schmidt-Futterer NJW 1972, 135 und JR 1972, 133; zu § 2 a WiStG a. F. auch Zeitler NJW 1961, 304; Glaser ZMR 1966, 97 f.; LG Köln NJW 1965, 157 ff. mit kritischer Anm. Roquette; vgl. auch BGHSt 11, 182 (184); OLG Stuttgart GA 1957, 189; Tiedemann ZRP 1970, 260: Kostenmiete zuzüglich Toleranzaufschlag.

Vermietergewinns wird der Vermietungswert der Wohnung festgelegt. Auf diese Weise kann nachgeprüft werden, ob der Vermieter einen unangemessenen Gewinn erzielt hat bzw. erzielen wollte. Andererseits läßt sich bei größerem Bauvorhaben nur schwer der Kostenanteil für einzelne Wohnungen oder Wohnungsteile veranschlagen, und bei Altbauten können die Gestehungskosten kaum noch errechnet werden. Zudem ist nach dieser Methode dem, der sorgfältiger kalkuliert und sparsam gebaut hat, für objektiv dieselbe Wohnung ein geringerer Vermietungswert zuzubilligen als dem, der in der Hoffnung, die Wohnung später für jeden Mietzins vermieten zu können und auf jeden Fall auf seine Kosten zu kommen, ohne sachlichen Grund teuerer gebaut hat.

cc) Vereinigungsformel

Nach der Vereinigungsformel sollen konkrete und abstrakte Berechnungselemente miteinander vereint werden. Die ortsübliche Vergleichsmiete soll nur dann voll und ganz als Maßstab dienen, wenn sie selbst nicht übersteigert ist[198], und besonders hohe, unabwendbare Kosten sollen eine Überschreitung der ortsüblichen Vergleichsmiete rechtfertigen[199]; andererseits sollen bei der konkreten Berechnungsweise wirtschaftlich nicht gerechtfertigte, unsinnige Kosten außer Betracht bleiben[200].

Beide Grundberechnungsmethoden in einer gemäßigten, abgeschwächten Form kommen im Regelfall zu demselben Ergebnis[201], da völlig unwirtschaftliche Kosten und Aufwendungen bei beiden Formen keine Berücksichtigung finden, sei es durch Nichtansatz bei den Gestehungskosten, sei es durch Herabsetzung der ortsüblichen Vergleichsmiete. Durch die Korrektur der ortsüblichen Vergleichsmiete wird verhindert, daß ohne sachlichen Grund Schritt für Schritt erhöhte Mietpreise allein wegen ihres tatsächlichen Vorhandenseins zum Vergleichsmaßstab herangezogen werden und faktisch eine nachträgliche Rechtfertigung erfahren.

dd) Stellungnahme

Der abstrakten Methode ist der Vorrang zu geben. Sie führt eher zu einer Gleichbehandlung möglicher Täter, und der Bürger kann aufgrund der zum Teil vorhandenen örtlichen Mietwerttabellen[202] auch

---

[198] BGHSt 11, 182; LG Köln ZMR 1975, 367 f.; LG Heidelberg ZMR 1976, 334; LG Mannheim MDR 1978, 55 (zu § 5 WiStG); vgl. auch LG Mannheim Justiz 1976, 518; Schmidt-Futterer JR 1972, 133 und NJW 1972, 135.

[199] Lackner § 302 a Anm. 3.

[200] BGHSt 11, 182; LG Köln NJW 1976, 120; Schmidt-Futterer NJW 1972, 135.

[201] Vgl. hierzu schon RGSt 74, 345 ff. mit Anm. Bockelmann DR 1941, 326 f.; Preisendanz § 302 a Anm. 5 c.

[202] Vgl. LG Mannheim Justiz 1976, 518 f.

ohne große Schwierigkeiten das Verhältnis von Vermieterleistung zu Mietzins erkennen. Zum anderen kann nur auf diese Weise die äußerst schwierige Beweissituation[203] einigermaßen erträglich gestaltet werden. Bedenken gegen die generalisierende Betrachtungsweise wiegen nicht so schwer, da auch nach der „eingeschränkten" konkreten Methode einzelne Kostenpositionen anhand vergleichbarer Größen bei anderen Mietobjekten überprüft werden und andererseits bei der abstrakten Berechnungsweise bestimmten Umständen des Einzelfalls eine besondere Bedeutung und korrigierende Wirkung zukommt.

ee) Bestimmung der ortsüblichen Vergleichsmiete

Für die Wertermittlung ist also die örtliche Vergleichsmiete für das in Rede stehende Mietobjekt maßgebend. Auch wenn ausführliche örtliche Mietwerttabellen (Mietspiegel) vorhanden sind, ist eine sorgfältige, ins Detail gehende Prüfung erforderlich, ob bei Vergleichsmiete und zu beurteilendem Mietobjekt dieselben preisbeeinflussenden, wertbestimmenden Faktoren vorhanden sind. Bei Abweichungen müssen Zu- oder Abschläge gemacht werden.

aaa) Mietobjektbezogene wertbildende Faktoren

Zu den wert- und preisbeeinflussenden Faktoren gehören Art, Größe, Ausstattung, Beschaffenheit und Lage der Räume sowie damit verbundene Nebenleistungen[204]. Diese Faktoren bilden die Basis der Berechnung der Vergleichsmiete.

bbb) Besondere mietsubjektbezogene Eigenschaften

Neben diesen mietobjektbezogenen Faktoren sind auch Eigenschaften und Verhaltensweisen des Mieters wie die Art der Wohnungsnutzung[205] oder besondere Vermieterrisiken[206] wie häufiger Mieterwechsel, starke Abnutzung von Räumen und sonstige außergewöhnliche Mißhelligkeiten[207] zu berücksichtigen und können im Einzelfall vielleicht sogar eine entscheidende Rolle spielen. Derartige Risiken finden sich in gehäuftem

---

[203] Dähn JZ 1975, 619 und Tiedemann ZRP 1970, 260 weisen zu Recht darauf hin, daß der Nachweis des auffälligen Mißverhältnisses nur in Extremfällen möglich ist.

[204] Vgl. § 5 S. 2 WiStG; zur Anwendbarkeit des § 5 WiStG LG Mannheim Justiz 1976, 518; der Sache nach auch LG Darmstadt NJW 1975, 549 f.; Dreher / Tröndle § 302 a Rdn. 23; Blei BT S. 235; Lackner § 302 a Anm. 3; Schäfer in LK § 302 a Rdn. 35.

[205] Stree in Schönke / Schröder § 302 a Rdn. 13; Schäfer in LK § 302 a Rdn. 35.

[206] LG Darmstadt NJW 1972, 1245; OLG Köln NJW 1976, 120; Schmidt-Futterer NJW 1972, 135, JR 1972, 133 und JR 1974, 277; Stree in Schönke / Schröder § 302 a Rdn. 13.

[207] Vgl. OLG Köln WM 1976, 192; Dreher / Tröndle § 302 a Rdn. 23; Schäfer in LK § 302 a Rdn. 35.

Maße bei Gastarbeitern[208], bei Angehörigen ausländischer Streitkräfte[209] und bei Dirnen[210]. Jedoch muß in jedem Einzelfall die Rechtfertigung eines Zuschlags geprüft werden, die generelle Berücksichtigung eines bestimmten Pauschalbetrags ist nicht angebracht[211].

ccc) Finanzielle Leistungsfähigkeit des Mieters

Umstritten ist, ob die finanzielle Leistungsfähigkeit des Mieters Aufschläge auf die allgemeine ortsübliche Vergleichsmiete rechtfertigt[212]. Da die Gegenleistung vom Gläubigerstandpunkt aus zu bestimmen ist, müssen dessen Vermögensvorteile aus dem Mietgeschäft ermittelt werden. Dafür ist es ohne Bedeutung, ob er den Mietzins von einem wohlhabenden oder von einem finanziell schwachen Mieter bekommt. Seine ungerechtfertigte, übermäßige Bereicherung auf Kosten anderer ist dieselbe. Bei Beachtung des finanziellen Vermieterrisikos müßte man im Gegenteil bei einem finanzschwachen Mieter einen Aufschlag als gerechtfertigt ansehen, weil dort die Realisierung des Mietzinsanspruchs eher gefährdet ist als bei einem wohlhabenden[213].

ff) Beginn der Auffälligkeit

Wann das Mißverhältnis zwischen Vermieterleistung und seinen Vermögensvorteilen als auffällig anzusehen ist, ist letztlich eine reine Wertungsfrage. Als allgemeine Richtlinie hat sich in Rspr. und Literatur[214] die 50 %-Grenze herauskristallisiert. Ein auffälliges Mißverhältnis liegt danach vor, wenn der Wert der Vermögensvorteile des Vermieters den seiner Leistung um mehr als die Hälfte übersteigt. Dieses Kriterium stellt eine anerkannte, nicht zu beanstandende, ausgewogene Richtschnur dar, die vom Grundsatz her eine genaue Unterscheidung und Abgrenzung zuläßt.

---

[208] LG Mannheim Justiz 1976, 518; LG Darmstadt NJW 1972, 1245; OLG Köln WM 1976, 192; Schmidt-Futterer JR 1974, 277.

[209] BGHSt 11, 182 (184); Schmidt-Futterer NJW 1972, 135.

[210] BayObLG GA 1961, 87; Dreher / Tröndle § 302 a Rdn. 23.

[211] So auch Schmidt-Futterer JR 1974, 277 f.; Schmidt-Futterer / Blank Rdn. D 118.

[212] Grds. bejahend BGHSt 11, 182 (184); Dreher / Tröndle § 302 a Rdn. 23; kritisch Stree in Schönke / Schröder § 302 a Rdn. 13; Schmidt-Futterer / Blank Rdn. D 118; ablehnend Sasserath NJW 1972, 1871 und Roquette Wucher S. 58 f. vom Standpunkt aus, daß der Mietwucher ein Sozialwuchertatbestand sei.

[213] s. auch Schäfer in LK § 302 a Rdn. 35.

[214] LG Köln NJW 1965, 157 und ZMR 1975, 367, 369; LG Darmstadt NJW 1972, 1244; LG Mannheim Justiz 1976, 518; OLG Köln NJW 1976, 120; LG Heidelberg WM 1977, 77; Stree in Schönke / Schröder § 302 a Rdn. 15; Gallas / Schirmeister WM 1978, 81; Dreher / Tröndle § 302 a Rdn. 23; Maurach / Schroeder S. 456; a. A. Sasserath NJW 1972, 712, der die Grenze erst bei 100 % ziehen will; wie die h. M. grds. auch Schmidt-Futterer / Blank Rdn. D 119 f., die jedoch bei Wohnraum mit gesetzlicher Preisbindung ein auffälliges Mißverhältnis schon bei einem geringeren Prozentsatz annehmen.

b) Beim Kreditwucher

aa) Bestimmung der Vermögensvorteile des Kreditgebers

aaa) Effektive Jahresverzinsung

Die Höhe der Vermögensvorteile in der Form der vom Kreditnehmer zu erbringenden Leistungen wird bei § 302 a StGB als effektive Jahresverzinsung ausgedrückt[215]. Diese wird errechnet, indem alle auf den Kredit entfallenden, einmaligen oder wiederkehrenden Kosten auf die Gesamtlaufzeit des Kredits verteilt und dann in Prozenten ausgedrückt auf ein Jahr umgelegt werden.

Die Ermittlung der effektiven Jahreszinsbelastung bei langfristigen Krediten ist aufgrund verschiedener Imponderabilien im Einzelfall nur von Fachleuten unter Verwendung finanzmathematischer Methoden durchführbar[216]. Mangels tatsächlicher Bedeutung soll dieses Problem nicht weiter verfolgt werden.

Den Schwerpunkt beim Kreditwucher bilden die Ratenkredite. Bei ihnen sind auch im Hinblick auf § 1 IV der VO über Preisangaben vom 10. 5. 1973[217] verschiedene Formeln zur Berechnung des effektiven Jahreszinssatzes bzw. der Jahreseffektivbelastung[218] entwickelt worden, die es finanzmathematischen Laien ermöglichen, die Zinsbelastung eines Ratenkredits festzustellen.

Die vier folgenden Formeln weichen zwar formell voneinander ab und werden teilweise auch innerhalb der einzelnen Gruppen anders dargestellt, weisen im Ergebnis jedoch kaum nennenswerte Unterschiede auf.

1. Formel[219]:

$$Z = \frac{12 \times \text{monatlicher Abrechnungssatz} \times 2 \times \text{Laufzeitmonate}}{\text{Laufzeitmonate} + 1} +$$

[215] Dreher / Tröndle § 302 a Rdn. 24; Maurach / Schroeder S. 456; Lohmeyer S. 114; kritisch zu dieser Methode bei mittel- und langfristigen Krediten Dreiss / Eitel-Dreiss S. 208 f.

[216] Vgl. Weindlmaier S. 13; Dreiss / Eitel-Dreiss S. 208 f.

[217] BGBl. I S. 461.

[218] Bei den nachfolgenden Formeln, die für Ratenkredite mit monatlicher Ratenzahlung gelten, wird diese Größe mit Z bezeichnet; zur Effektivverzinsung bei Ratenkrediten mit nicht-monatlicher Ratenzahlung s. Lindenmeyer TW 1979, 3/95 f.

[219] Löwe NJW 1974, 2258 Fn. 6; BGH DB 1975, 1933 und NJW 1979, 806; LG Frankfurt NJW 1978, 1926; Krug TW 1977, 4/28; Scholz BB 1977, 1426 Fn. 5; ohne Berücksichtigung der Kreditkosten auch Kessler NJW 1977, 2060; vgl. auch Seckelmann Zs. f. d. ges. Kreditwesen 1979, 97 f., der diese vereinfachte Formel für zu ungenau hält und sie durch finanzmathematisch genauere, aber kompliziertere Formeln ersetzen will; kritisch ebenso Scholz WPM 1980, 325 ff.

$$\frac{12 \times \text{Bearbeitungsgebühr} \times 2}{\text{Laufzeitmonate} + 1}$$

2. Formel[220]:

$$Z = \frac{\dfrac{\text{Gesamtkreditkosten} \times 100}{\text{Gesamtkreditsumme} - \text{Anzahlung}} \times 12}{\dfrac{\text{Laufzeitmonate} + 1}{2}}$$

$$\text{Gesamtkreditkosten} = \text{Kreditzinsen} + \text{Kreditgebühr}$$

$$\text{Kreditzinsen} = \frac{\text{Kreditsumme} \times \text{Kreditzinssatz} \times \text{Laufzeitmonate}}{100}$$

$$\text{Kreditgebühr} = \frac{\text{Kreditsumme} \times \text{Gebührensatz}}{100}$$

3. Formel[221]:

$$Z = \frac{24 \times \text{Prozentsatz der gesamten Kreditkosten}}{\text{Laufzeitmonate} + 1}$$

4. Formel[222]:

$$Z = \frac{(\text{Gesamtkredit} - \text{Nutzkapital}) \times 2400}{\text{Nutzkapital} \times (\text{vertragliche Laufzeitmonate} + 1)}$$

bbb) Einfluß von Vermittlungsprovisionen und Versicherungsprämien

Um ein verzerrtes und dem § 302 a StGB nicht entsprechendes Bild zu vermeiden, ist klarzustellen, welche bzw. wessen Kostenpositionen bei der Berechnung der effektiven Zinsbelastung zu berücksichtigen sind. Beim Kredit und besonders beim Ratenkredit kommt eine Vielzahl von Kostenpositionen vor, wie z. B. Kreditzinsen, Bearbeitungsgebühren, Auskunftsgebühren, Inkassogebühren, Disagio oder Damnum, Vermittlungsprovisionen und -gebühren, Beiträge zur Restschuldversicherung und andere Kosten mehr[223]. Ein kostenerhöhender Effekt im

---

[220] Weindlmaier S. 13; Reifner / Weitz / Uesseler S. 60, 176 Fn. 83; Karbach S. 118 f.; Bundesverband Deutscher Banken test 1974, 10/492; mit verschiedenen Abweichungen im Tatsächlichen und mit Rechenbeispielen Schachtschabel S. 15 ff.

[221] Schwarzbuch I S. 41, 45; Kühne MschrKrim 1977, 112.

[222] Bachmann NJW 1978, 866; KG WPM 1979, 591.

[223] Vgl. nur Weindlmaier S. 12 f.; Stree in Schönke / Schröder § 302 a Rdn. 16; Schwarzbuch I S. 41, 43, 45; Reifner / Weitz / Uesseler S. 176; Karbach S. 38; bzgl. weiterer Kostenpositionen und Verrechnungsmodalitäten scheint in einigen Bereichen des Kreditgewerbes ein auffälliger Erfindungsreichtum an den Tag gelegt zu werden; s. auch BGH NJW 1979, 805 ff., 808 f., 2089 ff. und 2092 ff. und WPM 1980, 860 f. und 893 f.

Ratenkreditwesen liegt darin, daß nicht nur Kreditnehmer und Kreditgeber in das Kreditgeschäft einbezogen sind, sondern daß auf der Kreditgeberseite — für den rechtlich weniger bewanderten Kreditnehmer nur schwer erkennbar — mehrere Personen unmittelbar oder mittelbar am Geschäft beteiligt sind und einen Teil der Gesamtkreditkosten verursachen.

Bei der Berechnung der Effektivverzinsung nach § 1 IV VO über Preisangaben und bei § 138 I, II BGB herrscht Streit, ob auch Vermittlungsgebühren sowie Kosten der Restschuld- und der Kreditversicherung zu berücksichtigen sind[224]. Für § 302 a I StGB gilt folgendes: Diese Norm geht davon aus, daß die ausgetauschten Leistungen eines Geschäfts, die Leistung des Gläubigers und seine Vermögensvorteile, zueinander in Relation zu setzen sind. Der Gesetzgeber hat dabei in erster Linie den unproblematischen Fall im Auge gehabt, daß nur zwei Geschäftspartner am Leistungsaustausch beteiligt sind. Durch Einfügung des Wuchergrundgeschäfts Vermittlung hat er allerdings auch den Fall geregelt, daß auf einer Seite mehrere Personen stehen, die unterschiedliche Leistungen erbringen. Die besondere Berücksichtigung des Vermittlungswuchers hat nur dann einen Sinn, wenn der Vermittler sich nach § 302 a StGB strafbar machen kann, ohne daß das Austauschgeschäft zu beanstanden wäre. Gegen dieses Ergebnis werden — soweit ersichtlich — keine Einwände erhoben. Das bedeutet, daß jedes selbständige Teilgeschäft innerhalb eines größeren wirtschaftlichen Komplexes einer gesonderten Einzelprüfung zu unterziehen ist; die gleichzeitige Durchführung der Geschäfte vermag eine andere Betrachtungsweise nicht zu rechtfertigen. Im Strafrecht gilt der eherne Grundsatz, daß jeder Mensch nur für sein eigenes rechtswidriges und schuldhaftes Verhalten einzustehen hat. Anderes gilt in Teilbereichen des Zivilrechts. Dort kann in bestimmten Bereichen, etwa bei fremdfinanzierten Abzahlungsgeschäften und bei formal selbständigen Rechtsgeschäften innerhalb einer wirtschaftlichen Einheit, das Los eines Vertrags direkte Auswirkungen auf einen anderen haben[225]. Von der Trennung zwischen Vermittlungsgeschäft und Austauschgeschäft im Strafrecht sind sowohl die Rspr. als auch die Lehre bislang immer ausgegangen; anders lassen sich die Schwierigkeiten, das Verhalten des Vermittlers im Rahmen der §§ 302 a ff. StGB a. F. zutreffend zu erfassen, nicht erklären.

---

[224] Vgl. zu diesem Problem BGH DB 1975, 1932 f. und NJW 1979, 806, 2090 und 2093; KG BB 1974, 1505; OLG Nürnberg MDR 1976, 399; OLG München NJW 1977, 152; Ihmels BB 1975, 1510; Canaris NJW 1978, 1895; H. Schulz TW 1977, 1/24; Krug TW 1977, 4/28 f.; Scholz MDR 1976, 281 ff., MDR 1974, 881 Fn. 2 und BB 1974, 1605; Freund NJW 1977, 636; Reich NJW 1977, 636 f.; Bachmann NJW 1978, 885 f.; Reich JZ 1980, 333; Weber NJW 1980, 2062; Harenberg NJW 1981, 100; angesprochen auch in BGH NJW 1981, 1208 f.

[225] Vgl. z. B. BGH NJW 1980, 1156.

Eine weitere Begründung läßt sich heute aus § 302 a I 2 StGB herleiten. Dort ist der unten noch näher zu erörternde Spezialfall geregelt, daß bei einem Geschäft mehrere Personen auf einer Seite mitwirken, die verschiedene Leistungen erbringen, auf die wiederum jeweils unterschiedliche Vermögenvorteile entfallen. § 302 a I 2 StGB hat überhaupt nur dann Sinn und Anwendungsmöglichkeiten, wenn bei einem komplexen Geschäft mit verschiedenartig beteiligten Personen die Leistung des Einzelnen mit den auf seine Leistung entfallenden Vermögensvorteilen verglichen wird[226].

Dem entspricht auch der unterschiedliche Zweck des § 302 a StGB einerseits und des § 1 IV VO über Preisangaben andererseits. Die Strafnorm will verhindern, daß jemand einen schutzwürdigen Dritten übervorteilt, indem er sich unter Außerachtlassung des Äquivalenzprinzips für seine Leistung unverhältnismäßig hohe Vermögensvorteile gewähren läßt. Demgegenüber bezweckt § 1 IV VO über Preisangaben als preispolitische Vorschrift den unmittelbaren Schutz eines jeden Verbrauchers. Dieser soll aufgrund der Berechnung des effektiven Jahreszinses verschiedene Kreditangebote miteinander vergleichen und sich für das für ihn günstigste entscheiden können[227]. Ein solcher Vergleich ist nur möglich, wenn die gesamten Kreditkosten einbezogen und nicht nur Teilbereiche berücksichtigt worden sind.

Im Rahmen des Kreditwuchers sind also bei der Bestimmung der effektiven Verzinsung als der Grundlage für den Vergleich mit dem allgemeinen Zinsniveau nur die Zins- und Kostenpositionen zu berücksichtigen, die sich unmittelbar auf die Kapitalhingabe beziehen und Vergütung und Kosten für die Möglichkeit der Kapitalnutzung durch den Kreditnehmer darstellen; an den Vermittler zu zahlende Vermittlungskosten und an Dritte zu zahlende Versicherungsprämien finden keinen Eingang in die Berechnungsgrundlage[228].

ccc) Anrechenbare Positionen

Gleichwohl verbleiben im Einzelfall noch verschiedenartige Kostenpositionen, die dem Kreditgeber direkt zugute kommen und deshalb zu berücksichtigen sind. Dazu gehören neben den eigentlichen Zinsen diverse Arten von Gebühren und Auslagen, die teils als einmalige, teils als wiederkehrende Kosten für den Kreditnehmer ausgestaltet sind, wie z. B. Bearbeitungs- oder Antragsgebühren, Auskunftsgebühren, Inkasso-

[226] Daß bei Mittäterschaft etwas anderes gelten kann, ist weiter unten näher zu erörtern.

[227] Vgl. dazu BGH WPM 1975, 889, 890 und NJW 1979, 806, 2091; Canaris NJW 1978, 1895; Scholz WPM 1980, 322.

[228] Zum anderen Standpunkt s. bei H. Schulz TW 1979, 2/38 die StA beim LG Stuttgart; Wahl / Lauer Kriminalistik 1979, 240.

gebühren, Wertsicherungseinbehalt und diverse beim Kreditgeber anfallende Provisionen[229].

Beim Darlehen können also eine breite Anzahl verschiedenartiger Kostenpositionen dem Kreditnehmer in Rechnung gestellt werden. Bei jeder einzelnen Position muß geprüft werden, ob dieser Posten sich auf die Leistung des Kreditgebers bezieht und damit auf die Berechnung des Werts der Vermögensvorteile des Kreditgebers Einfluß nehmen kann und muß.

bb) Berechnung der Leistung des Kreditgebers nach der abstrakten Methode

Während nach altem Recht der übliche Zinsfuß als Vergleichsmaßstab für die Leistung des Kreditgläubigers heranzuziehen war, ist im geltenden, durch das 1. WiKG neugefaßte Wucherstrafrecht auf dieses Merkmal verzichtet worden. Die Änderung beruht auf der Erkenntnis, daß der übliche Zinsfuß nicht das allein maßgebende Merkmal sei, sondern ein Faktor neben mehreren anderen[230].

Trotz dieser Änderung ist der Wert der Leistung des Kreditgebers nach abstrakten Kriterien zu bemessen. Als Basis der Berechnung und als Vergleichsmaßstab ist der Zinsfuß zu ermitteln, der im redlichen Geschäftsverkehr für Kredite dieser Ausgestaltung unter Berücksichtigung der zur Tatzeit bestehenden Verhältnisse am Ort verlangt wird[231]. Die Entwicklung und der derzeitige Stand des Zinsniveaus kann zwar für bestimmte Kreditarten den Monatsberichten der Deutschen Bundesbank entnommen werden, diese Übersichten stellen jedoch nur das unspezifizierte Bild der allgemeinen Zinsentwicklung dar, ohne daß ein direkter Vergleich mit einem Kreditvertrag möglich ist, der spezielle und vom „normalen" Kreditvertrag stark abweichende Einzelvereinbarungen enthält[232].

aaa) Genereller Wertmaßstab

Gleichwohl kann aus den Monatsberichten der Deutschen Bundesbank ein genereller Vergleichsmaßstab als Berechnungsbasis hergeleitet werden. Dort werden im statistischen Teil die Sollzinsen für Ratenkredite

---

229 Vgl. dazu Stree in Schönke / Schröder § 302 a Rdn. 16; Dreher / Tröndle § 302 a Rdn. 24; Schwarzbuch I S. 41, 43; Weindlmaier S. 12 f.; Schachtschabel S. 18; Reifner / Weitz / Uesseler S. 175.

230 RegE S. 41; Schachtschabel S. 25 ff.; Kohlmann S. 16; in Prot. VII Kisseler S. 2575 und Göhler S. 2802.

231 Vgl. Stree in Schönke / Schröder § 302 a Rdn. 16; Zirpins / Terstegen S. 437; Lackner § 302 a Anm. 3; Kühne MschrKrim 1977, 112; siehe auch Schachtschabel S. 25 f.; zum früheren Rechtszustand RGSt 60, 216 (218); Binding S. 458; zurückhaltender Dreher / Tröndle § 302 a Rdn. 24; Schäfer in LK § 302 a Rdn. 38; kritisch Winter TW 1979, 2/42 f.

232 s. dazu insb. Kessler TW 1979, 6/252 ff. und BB 1979, 1423 ff.

von 2000 DM bis 5000 DM mit Laufzeiten von 12 bis 24 Monaten einschließlich publiziert. Die Tabelle weist für diesen Geschäftsbereich der Banken Durchschnittszinssätze sowie die zugehörige Streubreite der Zinsmeldungen aus. Die Durchschnittssätze sind als ungewichtetes arithmetisches Mittel aus den innerhalb der Streubreite liegenden Zinsmeldungen errechnet. Die Streubreite wird ermittelt, indem jeweils 5 % der Meldungen mit den höchsten und den niedrigsten Zinssätzen ausgesondert werden[233]. Wenn auch gegenüber dieser Zinsstatistik als Teilerhebung im einzelnen Bedenken geltend gemacht werden können[234], gibt sie doch einen allgemeinen Überblick über die Zinshöhe bei einem Teilbereich der Ratenkredite, aus dem auf das Gesamtniveau der Bankzinsen geschlossen werden kann. Da die Statistik die für die große Mehrzahl der Bankkunden gültigen Zinssätze bei typischen Geschäften widerspiegelt[235], ist sie generell als Vergleichsmaßstab geeignet.

Innerhalb dieser Zinsstatistik bietet sich zunächst der Schwerpunktzinssatz für Ratenkredite als Bewertungsgrundlage an. Unter Schwerpunktzinssatz ist der Zinssatz zu verstehen, der von der Mehrzahl der berichtenden Banken am häufigsten abgerechnet wird[236]. Den Mittelwert dieses Schwerpunktzinssatzes, der aufgrund der besonderen Darstellungsweise in der Zinsstatistik eine gewisse Spanne hat, sieht Schachtschabel[237] als den üblichen Zins an. Durch einen bestimmten, nicht näher begründeten Aufschlag will er eine Grenze für das Überschreiten des Üblichen ermitteln und damit den relevanten Vergleichswert feststellen[238]. Eine vergleichbare Alternative liegt darin, den Vergleichswert durch einen Aufschlag auf den durchschnittlichen Zinssatz zu bestimmen. Zwar entspricht der Durchschnittszinssatz insoweit nicht ganz den realen Verhältnissen, als zu seiner Errechnung jeweils 5 % der Meldungen mit den höchsten und den niedrigsten Zinssätzen nicht berücksichtigt werden; dies ist jedoch weniger schwerwiegend, da bei Berücksichtigung aller gemeldeter Sätze der Durchschnittssatz lediglich um 0,01 bis 0,02 Prozentpunkte höher läge[239, 240].

---

233 Auskunft der Deutschen Bundesbank; weitere methodische Anmerkungen in Monatsberichte der Deutschen Bundesbank Oktober 1967, 50 f. und Januar 1969, 10.

234 Vgl. Kessler TW 1979, 6/252 ff.; Scholz WPM 1979, 1247 ff.; Kochendörfer NJW 1980, 215 f.; Löwe NJW 1980, 2079 f.

235 Auskunft der Deutschen Bundesbank.

236 Monatsberichte der Deutschen Bundesbank Oktober 1967, 46.

237 S. 26 ff.; ebenso Urteil OLG Stuttgart vom 24. April 1979 — 6 U 169/78 — S. 12, 19 ff.; vgl. auch Urteil OLG Hamm vom 22. Februar 1980 — 11 U 263/79 — S. 4 ff.

238 Schachtschabel S. 26, 28.

239 Auskunft der Deutschen Bundesbank.

240 Zu vergleichbaren Lösungen im Ausland Rühle S. 74 ff.

Beide Berechnungsmodalitäten sind aber abzulehnen. Durch die Fixierung auf einen bestimmten Wert wird außer acht gelassen, daß der angemessene Preis für eine Leistung in unserer Wirtschaftsordnung eine gewisse Bandbreite aufweist, die einen Leistungswettbewerb ermöglicht; die Festlegung auf einen ganz bestimmten Punktwert läuft dem entgegen. Zum anderen wird die Höhe des „bestimmten" Aufschlags auf den Grundwert, der unbedingt erforderlich ist, willkürlich festgelegt[241]. Auch werden zu seiner Begründung Umstände mit herangezogen, die für die Abweichung des Einzelfalls vom Normalfall von Bedeutung sind.

Entscheidender Anknüpfungspunkt ist die Streubreite der Zinssätze. In ihr kommt deutlich zum Ausdruck, in welchem Bereich sich der angemessene Zinssatz bewegt. Ihr oberster Wert ist als die Obergrenze des Üblichen, Angemessenen anzusehen. Bei seiner Überschreitung beginnt das Mißverhältnis von Vermögensvorteilen und Leistung. Diese Grenzziehung ist ausgewogen, da sie die Spitzenzinssätze in vertretbarem Maße unberücksichtigt läßt. Sie kann von jedem problemlos ermittelt werden. Da dieser Wert den Zinssatz in % pro Monat ohne Berücksichtigung einer Bearbeitungsgebühr angibt, ist er unter Einbeziehung einer von allen Banken erhobenen Bearbeitungsgebühr von 2 % der Kreditsumme in einen Jahreseffektivzinssatz umzurechnen.

Daneben kommt den speziellen Konditionen eine überragende Bedeutung zu, da die Zinsstatistik nur einen generellen Überblick verschafft und nur ihre Berücksichtigung einen genauen Vergleichsmaßstab für entsprechende Kreditgeschäfte im redlichen Geschäftsverkehr erbringen kann. Weist das Vergleichsdarlehen nicht dieselben wertbeeinflussenden Faktoren auf wie der zu überprüfende Vertrag, müssen Zu- oder Abschläge gemacht werden. Alle Umstände des Einzelfalls sind in die Gesamtbewertung einzubeziehen.

bbb) Konkrete Ausgestaltung des Kreditvertrags

Für die Ermittlung einer im Einzelfall angemessenen Verzinsung ist die Höhe des Kredits ein unmittelbar relevantes Merkmal[242]. Je niedriger der Kredit, desto höher kann die angemessene Zinsbelastung sein. Dies erklärt sich aus den berücksichtigungsfähigen Kostenpositionen, die nicht prozentual, sondern als feststehender Betrag ausgeworfen werden und somit von der Kredithöhe unabhängig sind.

Ein weiterer erheblicher Faktor ist die Laufzeit des Kredits[243]. Dies wird besonders deutlich bei kurzfristigen Krediten, die nur für wenige

[241] Schachtschabel S. 26: etwa 1½fache; S. 29: X-fache, z. B. 1½.

[242] RGSt 3, 218 (220); 4, 390 (392); Lackner § 302 a Anm. 3; Stree in Schönke / Schröder § 302 a Rdn. 16; Caro S. 96.

[243] RGSt 3, 218 (220); RG Recht 1902, 376 f.; Dreher / Tröndle § 302 a Rdn. 24; Samson in SK § 302 a Rdn. 23; Friemel S. 77; Blei JA 1976, 814; Göhler Prot. VII S. 2802.

Tage gegeben werden. Der angemessene Zinssatz ist höher als durchschnittlich, um einem Kreditgeber nicht jeden Anreiz zur Gewährung eines derartigen Kredits zu nehmen[244].

Fehlende oder nur geringe Sicherheiten können ebenfalls eine Erhöhung des Zinssatzes rechtfertigen[245]. Je geringer die vom Darlehensnehmer gebotenen Sicherheiten sind, desto größer ist das Risiko des Kreditgebers, daß er vom Vertragspartner bei eintretender Zahlungsunfähigkeit oder gar Konkurs weder Kapital noch Zinsen bekommt.

Schließlich kann noch von Bedeutung sein, wie sich Teilzahlungen auf Zinsen und Kapital auswirken.

ccc) Persönliche Verhältnisse des Kreditnehmers

Auch besondere Verhältnisse des Kreditnehmers wie Art und Höhe der Einkünfte und sonstige, die Kreditwürdigkeit beeinflussende Umstände können das angemessene Zinsniveau nach oben oder nach unten verändern. Bei negativen Umständen dieser Art kann eine besondere Risikoprämie angemessen sein und zur gerechtfertigten Erhöhung der Zinsbelastung beitragen[246].

ddd) Besonderheiten auf der Seite des Kreditgebers

Fraglich ist, ob auch besondere Umstände auf der Kreditgeberseite die angemessene Verzinsung im Einzelfall beeinflussen dürfen, indem bei verschiedenen Gruppen von Kreditgebern verschiedene Zinssätze als angemessen und als Vergleichsmaßstab verwendet werden können. Wie Untersuchungen ergeben haben, ist in der Kreditbranche bei verschiedenartigen Kreditinstituten tatsächlich ein unterschiedliches Zinsniveau für Ratenkredite feststellbar[247].

Nach den Untersuchungen ist der Zinssatz bei den Teilzahlungsbanken überdurchschnittlich hoch. Diese Tatsache wird mit erhöhten Refinanzierungs- und anderen Kosten sowie Risiken begründet, die sich im Preis für ihre Kredite niederschlagen müßten[248]. Diese Argumentation weist

---

[244] In RGSt 3, 218 (220) ist entschieden, daß bei einem Darlehen von 60 M auf 14 Tage eine Entschädigung von 6 M nicht zu hoch sei, obwohl dies einer Verzinsung von 210 % bei einem normalen Zinsfuß von 5 % entspreche.

[245] RG GA 52 (1905), 403 f.; RG DStrR 1938, 241 f.; Schäfer in LK § 302 a Rdn. 38; Caro S. 90 f.; Blei JA 1976, 814; Maurach / Schroeder S. 456; RegE S. 41.

[246] RG HRR 1935, Nr. 400; RGSt 4, 390 (392); 60, 216 (221); RG JW 1935, 531; Schäfer in LK § 302 a Rdn. 38; Stree in Schönke / Schröder § 302 a Rdn. 16; Dreher / Tröndle § 302 a Rdn. 24; Kisseler Prot. VII S. 2575; früher schon Binding S. 458; zu einer Möglichkeit der Berechnung s. Weber NJW 1980, 2064.

[247] Vgl. test 1971, 523 (auszugsweise bei Ihmels BB 1975, 1510 Fn. 5) und die Übersicht in test 1979, 2/17; auch Kühne MschrKrim 1977, 114; zur generellen Beachtung von Teilmärkten s. Samson in SK § 302 a Rdn. 22 ff.

[248] D. Schmidt Prot. VII S. 2572; vgl. auch OLG Köln NJW 1968, 1935 zu § 138 BGB; OLG Zweibrücken TW 1980, 1/23; OLG Frankfurt TW 1980, 1/27;

in die Richtung der auch im Strafrecht vertretenen Auffassung[249], daß bei der Bestimmung des auffälligen Mißverhältnisses beim Darlehen die wirtschaftlich vertretbaren Gestehungskosten mit zu berücksichtigen seien.

Diese Begründung kann m. E. den jetzigen Zustand nicht rechtfertigen und zu unterschiedlichen, nach Kreditinstitutgruppen gestaffelten Vergleichszinssätzen führen. Zum einen können auch Teilzahlungsbanken Kredite zu günstigen Konditionen vergeben, die denen bei Großbanken, Sparkassen und Volksbanken entsprechen oder doch nahezu gleichstehen[250]. Auch Teilzahlungsbanken scheinen also voll konkurrenzfähig zu sein, wenn sie richtig kalkulieren und von der üblichen Gewinnmarge ausgehen[251].

Zum anderen ist auf den schon beim Mietwucher angesprochenen Gesichtspunkt hinzuweisen: Hat jemand so hohe Gestehungskosten, daß er, um Verluste zu vermeiden, nur zu erhöhten Preisen anbieten kann, muß er das Geschäft gegebenenfalls unterlassen. Können also einzelne Teilzahlungsbanken oder andere Kreditinstitute das allgemein als angemessen angesehene Zinsniveau nicht halten, sind sie nicht konkurrenzfähig und dürfen ihre Kredite nicht zu Konditionen vergeben, nach denen bei dem angemessenen Zinsniveau als Maßstab ein auffälliges Mißverhältnis vorliegt.

Im übrigen ist unverständlich, daß gerade seitens der Teilzahlungsbanken die Anhebung der Effektivverzinsung auf erhöhte, nicht in anderen Sparten auffangbare Kosten zurückgeführt wird. Teilweise berechnen Teilzahlungsbanken verschiedene Zinssätze, je nachdem, ob der Kredit mit oder ohne Hilfe eines Kreditvermittlers zustande gekommen ist. Wie der Untersuchung der Stiftung Warentest[252] zu entnehmen ist, wird häufig bei vermittelten Kreditverträgen ein höherer Zinssatz für den Kredit verlangt als bei den unvermittelten. Geht man davon aus, daß bei Vereinbarung des niedrigeren Zinssatzes das Kreditinstitut kostendeckend und gewinnbringend wirtschaftet, sind Auf-

---

Scholz BB 1974, 1605, BB 1977, 1426 und TW 1978, 2/6 sowie TW 1980, 1/10, 12 f.; Kessler TW 1980, 1/17 f.; Winter TW 1979, 2/44; ohne Verfasser TW 1979, 5/196; kritisch und eher ablehnend Kühne MschrKrim 1977, 110 f. und 114; Ihmels BB 1975, 1511; Harenberg NJW 1981, 100; Weber NJW 1980, 2062 f.; vgl. auch BGH NJW 1981, 1208.

249 Schäfer in LK § 302 a Rdn. 38; Stree in Schönke / Schröder § 302 a Rdn. 16; Dreher / Tröndle § 302 a Rdn. 24; Blei JA 1976, 814, aber auch BT S. 236; Friemel S. 77 f.; vgl. auch RGSt 60, 216 (219, 221); RG JW 1935, 531; anders BGH NJW 1979, 2090 zu § 138 I BGB.

250 Vgl. test 1979, 2/17.

251 Vgl. im übrigen Scholz TW 1978, 2/6.

252 test 1979, 2/16 unter Vergleich der Zinskosten S. 17 einerseits und S. 18 ff. andererseits; vgl. auch Karbach S. 63 ff.; Reifner / Weitz / Uesseler S. 172; Kühne MschrKrim 1977, 113; s. aber auch Löwe NJW 1980, 2079.

schläge bei vermittelten Krediten jedenfalls aus Kostengesichtspunkten heraus nicht begründet und bedingen eine künstliche, ungerechtfertigte Anhebung des Zinses.

Diese Geschäftspraxis kann auch nicht mit besonderen Risiken bei Teilzahlungsbanken begründet werden, denn die vermittelten Kredite sind für die Teilzahlungsbanken nicht unsicherer als die unvermittelten. Zum einen übernehmen die Kreditvermittler teilweise die Bürgschaft für die Schuld der Kreditnehmer[253], zum anderen pflegen auch Teilzahlungsbanken ihre Verträge durch anderweitige Sicherheiten wie Gehaltsabtretungen, sonstige Zessionen und Bürgschaften, Sicherungsübereignungen und Versicherungen wie Restschuld- und Lebensversicherungen abzusichern[254].

Bei dieser Sachlage ist es nicht gerechtfertigt, für verschiedene Kreditgebergruppen unterschiedliche Zinsen als Vergleichsmaßstab heranzuziehen. Vielmehr ist ein einheitlicher für alle Kreditgeber zu ermitteln. Dadurch wird auch verhindert, daß sich für bestimmte Kreditgebergruppen Sondermaßstäbe herauskristallisieren und Sondermärkte bilden. Andernfalls würden Teilbereiche der Ahndung nach § 302 a StGB entzogen, sofern nicht dieses erhöhte Niveau nochmals erheblich überschritten würde. Durch übereinstimmende Änderung der tatsächlichen Gegebenheiten durch alle Beteiligten würden diejenigen den Vergleichsmaßstab festsetzen, deren Verhalten am Vergleichsmaßstab gemessen werden soll[255]. Es genügt, den obersten Wert der Streubreite als den generell gerade noch angemessenen Wert anzusehen.

eee) Zweck des Kreditgeschäfts

In der Rspr.[256] und Literatur[257] wird zum Teil die Meinung vertreten, Wesen und Zweck des Kredits sollten die Höhe des üblichen, angemessenen Zinses als Vergleichsmaßstab beeinflussen. Ohne nähere Erläuterung bleibt, was in diesem Zusammenhang mit „Wesen und Zweck des Geschäfts" gemeint ist und warum es den behaupteten Einfluß haben soll.

Der allgemeine Zweck des Darlehens, nämlich Befriedigung eines gegenwärtigen Geldbedürfnisses[258], kann damit nicht gemeint sein, da

[253] Vgl. Karbach S. 35, 63.

[254] test 1979, 2/16 ff.; vgl. auch Kühne MschrKrim 1977, 111; Reifner / Weitz / Uesseler S. 113 ff., 172; Karbach S. 34 f.

[255] So auch Urteil OLG Stuttgart — 6 U 169/78 — vom 24. April 1979 S. 16 ff., teilweise zitiert bei Winter TW 1979, 2/40; Urteil OLG Hamm — 11 U 263/79 — vom 22. Februar 1980 S. 6 f.; vgl. auch BGH WPM 1980, 861 und 894 sowie Reich JZ 1980, 334.

[256] RGSt 23, 121 (122); 60, 218.

[257] Dreher / Tröndle § 302 a Rdn. 24; Lackner § 302 a Anm. 3; Schäfer in LK § 302 a Rdn. 38; Zirpins / Terstegen S. 437.

[258] Vgl. Frank § 302 a Anm. II m. w. N.

dieser Zweck einem jeden Darlehensgeschäft zugrunde liegt. Folglich kann nur auf die Verwendungsabsicht des Kreditnehmers bezug genommen sein. Was dieser jedoch mit der Darlehensvaluta zu unternehmen gewillt ist, hat für die Leistung des Kreditgebers keine Bedeutung; die Aufteilung in Produktiv- und Konsumtivdarlehen, die früher häufig gezogen wurde[259], ist irrelevant für die Bewertung der Leistung des Kreditgebers. Der Verwendungszweck kann allenfalls insofern eine mittelbare Bedeutung erlangen, als mit dem Geld Werte erworben werden, mit Hilfe derer dem Kreditgeber Sicherheiten gewährt werden können. Dieser Umstand ist jedoch schon an anderer Stelle berücksichtigt worden.

cc) Beginn der Auffälligkeit

Bislang nur unbefriedigend gelöst ist die Frage, wann ein auffälliges Mißverhältnis zwischen Leistung und Vermögensvorteilen anzunehmen ist. Zwar hat die Rspr. in Einzelfällen entschieden, daß der konkrete Effektivzins gegenüber der Leistung des Kreditgebers im auffälligen Mißverhältnis stand, und im Anschluß daran ist in der Literatur, sofern man hierzu überhaupt Stellung nimmt, als Grenzwert ein effektiver Jahreszins von 30—40 % angegeben[260]. Nach der hier vertretenen Ansicht kann aber einer derartigen Festlegung des auffälligen Mißverhältnisses nicht gefolgt werden. Zum einen ist die Auffassung zu undifferenziert, da neben der Leistung des Kreditgebers auch Leistungen Dritter berücksichtigt werden. Zum anderen begegnet diese Grenzwertbestimmung prinzipiellen Bedenken. Es mag im Einzelfall zutreffend sein, daß bei einem effektiven Zinssatz von 30 % ein auffälliges Mißverhältnis zwischen Leistung und Vermögensvorteilen anzunehmen ist. Vom Grundsatz der generalisierenden Betrachtungsweise ist ein absoluter Zinssatz jedoch nur ein Anhaltspunkt, der zur Überprüfung des Darlehensgeschäfts Anlaß gibt. Bei der oben dargestellten Vielfalt von Kreditgeschäften mit unterschiedlichen, bewertungsrelevanten Einzelkonditionen und Abweichungen vom Normalfall kann nicht ab einem absoluten Zinssatz ein auffälliges Mißverhältnis angenommen werden. Zudem müssen Vermögensvorteile und Leistung zueinander in Relation gesetzt werden, um ein Mißverhältnis zwischen ihnen ermitteln zu können. Mißverhältnis bedeutet, daß zwischen beiden Werten ein be-

---

[259] Vgl. nur Peschke Zinswucher S. 34 f.; Friedmann S. 53; v. Liszt / Schmidt S. 685.

[260] Wohl jeweils mit Berücksichtigung aller anfallenden Kosten wie auch Vermittlungsgebühren, Provisionen und Versicherungsprämien: Karbach S. 41; Göhler Prot. VII S. 2574; Schäfer in LK § 302 a Rdn. 38 f.; vgl. die Einstellungsverfügung der StA beim LG Stuttgart, teilweise zitiert bei H. Schulz TW 1979, 2/38; s. auch Stree in Schönke / Schröder § 302 a Rdn. 16; LG Freiburg BB 1979, 1004; KG BB 1974, 1505 und 1979, 448 f.; LG Berlin BB 1978, 15; zu § 138 BGB vgl. auch Weber NJW 1980, 2062 m. w. N., 2064.

stimmtes Verhältnis bestehen muß. Die Aussage „wucherische Bedingungen bei X %“ läßt allein nicht auf ein solches Mißverhältnis schließen, da nur einer von zwei Werten angegeben ist, der Vergleichswert jedoch fehlt. Die Aussage wäre sinnvoll und vollständig, wenn sie lautete: „Ein auffälliges Mißverhältnis ist bei einer Effektivverzinsung von X % anzunehmen, wenn der als Vergleichsmaßstab heranzuziehende Zinssatz Y % beträgt.“ Nur daraus läßt sich das Verhältnis bzw. Mißverhältnis von Vermögensvorteilen und Leistungen entnehmen. Fehlt der zweite Halbsatz, wird nicht deutlich, wieso gerade bei X % der zulässige Grenzwert überschritten ist. Man findet ohne eigentliche Begründung ein Ergebnis, das hier und heute vielleicht zutrifft. Es kann jedoch nur solange Bestand haben, als sich am allgemeinen Zinsgefüge und damit auch am Vergleichsmaßstab nichts ändert.

Das auffällige Mißverhältnis ist vielmehr wie folgt zu bestimmen: Zunächst ist ausgehend vom allgemeinen, angemessenen Zinsniveau unter Berücksichtigung aller relevanten Bewertungsfaktoren des Einzelfalls ein effektiver Jahreszinssatz als Wert der Leistung des Kreditgebers zu ermitteln. Mit diesem angemessenen effektiven Jahreszinssatz ist der für das zu beurteilende Geschäft errechnete effektive Jahreszinssatz zu vergleichen. Für das Vorliegen eines auffälligen Mißverhältnisses ist entscheidend, in welchem Maße der vereinbarte Zinssatz den angemessenen Zinssatz übersteigt[261]. Im Einklang mit den Ausführungen beim Mietwucher ist ein auffälliges Mißverhältnis zwischen Leistung und Vermögensvorteilen des Kreditgebers durchweg dann anzunehmen, wenn der vereinbarte Zinssatz den angemessenen Zinssatz um mehr als 50 % übersteigt[262]. Bei einer Zinsbelastung von 20 %, bezogen nur auf die Gewährung des Kredits ohne Leistungen Dritter, kann also je nach der Lage auf dem Kapitalmarkt und den konkret ausgehandelten Bedingungen in einem Fall ein auffälliges Mißverhältnis angenommen werden, in einem anderen Fall jedoch noch nicht[263].

Die hier vertretene Auffassung beinhaltet eine flexible, dem Kapitalmarkt angepaßte Lösung und ermöglicht eine wirksame Bekämpfung des Kreditwuchers. Das Abgehen von einem absoluten Maßstab (30 bis 40 %) hat allerdings den faktischen Nachteil, daß die Ermittlung des angemessenen Zinses eines nicht immer einfachen Berechnungsverfah-

---

[261] s. auch G. Schmidt GA 1979, 131 f.

[262] So auch Kühne MschrKrim 1977, 114; das OLG Stuttgart, Urteil vom 24. April 1979 — 6 U 169/78 — S. 8, ihm folgend Bachmann NJW 1979, 2082, 2083, nimmt ein für § 138 I BGB ausreichendes grobes Mißverhältnis an, wenn der Schwerpunktzins für Teilzahlungskredite um mehr als 100 % überschritten wird; vgl. auch Urteil des OLG Hamm vom 22. Februar 1980 — 11 U 263/79 — S. 4, 7 f.

[263] Vgl. dazu früher schon Löwenstein S. 457.

rens mit unterschiedlich zu gewichtenden Einzelumständen bedarf. Im Interesse einer dem Einzelfall gerecht werdenden Entscheidung kann hiervon jedoch nicht entbunden werden.

c) Beim allgemeinen Leistungswucher

Da zum Leistungswucher die unterschiedlichsten, nicht von den anderen Wucherarten erfaßten Wuchergrundgeschäfte gehören, können im folgenden nur einige Grundsätze und charakteristische Probleme dargestellt werden.

aa) Objektiver Verkehrswert — Marktpreis

Auch hier ist die grundsätzliche Frage zu klären, ob die zu erbringende Leistung nach einem generellen Maßstab, etwa dem objektiven Verkehrswert, Marktpreis oder dem üblichen Entgelt, zu bemessen ist[264] oder ob eine konkrete Kostenberechnung mit Einbeziehung von Gestehungskosten und angemessenem Gewinn der maßgebliche Ausgangspunkt sein soll[265]. Aus den bereits oben bei Miet- und Kreditwucher angestellten Erwägungen ist der ersten Meinung zu folgen. Nur sie ist für beide an einem möglichen Wuchergeschäft beteiligten Parteien transparent und verhindert, daß durch Vermehrung von Kosten, deren wirtschaftliche Berechtigung nur schwer oder gar nicht nachzuprüfen ist, der Wert der Leistung in ungerechtfertigter Weise zugunsten des Übervorteilenden angehoben wird. Bei einzelnen Leistungen ist jedoch der objektive Verkehrswert, der allgemeine Marktpreis nicht immer leicht zu bestimmen. Schon bei Kaufverträgen über Markenartikel sind, wie den entsprechenden Untersuchungen der Stiftung Warentest[266] und ähnlichen Organisationen entnommen werden kann, für identische Produkte Preisschwankungen bis zu 100 % feststellbar. Bei anderen Produkten und vor allem bei Leistungen, die außerhalb des Bereichs der Kaufverträge und anderer Massengeschäfte erbracht werden, dürfte die mögliche Differenz noch größer sein. Aber in allen Fällen ist eine gewisse Bandbreite feststellbar, innerhalb derer sich der dem Markt angemessene Preis bewegt. Eine derartige Bandbreite ist ein Spiegelbild unserer freien Marktwirtschaft. Sie läßt die Möglichkeit offen, Leistungswettbewerbe auf der Ebene des Preises durchzuführen, und stellt damit keinen Fremdkörper, sondern ein von unserer Marktordnung gedecktes

---

[264] So z. B. RGSt 45, 197 (198); Stree in Schönke / Schröder § 302 a Rdn. 18; Fuld Wuchergesetz S. 41 f.; Dreher / Tröndle § 302 a Rdn. 25; Schäfer in LK § 302 a Rdn. 40; Lohmeyer S. 114; v. Tietzen und Henning S. 16 f.; differenzierend Samson in SK § 302 a Rdn. 4 f. und 22 ff.; vgl. auch BGH NJW 1979, 758, 759.

[265] In diesem Sinn z. B. RGSt 74, 345 (346); BGHSt 11, 182 (184) zu § 302 e StGB a. F.; OLG Stuttgart GA 1957, 189; Niethammer S. 369.

[266] Z. B. test 1975, 1/23—30, 2/57; 1976, 1/9 sowie andere Untersuchungen.

Phänomen dar[267]. Die obere Grenze des Bereichs marktangemessener Preis ist als der für die Ermittlung des auffälligen Mißverhältnisses relevante Wert anzusehen. Als Bewertungsobjekt ist nur, aber auch alles das anzusehen, was der Wucherer zu erbringen hat, worauf sein Vertragspartner nach den getroffenen Vereinbarungen einen Anspruch gegen ihn hat[268]. Auch beim Leistungswucher können vom Normalfall abweichende Umstände, wie z. B. besondere Geschäftsrisiken[269], Einfluß auf die Bestimmung des Werts der Leistung haben.

bb) Besondere Geschäfte des allgemeinen Leistungswuchers

Besondere Aufmerksamkeit verdienen Geschäfte, bei denen aufgrund besonderer Umstände nicht ohne weiteres ein angemessener Vergleichsmaßstab festgelegt werden kann.

aaa) Nichtwirtschaftliche Leistungen

Dies gilt zunächst für Geschäfte über nichtwirtschaftliche Leistungen wie z. B. Fluchthilfe-, Lebensrettungs- und Prostitutionsgeschäfte. Aus der Sicht des Bewucherten könnten die Vermögensvorteile, die sich ein Fluchthelfer oder ein Lebensretter versprechen läßt, den Wert der Leistung, Verschaffung der Freiheit und Rettung des Lebens, an sich nicht übersteigen, da Freiheit und gar Leben kaum bezahlbar sind. Das Mißverhältnis ist jedoch vom Gläubigerstandpunkt aus zu betrachten. Es ist als Vergleichsmaßstab der Wert anzunehmen, der „im redlichen Verkehr“ für das Erbringen dieser speziellen nichtwirtschaftlichen Leistung unter den konkreten Bedingungen verlangt werden kann. Nicht der Wert des besorgten Geschäfts, sondern der Wert der Geschäftsbesorgung ist von ausschlaggebender Bedeutung. Auch hier wird sich eine gewiß nicht zu eng bemessene Bandbreite ergeben, deren obere Grenze als relevanter Wert der Leistung angesehen werden muß.

bbb) Geschäfte mit Liebhaberinteresse

Bei Geschäften mit Liebhaberinteresse über Antiquitäten, Münzen und sonstige wertvolle Sammelobjekte bestimmt häufig das Affektionsinteresse des Käufers den Verkaufspreis. Selbst an sich wertlose Gegenstände wie abgestempelte Briefmarken oder eine uralte Münze aus unedlem Metall haben für Sammler und Liebhaber einen Wert, der zum Material- und Nutzungswert in keinem Verhältnis steht. Diese Fakten können nicht einfach übergangen werden. Deshalb ist das Affektions-

---

[267] Vgl. dazu Kisseler Prot. VII S. 2575; auch Dreiss/Eitel-Dreiss S. 195, 208; Pardo S. 57; G. Schmidt GA 1979, 141; zur Definition des Preises s. auch Finger GS 90 (1924), 304.

[268] RGSt 29, 78 (84 f.); Niethammer S. 369; Schäfer in LK § 302 a Rdn. 40; Stree in Schönke / Schröder § 302 a Rdn. 18.

[269] Vgl. LG Nürnberg-Fürth NJW 1959, 438 f. (zu § 138 II BGB) mit zustimmender Anm. Brangsch.

interesse des Käufers bei der Bewertung der Verkäuferleistung entsprechend zu berücksichtigen[270]. Einen Anhalt bieten die Preise bei regelmäßigen Auktionen[271] sowie in Spezial- und Fachkatalogen.

ccc) Geschäfte in der Vergnügungs- und Unterhaltungsindustrie

Eine Sonderstellung nehmen auch Geschäfte in der Vergnügungs- und Unterhaltungsindustrie im weiteren Sinne ein. Dort sind z. T. Preise üblich, die außerhalb dieser „Szene" kaum zu erreichen sind. Man denke zum Beispiel an den Preis für eine Flasche Sekt auf Sankt Pauli oder in einem anderen Vergnügungsviertel, an die Gage eines Schlagerstars für einen 10minütigen Auftritt im Abendprogramm des Fernsehens oder auch an Gehalt und Prämien eines Fußballers, der mit seiner Mannschaft soeben den Europapokal gewonnen hat. Hier die „normalen" Maßstäbe anzulegen hieße, an der Wirklichkeit vorbeizugehen. Vielmehr ist von den tatsächlichen Verhältnissen angepaßten Maßstäben auszugehen[272].

ddd) Zusammenfassung

Bei den vorgenannten Geschäften finden besondere Umstände erhöhte Beachtung. Gleichwohl bleibt als grundsätzliche Bewertungsbasis der Vergleich mit dem Angemessenen und Üblichen bestehen. Dieser Maßstab ist nur nicht den „Normalgeschäften" des täglichen Lebens zu entnehmen, sondern dem jeweiligen Teilbereich mit identischen oder doch nahezu gleichwertigen Bedingungen.

cc) Auswirkung von Preisregeln und Preisbindung

Geht man vom Üblichen, generell Angemessenen aus, limitieren die Obergrenzen von Preisregeln, Preisbindungen, Taxen oder Gebührenordnungen zugleich den angemessenen Wert der Leistung[273].

dd) Beginn der Auffälligkeit

Ein auffälliges Mißverhältnis ist auch beim allgemeinen Leistungswucher grds. dann anzunehmen, wenn die Vermögensvorteile den Wert der Leistung um mehr als 50 % übersteigen[274].

---

270 Ebenso Stree in Schönke / Schröder § 302 a Rdn. 18; Sturm JZ 1977, 85; Göhler Prot. VII S. 2792; a. A. Preis S. 51; Fuld Wuchergesetz S. 42; Schäfer in LK § 302 a Rdn. 40.

271 Vgl. Dreher / Tröndle § 302 a Rdn. 25.

272 So auch Göhler Prot. VII S. 2794; vgl. Schäfer in LK § 302 a Rdn. 40.

273 Ebenso Dreher / Tröndle § 302 a Rdn. 25; Schäfer in LK § 302 a Rdn. 40; Bockelmann DR 1941, 326 f.; a. A. von einer anderen Grundposition aus wohl RGSt 74, 345 (347); BGHSt 11, 182 (183 f.); vgl. auch Dähn JZ 1975, 620.

274 Vgl. dazu RGSt 74, 345 (349); zum Zivilrecht Rühle S. 42 m. w. N.

d) Beim Vermittlungswucher, insb. beim Kreditvermittlungswucher

Während dem Vermittlungswucher insgesamt eine wohl nur untergeordnete Bedeutung zukommt, ist auf dem Gebiet der Kreditvermittlung eine gegenläufige Tendenz feststellbar. Durch die teilweise dubiose Symbiose von Kreditvermittlern und Kreditgebern hat sich in Teilbereichen ein Mißstand entwickelt, der besonderer Beachtung bedarf[275].

aa) Ortsübliches Entgelt

Bei der Bestimmung des auffälligen Mißverhältnisses beim Vermittlungswucher ist ebenfalls von einem generalisierenden Maßstab auszugehen, dem ortsüblichen Entgelt[276]. Für diese Vergleichsgröße ist der Wert der Vermittlung maßgebend; das vermittelte Geschäft kann allerdings für den Wert der Vermittlung von Bedeutung sein[277].

bb) Berücksichtigung von Besonderheiten des Einzelfalls

Daneben sind alle Umstände des Einzelfalls in eine Gesamtbewertung mit einzubeziehen, wie Übernahme einer Bürgschaft gegenüber dem Gläubiger[278], Bedeutung des Geschäfts für den Vermittlungsauftraggeber[279], der erforderliche Zeitaufwand[280], der Schwierigkeitsgrad der Vermittlung[281] sowie erforderlich werdende besondere Aufwendungen[282].

cc) Umfang der zu beachtenden Vermögensvorteile

Kreditvermittler, die mit Teilzahlungsbanken zusammenarbeiten, scheinen häufig neben der mit dem Kreditnehmer vereinbarten Provision gleichzeitig eine weitere Provision vom Kreditgeber zu kassieren.

---

275 Stichwort: Kredithaie, vgl. dazu nur RegE S. 21; Karbach, passim, besonders S. 67 f.; Rühle S. 79 ff.; Reifner / Weitz / Uesseler S. 167 ff.; Kühne MschrKrim 1977, 109 ff.; Schwarzbuch I S. 37 ff.; test 1979, 2/16, 18 ff.

276 Lackner § 302 a Anm. 2; Stree in Schönke / Schröder § 302 a Rdn. 17; Schäfer in LK § 302 a Rdn. 41; Dreher / Tröndle § 302 a Rdn. 26 mit Hinweis auf § 6 WiStG; Rühle S. 81, der bei Darlehensvermittlung unter Berufung auf BGH DB 1976, 573 und OLG Köln MDR 1962, 52 eine Vermittlungsprovision von 3 % für üblich hält; vgl. auch § 4 II des Entwurfs zu einem Gesetz zur Regelung der Darlehensvermittlung vom Hessischen Ministerium für Wirtschaft und Technik, abgedruckt bei Karbach, Anhang F, S. 109; demgegenüber liegt der Satz in Westberlin nach Reifner / Weitz / Uesseler S. 173, 175 bei 5 %.

277 Stree in Schönke / Schröder § 302 a Rdn. 17; Maurach / Schroeder S. 456; Schäfer in LK § 302 a Rdn. 41.

278 Karbach S. 35, 63.

279 Dreher / Tröndle § 302 a Rdn. 26; Karbach S. 48; Schäfer in LK § 302 a Rdn. 41.

280 Stree in Schönke / Schröder § 302 a Rdn. 17; Karbach S. 32 ff.

281 Dreher / Tröndle § 302 a Rdn. 26.

282 Stree in Schönke / Schröder § 302 a Rdn. 17; zu den „besonderen Aufwendungen“ beim Kreditvermittler vgl. auch Karbach S. 20, 45.

Letztere wird als Aufschlag auf den Zins, dem sog. Packing[283], an den Kreditnehmer weitergegeben. Für den Vermittlungswucher gegenüber dem Kreditnehmer ist nur das vom Kreditnehmer zu zahlende Entgelt für die Vermittlung von Bedeutung. Der Aufschlag des Kreditgebers wird nach außen nicht gesondert berechnet. Er ist einer von mehreren Kostenpositionen, der für die Zinskalkulation des Kreditgebers von Bedeutung ist, und bestimmt mit die Höhe der Zinsen für die Überlassung des Kapitals. Er ist als ein dem Kreditgeber gewährter Vermögensvorteil zu behandeln und bei der Errechnung des effektiven Jahreszinses für das Darlehen zu berücksichtigen. Wegen der Trennung des vermittelten Geschäfts vom Vermittlungsgeschäft darf er beim letzten nicht in die Berechnung miteinbezogen werden. Es sind nur die Vermögensverschiebungen zu berücksichtigen, die zwischen den Geschäftspartnern durchgeführt werden, also beim Vermittlungswucher gegenüber einem Kreditnehmer zwischen diesem und dem Vermittler[284].

dd) Beginn der Auffälligkeit

Auch beim Vermittlungswucher ist, wie bei den anderen Wucherarten, ein auffälliges Mißverhältnis grds. dann anzunehmen, wenn die Vermögensvorteile die Leistung um mehr als 50 % übersteigen.

e) Zusammenfassung

Bei allen Wucherarten wird das auffällige Mißverhältnis zwischen Leistung und Vermögensvorteilen auf dieselbe Art und Weise bestimmt. Zunächst wird auf der Basis eines generalisierten Vergleichsmaßstabs unter Berücksichtigung der konkreten, wertbeeinflussenden Umstände des Einzelfalls vom Gläubigerstandpunkt aus der Wert der Leistung ermittelt. Sodann wird festgestellt, welche Vermögensvorteile dem Leistenden aus dem Geschäft erwachsen (sollen). Übersteigt der Wert der Vermögensvorteile den der Leistung um mehr als 50 %, so ist i. d. R. ein auffälliges Mißverhältnis zwischen Leistung und Vermögensvorteilen gegeben. Diese 50 %-Marke stellt keine absolut starre Grenze, sondern nur eine allgemeine Richtschnur dar. Mit ihrer Hilfe soll eine Vereinheitlichung erreicht werden, als deren Folge alle Wucherarten nach demselben Grundprinzip behandelt werden. Dies führt zum Abbau der Verunsicherung in der Praxis, wie das auffällige Mißverhältnis bei den einzelnen Wuchergrundgeschäften bestimmt werden kann. Die Gleichbehandlung entspricht zudem der Systematik des § 302 a StGB und der Intention des Gesetzgebers. Danach sind Miet-, Kredit- und Vermitt-

[283] Karbach S. 63 ff.; Reifner / Weitz / Uesseler S. 172; zu konkreten Zahlen vgl. test 1979, 2/17 ff. und 1974, 10/492; BGH WPM 1980, 893.

[284] Theoretisch bleibt die Möglichkeit offen, daß der Kreditvermittler nicht nur den Kreditnehmer, sondern auch den Kreditgeber bewuchert; ein allerdings wohl nur akademisches Problem.

lungswucher nur Unterfälle des allgemeinen Leistungswuchers, die deswegen ausdrücklich in die Gesetzesvorschrift aufgenommen wurden, um der Vorschrift eine gewisse Plastizität zu geben. Schließlich kann die Additionsklausel des § 302 a I 2 StGB, wie sich noch weiter unten[285] zeigen wird, überhaupt nur dann sinnvoll angewendet werden, wenn das auffällige Mißverhältnis bei den verschiedenen, in § 302 a I 2 StGB gemeinsam zu bewertenden Wuchergrundgeschäften nach demselben Prinzip und mit denselben Grenzwerten zu bestimmen ist. Unbillige Ergebnisse im Einzelfall werden vermieden, wenn die zu vergleichenden Werte sorgfältig und unter Heranziehung derselben Bewertungskriterien ermittelt werden. Dort sind die entscheidenden speziellen Konditionen und Abweichugen vom Normalfall zu berücksichtigen.

Gleichwohl ist zuzugestehen, daß die Festlegung der Grenze auf 50 % relativ willkürlich ist und auf einer kaum rational überprüfbaren Wertungsentscheidung beruht. Sie ist jedoch im Bereich des Mietwuchers heute nahezu unbestritten anerkannt und beruht auf einer vernünftigen Abwägung zwischen den Interessen des Geschäftslebens an der Erzielung von Gewinnen und dem Schutz des betroffenen wirtschaftlich Benachteiligten[286].

V. Ausbeutung des Bewucherten durch den Wucherer

Die Schwächesituation muß durch Versprechen- oder Gewährenlassen von Vermögensvorteilen, die in einem auffälligen Mißverhältnis zur Leistung stehen, ausgebeutet werden.

1. Rspr. und verbreitete Meinung in der Literatur

Nach der Rspr. des RG[287] und im Anschluß daran des BGH[288] bedeutet Ausbeuten „die bewußte Ausnutzung, den Mißbrauch der bedrängten Lage des anderen zur Erlangung der übermäßigen Vermögensvorteile". Dieser Rspr. hat sich ein großer Teil der Literatur angeschlossen[289], der teilweise die gewinnsüchtige Absicht noch besonders hervorhebt[290].

---

[285] S. 151 f.

[286] Zu dieser generellen Grenzziehung für alle Wucherarten vgl. auch Rühle S. 58 und — ablehnend — Tagungsberichte S. 105 ff.

[287] RGSt 15, 333 (334); 53, 285 (286); 62, 341 (345); RG DStrR 1939, 55 m. w. N.

[288] BGHSt 11, 182 (187).

[289] Niethammer S. 363; Dreiss / Eitel-Dreiss S. 206; Preis S. 50; Schmidt-Futterer JR 1972, 134; Schäfer in LK § 302 a Rdn. 28; nicht ganz klar RegE S. 40 und E 62 S. 439.

[290] Caro S. 146 Fn. 49; Frank § 302 a Anm. IV; Ebermayer GruchotsBeitr. 60 (1916), 199; Friedmann S. 51; v. Dohnanyi bei Gürtner S. 519; Isopescul-Grecul S. 296 m. w. N.; Hug S. 129 f.; vgl. neuerdings auch Bernsmann GA 1981, 165.

2. *Enge Auffassung*

Demgegenüber will ein anderer Teil der Literatur[291] den Begriff des Ausbeutens enger auslegen. Ausbeuten soll eine qualifizierte Ausnutzung nach § 302 a I 2 StGB sein und dann vorliegen, wenn der Täter die Schwächesituation beim Geschäftspartner in besonders anstößiger, verwerflicher, parasitärer Weise zu seinem Vorteil ausnutzt.

3. *Weite Auffassung*

Eine dritte Meinung[292] will dem Merkmal Ausbeuten lediglich eine deklaratorische Bedeutung zukommen lassen, für das ein auf den Kausalzusammenhang zwischen Schwäche des Bewucherten und dem Ausbedingen der übermäßigen Vermögensvorteile bezogener Vorsatz ausreicht.

4. *Eigene Stellungnahme*

Bei der Auslegung des Merkmals Ausbeuten ist auszugehen vom Wortlaut des § 302 a StGB. Danach können bestimmte Zustände und Eigenschaften einer Person dadurch ausgebeutet werden, daß der Täter diese Person etwas bestimmtes tun läßt. Diese Formulierung legt den Schluß nahe, daß Ausbeuten nur einen umfassenden Oberbegriff enthält, der auch in anderen Normen[293] verwendet wird und in § 302 a StGB durch das Merkmal Versprechen- oder Gewährenlassen von Vermögensvorteilen konkretisiert wird. Dann würde Ausbeutung keine darüberhinausgehende Bedeutung erlangen und nur eine sprachliche, historisch gewachsene und in anderen Gebieten des täglichen Lebens verwendete allgemeine Umschreibung eines mehr oder minder komplexen Lebenssachverhalts darstellen.

Demgegenüber soll Ausbeutung nach der Rspr. und vor allem nach der engeren Meinung einen besonderen Sinngehalt erfahren, der zu einer zusätzlichen Tatbestandsverengung führt. Diese Auslegung bedingt bei konsequenter Beachtung im Einzelfall kaum tragbare Ergebnisse, z. B. wenn der — vermeintliche — Wucherer selbst für seinen Leistungsgegenstand erhöhte, vielleicht unwirtschaftliche Aufwendungen hat machen müssen. Wenn er bei derartigen Gestehungskosten

---

291 Stree in Schönke / Schröder § 302 a Rdn. 29; Dreher / Tröndle § 302 a Rdn. 15; Sturm JZ 1977, 86; Heinz GA 1977, 220; Lackner § 302 a Anm. 4, 6; in Prot. VII Tröndle S. 2563 und Göhler S. 2792; Tagungsberichte S. 102, 104 f.; Sauer S. 20; Lohmeyer S. 113; s. auch OLG Köln NJW 1976, 120.

292 Vgl. Tiedemann Tatbestandsfunktionen S. 219 und ZStW 87 (1975), 290; Kohlmann S. 43 f.; Maurach / Schroeder S. 457; Müller-Emmert / Maier NJW 1976, 1664; Stratenwerth BT S. 262 f.; R. Schmidt S. 240 f. und 244 f.; vgl. auch Binding S. 456 f. und 458 f.; v. Liszt / Schmidt S. 685; Samson in SK § 302 a Rdn. 37; vgl. auch LG Köln WM 1976, 36; vgl. auch Bender NJW 1980, 1133 f.

293 Z. B. § 181 a I Nr. 1 StGB.

einen Gewinn innerhalb der normalen Gewinnspanne erzielt, kann nach der hier vertretenen Auffassung ein auffälliges Mißverhältnis zwischen Vermögensvorteilen und Leistung vorliegen. Da aber eine gewinnsüchtige Absicht, eine frivole Vorgehensweise oder auch nur ein besonderer Mißbrauch zur Erzielung eines übermäßigen Vermögensvorteils nicht feststellbar ist, wäre mangels Ausbeutung der Tatbestand des Wuchers nicht gegeben[294]. Zu demselben Ergebnis müßte man gelangen, wenn sich auf Teilgebieten eines bestimmten Marktes besondere, sachlich ungerechtfertigte Usancen eingebürgert haben, die der Leistende ohne Nachdenken übernimmt.

Bei der Auslegung ist jedoch stärker das geschützte Rechtsgut zu beachten. Dies ist bei § 302 a StGB das Vermögen. Ein im Wirtschaftsleben besonders Benachteiligter soll davor bewahrt werden, als Folge seiner Schwäche für eine ihm zu gewährende Leistung übermäßige Aufwendungen machen zu müssen. Es kommt weder auf einen darüber hinausgehenden Schaden des Bewucherten noch auf einen Reingewinn des Wucherers an. Deshalb liegt das Hauptgewicht der Auslegung bei der Feststellung der schutzwürdigen Schwächesituation und des auffälligen Mißverhältnisses zwischen Vermögensvorteilen und Leistung. Die Anreicherung des Merkmals Ausbeuten mit besonderen persönlichen Merkmalen führt zu einer ungerechtfertigten weiteren Verengung und Komplizierung des Wuchertatbestands.

Die hier vorgeschlagene Auslegung könnte allerdings im Widerspruch zur Entstehungsgeschichte und zum Willen des Gesetzgebers stehen. Durch das Begriffspaar Ausbeuten in § 302 a I 1 StGB und Ausnutzen in § 302 a I 2 StGB könnte der Gesetzgeber unmißverständlich zum Ausdruck gebracht haben, daß Ausbeuten eine intensive Form des Ausnutzens ist und ihm im Rahmen des § 302 a I 1 StGB eine besondere Bedeutung zukommt. Nach dem RegE ist unter Ausbeuten das mißbräuchliche Handeln zur Erzielung übermäßiger Gewinne in Ausnutzung der Schwächen des Opfers zu verstehen[295]. Auch die Sachverständigenkommission zur Bekämpfung der Wirtschaftskriminalität hat sich mit der Frage beschäftigt, ob man den Begriff Ausbeuten beibehalten oder durch den Begriff Ausnutzen ersetzen solle[296]. Zum Schutz des redlichen Geschäftsverkehrs hat sie sich mit Mehrheit für die erste Lösung entschlossen. Der Sonderausschuß für die Strafrechtsreform hat in seinem Bericht nur insoweit zu der hier erörterten Frage Stellung genommen,

---

[294] So ausdrücklich Stree in Schönke / Schröder § 302 a Rdn. 29, der entscheidend auf die Unverhältnismäßigkeit des Gewinns abgestellt und Probleme des auffälligen Mißverhältnisses zwischen Vermögensvorteilen und Leistung mit denen der Ausbeutung vermengt, s. auch Rdn. 13 am Ende.

[295] RegE S. 40.

[296] Tagungsberichte S. 101.

als er eine Auswirkung der Additionsklausel (§ 302 a I 2 StGB) zum Nachteil ordnungsgemäß Handelnder verneinte, da ein Ausnutzen der Schwäche erforderlich sei[297]. In der 88. Sitzung des Sonderausschusses selbst hatte man sich aufgrund einer Formulierungshilfe des Bundesjustizministeriums auch bei § 302 a I 2 StGB noch auf Ausbeutung geeinigt[298].

Im Gesetzgebungsverfahren wurde die von der überwiegenden Meinung in Rspr. und Literatur vorgenommene Auslegung nicht immer zutreffend dargestellt. Zudem verwendet auch das ausländische Recht verschiedene Begriffe wie Ausbeuten, Ausnutzen, Benutzen und Mißbrauchen ohne nennenswerte inhaltliche Unterschiede[299]. Die unterschiedliche Ausdrucksweise in § 302 a I 1 StGB einerseits und § 302 a I 2 StGB andererseits leuchtet nicht ein. Während der, der in auffälligem Mißverhältnis zur eigenen Leistung stehende Vermögensvorteile erstrebt, in frivoler, parasitärer, qualifizierter und anstößiger Form soll ausbeuten müssen, soll bei dem, dessen Ziel die Erlangung übermäßiger, also relativ geringerer Vorteile ist, die Ausnutzung als eine minderschwere, nicht unbedingt anrüchige Vorgehensweise ausreichen. Es drängt sich der Verdacht auf, als hätte der Gesetzgeber am Begriff Ausbeuten um der Kontinuität und Plastizität willen festgehalten, ohne damit dem Täter des Wucherdelikts den Stempel eines skrupellosen Halsabschneiders aufzudrücken, der sich eines der fluchwürdigsten Verbrechen[300], einer der übelsten strafbaren Handlungen[301] schuldig macht und sein Opfer in Not und Elend stürzt. Ziel der Neufassung war unter anderem, den Wucher mit einer praktikableren Strafnorm effektiver bekämpfen zu können. Diesem Zweck läuft es zuwider, wenn das Merkmal Ausbeuten emotional aufgeladen und mit subjektiven Wertungen überfrachtet wird. Die von der engen Ansicht geforderte Begrenzung kann zutreffender bei den einzelnen Schwächesituationen und beim auffälligen Mißverhältnis zwischen Vermögensvorteilen und Leistung vorgenommen werden; eines engen Ausbeutungsbegriffs bedarf es dazu nicht.

Dem Begriff Ausbeuten kommt also keine besondere Funktion zu. Er soll vielmehr dem Wuchertatbestand eine gewisse Vorstellungskraft und Plastizität geben und seine Einordnung in die Gruppe der Ausbeutungsdelikte erleichtern.

---

[297] Bericht S. 20.

[298] Prot. VII S. 2810, 2813.

[299] Vgl. Krässig S. 411 f.

[300] Peschke HdStW S. 1103; E 25 Begr. S. 162.

[301] Rühle S. 103; Tröndle Prot. VII S. 2565.

VI. Kausalität

Eng mit dem Merkmal des Ausbeutens hängt das Erfordernis der Kausalität zwischen Schwächesituation des Opfers und dem Abschluß des objektiv wucherischen Geschäfts zusammen. Das Eingehen des Bewucherten auf die wucherischen Bedingungen muß auf seiner Schwächesituation beruhen; die Schwächesituation muß also als Mittel oder begünstigender Begleitumstand zum Abschluß des Wuchergeschäfts verwertet werden[302].

VII. Anerbieten des Bewucherten

In vielen Fällen geht der Anstoß zum Abschluß des Geschäfts vom Bewucherten aus, sei es, daß er auf eine „invitatio ad offerendum" des Täters ein entsprechendes Angebot abgibt, sei es, daß er ganz die Initiative übernimmt. In jedem Fall ist dieser Vorgang für die generelle Strafbarkeit des Wucherers ohne Bedeutung[303], da der Wucherer es jederzeit in der Hand hat, vom Geschäft ganz Abstand zu nehmen oder die erstrebten Vermögensvorteile auf ein Maß zu reduzieren, das noch nicht in einem auffälligen Mißverhältnis zu seiner Leistung steht, und das Drängen des Opfers auf eine besonders gravierende Schwächesituation und damit besonders schutzwürdige Lage hindeutet. Dieser Umstand kann allenfalls bei der Strafzumessung berücksichtigt werden, wenn der Bewucherte den Täter massiv zum Abschluß des wucherischen Geschäfts gedrängt und dessen Reserviertheit überwunden hat[304].

VIII. Wuchervorsatz

1. Bezugsobjekt des Vorsatzes

Der subjektive Tatbestand erfordert Vorsatz des Täters bezüglich aller die Tatbestandsmäßigkeit des § 302 a StGB begründenden Umstände. Dabei genügt jeweils bedingter Vorsatz[305]. Umstritten ist nur, welche Voraussetzungen an den Vorsatz in bezug auf die Ausbeutungssituationen des Opfers und das auffällige Mißverhältnis von Vermögensvorteilen und Leistung zu stellen sind.

---

[302] Vgl. dazu RGSt 18, 419 (421).

[303] RGSt 3, 218 (219 f.); Binding S. 457; Frank § 302 a Anm. IV; Wachenfeld S. 417; Koffka S. 65; Pardo S. 21; Stratenwerth BT S. 263; Schütz Kriminalistik 1958, 335.

[304] So auch Dreiss / Eitel-Dreiss S. 196 f.

[305] RG DStrR 1939, 55; Kohlmann S. 44; Maurach / Schroeder S. 457; Schäfer in LK § 302 a Rdn. 58; Samson in SK § 302 a Rdn. 38; Hug S. 131.

a) Herrschende Meinung

Nach einer neben Teilen in der Literatur vom Reichsgericht vertretenen Meinung ist erforderlich, aber auch ausreichend, daß der Täter die Umstände, aus denen sich das Vorliegen der vorgenannten Tatbestandsmerkmale ergibt, kennt oder als möglicherweise vorliegend erachtet und in seinen Willen aufnimmt. Eine Fehlbewertung stellt danach nur einen den Vorsatz unberührt lassenden Subsumtionsirrtum dar, der in Extremfällen mit einem Verbotsirrtum verbunden sein kann[306].

b) Gegenmeinung

Die Gegenmeinung lehnt die vorgenannte Ansicht als dogmatisch unsauber ab und verweist darauf, daß es sich um normative Tatbestandsmerkmale handele, die eine entsprechende Wertung des Täters erfordern[307].

c) Stellungnahme

Die Gegenmeinung führt zu einer sehr starken Einschränkung der Wucherstrafbarkeit. Der für die Bestrafung erforderliche Vorsatz würde immer dann fehlen, wenn der Täter unwiderleglich geltend macht, nach seiner Überzeugung und seiner Wertung habe sich sein Geschäftspartner noch nicht in einer von § 302 a StGB geschützten Schwächeposition befunden, oder das Mißverhältnis zwischen Leistung und Vermögensvorteilen habe noch nicht den Grad der Auffälligkeit erreicht. Personen mit einem „weiten Gewissen" und extrem liberalen Anschauungen könnten kaum jemals bestraft werden. Zudem könnte im Widerspruch zur abstrakten Bestimmung des auffälligen Mißverhältnisses der Täter geltend machen, er habe selbst sehr hohe Unkosten gehabt, würde also am Geschäft nicht übermäßig verdienen, und deshalb befinde sich das Geschäft nach seiner Wertung noch außerhalb des von § 302 a StGB erfaßten Bereichs. Nur mit der h. M. kommt man zu befriedigenden Ergebnissen. Da die generalisierende Betrachtungsweise mit einer relativ festen Grenze entscheidend ist, kann die Bewertung nicht vom individuellen Standpunkt des Täters abhängig gemacht werden; beide Positionen sind miteinander nicht vereinbar. Der Täter muß daher nur die Umstände kennen oder insoweit mit bedingtem Vorsatz handeln, aus denen sich die Schwächesituation des Opfers und das auffällige Miß-

---

306 RGSt 29, 78 (82); 60, 216 (222); 62, 341 (350); 71, 325 (326); RG DStrR 1938, 242; vgl. auch LG Köln WM 1976, 36 und OLG Köln WM 1979, 86; Stree in Schönke / Schröder § 302 a Rdn. 35; Schäfer in LK § 302 a Rdn. 59 f.; Niethammer S. 365; vgl. auch Dreher / Tröndle § 302 a Rdn. 32.

307 Tiedemann ZStW 87 (1975), 277 f. und Tatbestandsfunktionen S. 391 f. (bzgl. § 2 a WiStG); vgl. auch Baumann AT S. 424 Fn. 15 a; wohl auch Maurach / Schroeder S. 457, die eine Parallelwertung in der Laiensphäre verlangen; Stratenwerth BT S. 263; Samson in SK § 302 a Rdn. 38.

verhältnis zwischen Leistung und Vermögensvorteilen ergibt. Zudem muß er, um den anderen ausgebeutet zu haben, erkannt oder in Kauf genommen haben, daß das Opfer nur aufgrund seiner Ausbeutungssituation dem Täter übermäßige Vermögensvorteile für dessen Leistung versprochen oder gewährt hat, daß also die Schwäche ein „kausalfördernder Faktor“[308] für das Geschäft war.

2. Abgrenzung bedingter Vorsatz — bewußte Fahrlässigkeit / Leichtfertigkeit

Besonders schwierig ist die Abgrenzung zwischen bedingtem Vorsatz und nur bewußter Fahrlässigkeit bzgl. der Ausbeutungssituation des Opfers, wenn man nicht der hier abgelehnten Meinung folgt, aus dem wucherlichen Inhalt des Geschäfts ergebe sich schon die Zwangslage des Opfers, da sonst das Geschäft nicht abgeschlossen wäre[309]. In der Praxis wird sich der Übervorteilende nicht um die Lage des Schuldners kümmern oder sogar von ihm sog. Selbstauskünfte verlangen, in denen der Partner das Nichtvorliegen einer Ausbeutungssituation attestiert. Daß ein derartiges Vorgehen nicht dazu führen muß, dolus eventualis auszuschließen, scheint vom Ergebnis her keiner Erörterung zu bedürfen[310]. Allerdings reichen insoweit allgemeine Erwägungen nicht aus. Es ist im Einzelfall zu prüfen, ob die generell bei bedingtem Vorsatz erforderlichen Voraussetzungen vorliegen. Dabei kommt dem Grad der Auffälligkeit des Mißverhältnisses eine Indizwirkung zu. Zusätzlich auftauchende Schwierigkeiten lassen sich nach geltendem Recht nur durch eine wirklichkeitsnahe Beweiswürdigung und Beweispraxis der Strafgerichte beheben und ausgleichen[311].

IX. Einwilligung des Bewucherten

Beim Wucher schließt der Bewucherte ohne Beeinträchtigung seiner Willensbetätigungs- und Willensentschließungsfreiheit durch den Wucherer mit diesem das Wuchergeschäft ab. Der Bewucherte läßt sich sehenden Auges auf das für ihn gegenüber dem Normalfall außerordentlich übervorteilende Geschäft ein. Gleichwohl greift der Grundsatz „volenti non fit iniuria“ mit der Folge, daß wegen Einwilligung des Verletzten die Tat gerechtfertigt ist und eine Strafbarkeit des Täters ausscheidet, nicht ein. Der Bewucherte handelt zwar sehenden Auges, aber aus einer schutzwürdigen Lage heraus. Wegen dieser Schwäche-

---

[308] RGSt 18, 419 (421).

[309] Göhler Prot. VII S. 2804.

[310] Vgl. zu diesem Problem Koffka S. 65, aber auch S. 95; v. Bülow S. 76; RGSt 18, 419 (424); Hug S. 131; Schwarz S. 34.

[311] s. dazu besonders Tiedemann ZStW 87 (1975), 278 f. mit Kritik an BGHSt 24, 54 ff.; auch Schäfer in LK § 302 a Rdn. 58.

situation kann der Willensübereinstimmung des Bewucherten mit dem Wucherer keine einwilligende und rechtfertigende Wirkung beigemessen werden. Andernfalls würde man dem Schutzzweck des § 302 a StGB nicht gerecht werden und nie zur Bestrafung wegen Wuchers gelangen, für den eine Willensübereinstimmung unentbehrlich ist. Es ist prinzipiell keine rechtfertigende Einwilligung möglich[312].

X. Versuch und Vollendung

Nach geltendem Recht ist der — theoretisch denkbare — Versuch des Wuchers nicht unter Strafe gestellt[313]. Als eine Versuchshandlung ist das bloße Fordern von Vermögensvorteilen denkbar, solange der Partner dieser Forderung noch nicht nachgegeben hat[314]. Um unerwünschte Strafbarkeitslücken zu vermeiden, wurde der Bereich der Wuchervollendung mit dem Merkmal Sichversprechenlassen auf den Vertragsschluß gelegt; einer Vermögensverschiebung bedarf es nicht[315]. Diese Gesetzesfassung hat zur Folge, daß durch ein Abstandnehmen des Wucherers vom wucherlichen Geschäft in der Zeit zwischen Geschäftsabschluß und Geschäftsabwicklung die Strafbarkeit wegen Wuchers nicht beseitigt wird, da die Tat bereits vollendet und ein Strafaufhebungsgrund „tätige Reue“ nicht normiert ist[316].

XI. Verjährung

Bei Bargeschäften, bei denen Geschäftsabschluß und vollständiger Leistungsaustausch zeitlich zusammenfallen, beginnt die Verfolgungsverjährung gem. § 78 a StGB auch mit diesem Zeitpunkt. Bei Kreditgeschäften, bei denen Geschäftsabschluß und Geschäftsabwicklung auseinanderfallen, ist zwar mit Geschäftsabschluß die Tat vollendet, aber nach einhelliger Ansicht[317] erst beendet, wenn der Wucherer den letzten Vermögensvorteil in Empfang genommen hat und das Geschäft vollständig abgewickelt ist.

[312] BGE 82 IV 149: im Gegenteil Merkmal des Verbrechens; Löwenstein S. 450 f.; Schwarz S. 35; Stratenwerth BT S. 263; v. Bülow S. 73; R. v. Hippel LB S. 122 Fn. 11, der die Einwilligung als nach § 138 II BGB sittenwidrig betrachtet; s. auch Maurach / Schroeder S. 454, die die Einwilligung als sittenwidrig gem. § 226 a StGB ansehen und damit für unbeachtlich erklären.

[313] Zur historischen Behandlung des Wucherversuchs s. Feuerbach S. 618 f.; Isopescul-Grecul S. 82.

[314] Vgl. Frank § 302 a Anm. VI; Friemel S. 77; Hug S. 66; Wachenfeld S. 417.

[315] Einhellige Ansicht; vgl. RGSt 15, 333 (334); 29, 413 f.; Maurach / Schroeder S. 455; Stree in Schönke / Schröder § 302 a Rdn. 2.

[316] RG LZ 1918, 1085; Schäfer in LK § 302 a Rdn. 66.

[317] RGSt 32, 143 (146); RG DStrR 1938, 189; Stree in Schönke / Schröder § 302 a Rdn. 37; Friedmann S. 106; Fuld Wuchergesetz S. 20; Schäfer in LK § 302 a Rdn. 66.

B. Der besonders schwere Fall des Wuchers nach § 302 a II StGB

Zur Bestimmung der besonders schweren Fälle des Wuchers hat der Gesetzgeber in § 302 a II StGB von der Technik der Regelbeispiele Gebrauch gemacht, die nach h. M. als Strafzumessungsregeln aufzufassen sind[318]. Bei Vorliegen eines der drei benannten Beispiele muß also nicht unbedingt ein besonders schwerer Fall vorliegen, andererseits kann er aber auch angenommen werden, wenn statt der aufgeführten Beispiele andere ähnlich zu bewertende Umstände gegeben sind[319].

I. Zu den einzelnen Regelbeispielen des § 302 a II 2 StGB

1. *Bringen in wirtschaftliche Not*

Nach § 302 a II 2 Nr. 1 StGB liegt i. d. R. ein besonders schwerer Fall vor, wenn der Täter durch die Tat den anderen in wirtschaftliche Not bringt. Der Bewucherte muß als Folge der Tat in eine Mangellage geraten. Diese muß sich im geschäftlichen oder persönlichen Bereich so auswirken, daß die Daseinsgrundlage gefährdet oder der notwendige Lebensunterhalt ohne Hilfe Dritter nicht mehr gewährleistet ist[320]. Die wirtschaftliche Not muß die Folge der Wuchertat sein; es reicht nicht aus, daß eine bestehende Not verstärkt oder nur eine wirtschaftliche Bedrängnis herbeigeführt wird[321].

2. *Gewerbsmäßige Tatbegehung*

Gewerbsmäßiges Handeln gem. § 302 a II 2 Nr. 2 StGB erfordert die Absicht des Täters, sich durch wiederholte Begehung des Wuchers eine dauernde Einnahmequelle von einigem Umfang zu verschaffen. Die Wuchergeschäfte müssen nicht die einzige Erwerbsquelle des Täters

---

[318] BGHSt 23, 254 (256 f.); 26, 104 (105); Stree in Schönke / Schröder Rdn. 44 vor § 38; Wessels Maurach-FS S. 299; Blei Heinitz-FS S. 423 ff.; a. A. Callies JZ 1975, 113 m. w. N.; vgl. auch Maurach / Schroeder S. 295; Dreher / Tröndle § 243 Rdn. 3; Arzt JuS 1972, 515.

[319] Stree in Schönke / Schröder Rdn. 44 a ff. vor § 38; Samson in SK § 243 Rdn. 2, 31 ff.; z. T. abweichend Callies JZ 1975, 117; kritisch zu dieser Gesetzestechnik im Hinblick auf den nulla-poena-Satz und das rechtsstaatliche Bestimmtheitsgebot Maiwald Gallas-FS, dort insbesondere S. 150 ff., 159; auch Arzt JuS 1972, 515 f.

[320] BR-Drucksache 605/70 S. 10; E 62 S. 440; Besenthal S. 112; Dreher / Tröndle § 302 a Rdn. 36; vgl. auch OLG Schleswig SchlHA 1953, 64 zum Begriff der lebenswichtigen Güter; etwas weiter Schmidt-Futterer NJW 1972, 136; Schmidt-Futterer / Blank Anm. D 125; eher vermittelnd Stree in Schönke / Schröder § 302 a Rdn. 44.

[321] Z. B. Preisendanz § 302 a Anm. 7 a m. w. N.; Friemel S. 82; Sturm JZ 1977, 87; Göhler in Prot. VII S. 2798; Samson in SK § 302 a Rdn. 44; zweifelnd Schäfer in LK § 302 a Rdn. 71.

sein; Gewerbsmäßigkeit kann bei der entsprechenden Absicht auch schon beim ersten Tätigwerden vorliegen[322].

3. *Wechselmäßiges Versprechen durch das Opfer*

Der Grund für die Normierung des dritten Regelbeispiels — der Täter läßt sich durch Wechsel wucherische Vermögensvorteile versprechen — ist die leichte Transportfähigkeit des Wechsels und die Möglichkeit, daß dem aus dem Wechsel Verpflichteten bei gutgläubigem Erwerb durch einen Dritten die Einwendungen der Nichtigkeit des Grundgeschäfts abgeschnitten werden[323]. Die Wechselsumme muß gerade auch den wucherischen Teil der Vermögensvorteile mit umfassen, z. B. bei einem Darlehen die Wucherzinsen[324]; die Entgegennahme eines Blankowechsels reicht allerdings aus[325].

II. Sonstige Anhaltspunkte für einen besonders schweren Fall

In Rspr. und Literatur ist im einzelnen umstritten, wann im Bereich der Regelbeispieltechnik trotz Nichtvorliegen eines Regelbeispiels ein besonders schwerer Fall vorliegen soll[326]. Ohne näher auf die Grundlagen einzugehen, seien hier einige Beispiele erwähnt, die zu den typischen Begleitumständen des Wuchers gezählt werden können und bei deren Vorliegen die Prüfung eines sonstigen besonders schweren Falls angezeigt ist: die extrem auffällige Übervorteilung oder besonders gravierende Schwächesituation des Opfers, die besonders niederträchtige, gewissenlose und auf langandauernde Bindung des Opfers abzielende Begehungsweise, die Absicherung der wucherischen Vermögensvorteile durch Sicherung mittels eines (Euro-)Schecks sowie die Verschärfung einer bereits bestehenden Notlage[327].

---

[322] Vgl. RGSt 4, 390 (393); 53, 285 (286); 60, 216 (224); BGHSt 11, 182 (187); Schäfer in LK § 302 a Rdn. 73; Schmidt-Futterer / Blank Anm. D 126; Stree in Schönke / Schröder Rdn. 95 f. vor § 52 m. w. N.; Dreher / Tröndle Rdn. 43 vor § 52; Besenthal S. 41; Alsberg / Peschke S. 238 f.

[323] E 62 S. 440; RegE S. 41; Göhler Prot. VII S. 2810; Preisendanz § 302 a Rdn. 7 c; Blei JA 1976, 815; Friemel S. 82.

[324] RG JW 1935, 532; Stree in Schönke / Schröder § 302 a Rdn. 47 m. w. N.; vgl. auch Lackner § 302 a Anm. 7; Samson in SK § 302 a Rdn. 46.

[325] Schäfer in LK § 302 a Rdn. 74; Dreher / Tröndle § 302 a Rdn. 38.

[326] Wessels Maurach-FS S. 302 ff. stellt entscheidend auf den Wertgruppencharakter ab, während die wohl h. M. unter Abwägung aller objektiven und subjektiven Umstände der Tat prüft, ob die konkrete Tat den üblichen Fall derart übertrifft, daß der Normalstrafrahmen der Strafwürdigkeit nicht mehr entspricht, vgl. z. B. BGHSt 2, 181 (182); 5, 124 (130); RegE S. 41; Stree in Schönke / Schröder § 302 a Rdn. 48 und Rdn. 47 vor § 38; Schmidt-Futterer / Blank Anm. D 127 f.; Maiwald Gallas-FS S. 158 f.; enger Samson in SK § 243 Rdn. 34.

[327] Zu Einzelheiten vgl. Stree in Schönke / Schröder § 302 a Rdn. 48; Schäfer in LK § 302 a Rdn. 75 f.; Dreher / Tröndle § 302 a Rdn. 39; Friemel S. 81 f.;

III. Erfordernis auf der subjektiven Seite des Täters

Nach wohl einhelliger Ansicht[328] muß der Täter bezüglich der Umstände, die die objektive Unrechtsseite betreffen, sowohl bei den Regelbeispielen als auch bei den sonstigen besonders schweren Fällen vorsätzlich handeln. Zu diesen Unrechtsmerkmalen gehören die Umstände, die das Wucherobjekt (z. B. besonders gravierende Schwächesituationen oder wirtschaftliche Not des Bewucherten) oder die Handlungsmodalitäten (z. B. Sicherung durch Wechsel oder Scheck) betreffen. Mangels ausdrücklicher anderer Bestimmung ist dolus eventualis erforderlich und ausreichend; § 18 StGB findet weder direkt noch entsprechend Anwendung.

C. Beteiligungsprobleme

I. Die Beteiligung mehrerer auf der Täterseite

Wie im geschäftlichen Leben allgemein tragen auch bei Wuchergeschäften häufig mehrere Personen auf einer Vertragsseite zum Abschluß und zur Durchführung des Geschäfts bei und sind damit im weitesten Sinn am Geschäft beteiligt. Beim Ratenkreditvertrag mit Vermittlung und diversen Versicherungen stehen dem Kreditnehmer mehrere Partner gegenüber, die sich zudem noch durch Angestellte oder andere Hilfspersonen unterstützen lassen können. Diese Verzahnung und Verflechtung von Einzelgeschäften und verschiedenen agierenden Personen birgt weitere Schwierigkeiten der Anwendung des Wuchertatbestands in sich.

1. Der in Betracht kommende Täterkreis

Für die Täterschaft nach § 302 a StGB ist eine Personenidentität zwischen Wucherer und Gläubiger des wucherischen Geschäfts nicht erforderlich[329], da der Täter nur für sich oder einen Dritten übermäßige Vermögensvorteile erstreben muß. Täter kann der sein, der das Wuchergeschäft eines anderen abschließt. Damit werden Personen erfaßt, die als Vertreter, Verwalter oder Strohmänner für andere oder als Organ

---

Göhler Prot. VII S. 2798, 2810; § 203 III Nr. 4 AE; Stellungnahme BDI Prot. VII S. 2625.

[328] Stree in Schönke / Schröder § 302 a Rdn. 45, 48; Dreher / Tröndle § 302 a Rdn. 36, 39; Schäfer in LK § 302 a Rdn. 72, 74; Wessels in Maurach-FS S. 300 f.; vgl. auch Niederschriften VII S. 319; E 62 S. 185; anders § 203 III Nr. 1 AE, nach dem auch ein leichtfertiges In-Not-Bringen als Strafschärfung ausreichen soll.

[329] RGSt 5, 366 (369); 8, 17 (19); 36, 226 (227); Schwarz S. 34 f.; Schäfer in LK § 302 a Rdn. 62; vgl. auch Hug S. 94 ff.; Isopescul-Grecul S. 302; v. Olshausen § 302 a Anm. 5.

für eine juristische Person mit deren Mitteln nach außen agierend auftreten und das wucherische Geschäft abschließen[330]. Darüberhinaus können jedoch auch die Hintermänner, die juristisch oder wirtschaftlich gesehen die eigentlichen Geschäftspartner sind, allein oder neben den vorgenannten Personen Täter des Wucherdelikts sein, sofern sie die übrigen Tatbestandsmerkmale erfüllen[331]. Desgleichen ist ohne Bedeutung, von welcher Vertragsseite aus der Wucherer tätig wird. Wucherer kann Käufer wie Verkäufer, Mieter wie Vermieter, Darlehensnehmer wie Darlehensgeber, Arbeitnehmer wie Arbeitgeber sein.

2. Mittäterschaft nach § 25 II StGB

Wirken auf der Wuchererseite mehrere Personen bei Abschluß und Durchführung des wucherischen Geschäfts mit, kann zwischen ihnen das Verhältnis der Mittäterschaft gemäß § 25 II StGB bestehen. Es gelten die allgemeinen Regeln über die Mittäterschaft, nach denen es in erster Linie auf das bewußte und gewollte Zusammenwirken der verschiedenen Personen ankommt. Dabei können sie in verschiedenen Rollen auftreten, etwa als Vertreter, als Vermittler, als Herr des Hauptgeschäfts oder als Hilfsdiensterbringende wie Versicherer[332]; die Rollenverteilung braucht weder generell nach außen sichtbar zu sein, noch muß der Bewucherte sie erkannt haben[333].

Die Ausbeutung muß von allen gemeinschaftlich vorgenommen werden. Für das auffällige Mißverhältnis ist die Summe der von jedem einzelnen erbrachten Leistungen mit der Summe der auf jeden entfallenen Vermögensvorteile in Relation zu setzen. Bei dieser Gesamtbetrachtung tauchen die Leistungen und Vermögensvorteile der einzelnen Mittäter also nur als Rechnungsposten zur Erstellung der Gesamtsumme auf. Unbeachtlich ist, ob sich der einzelne isoliert betrachtet seine Leistung nur angemessen hat vergüten lassen; auch er kann als Mittäter bestraft werden, weil er sich das Übermaß der anderen zurechnen lassen muß. Demgegenüber ist entgegen einer auch vom RG vertretenen Meinung[334] nicht erforderlich, daß jeder Beteiligte bei dem

---

[330] RGSt 8, 17 (20); RG JW 1936, 3003; Frank § 302 a Anm. V; Schäfer in LK § 302 a Rdn. 57, 62; Samson in SK § 302 a Rdn. 39.

[331] Vgl. RGSt 36, 226 (227); Stree in Schönke / Schröder § 302 a Rdn. 39; Maurach / Schroeder S. 454; vgl. Dreher / Tröndle § 302 a Rdn. 33; Binding S. 456.

[332] RGSt 36, 226 (227); Bericht S. 20; Stree in Schönke / Schröder § 302 a Rdn. 30, 39; Isopescul-Grecul S. 302; Schwarz S. 34 f.; s. auch Lackner § 302 a Anm. 5.

[333] RG Recht 1915 Nr. 734; Schäfer in LK § 302 a Rdn. 62; Stree in Schönke / Schröder § 302 a Rdn. 39.

[334] RGSt 5, 366 (369); 35, 111 (114 f.); 36, 226 (227 f.); a. A. Schäfer in LK § 302 a Rdn. 68; v. Olshausen § 302 a Anm. 5; Frank § 302 a Anm. V; Maurach / Schroeder S. 454; Hug S. 95 f.

Geschäft ein eigenes Interesse verfolgt. Wenn jemand Täter sein kann, der einem Dritten dem § 302 a StGB entsprechende Vorteile versprechen läßt, muß er auch Mittäter sein können, wenn der Dritte in bewußtem und gewolltem Zusammenwirken mit ihm zusammen das Opfer ausbeutet. Eine zusätzliche Vereinbarung über ein arbeitsteiliges Vorgehen als wesentliches Merkmal der Mittäterschaft kann bei sonst gleicher Sachlage nicht zum Ausschluß der Täterschaft führen.

Von untergeordneter Bedeutung ist die Frage, welcher Wucher vorliegt, wenn Personen als Mittäter zusammenwirken, die als Alleintäter unterschiedliche Wucherarten begangen hätten. Da das Gesetz in seiner Neufassung an die Aufteilung in bestimmte Wucherarten keinerlei Folgen knüpft und die speziellen Arten des Wuchers nur als exemplifizierte, der Anschaulichkeit wegen besonders herausgehobene Unterfälle des allgemeinen Leistungswuchers anzusehen sind, bestehen keine Bedenken, wegen in Mittäterschaft begangenen Wuchers zu verurteilen, ohne eine besondere Unterart des Wuchers näher zu bezeichnen.

3. *Mittelbare Täterschaft nach § 25 I 2. Alt. StGB*

Neben Mittäterschaft kann in den Vertretungsfällen auch mittelbare Täterschaft eines der Beteiligten gem. § 25 I 2. Alt. StGB vorliegen, wenn z. B. der Vertreter die besondere Schwächesituation des Opfers nicht kennt und auch ohne bedingten Vorsatz handelt und diese Unwissenheit und Gutgläubigkeit vom Vertretenen, der die Sachlage überblickt, dazu benutzt wird, mit dem Opfer ein wucherisches Geschäft abzuschließen[335].

4. *Anstiftung und Beihilfe, §§ 26, 27 StGB*

Die Teilnahme am Wucherdelikt in der Form der Anstiftung oder der Beihilfe richtet sich nach den allgemeinen Regeln der §§ 26, 27 StGB.

An Beihilfe wird in verstärktem Maße dann zu denken sein, wenn der Wucherer untergeordnete Hilfskräfte wie etwa Angestellte auf seiner Seite einschaltet. Aber auch Vermittler, Vertreter und Kommissionäre kommen als Gehilfen in Betracht, soweit sie für ihre eigene Leistung keine überhöhten Vermögensvorteile erstreben, aber mit dem Wucherer zusammenarbeiten, ohne Mittäter zu sein.

5. *Nebentäterschaft i. S. d. sog. Additionsklausel des § 302 a I 2 StGB*

Eine weitere, besondere Möglichkeit der Beteiligung mehrerer am Wucher bietet die sog. Additionsklausel des § 302 a I 2 StGB. Ziel dieser

[335] Vgl. dazu schon Hug S. 97, 132 f.

Bestimmung, die im Laufe des Gesetzgebungsverfahrens nach mehrfachen Änderungen und oft kontrovers geführten Debatten[336] in das Gesetz aufgenommen wurde, ist es, den Anwendungsbereich des Wuchers auf die Fälle zu erstrecken, in denen auf der Wuchererseite zwar mehrere Personen mitwirken, ihnen aber eine (Mit)Täterschaft oder Teilnahme am Wucherdelikt nicht nachgewiesen werden kann[337]. Sie normiert eine besondere, nur auf den Wucher bezogene Art der Nebentäterschaft.

a) Objektiver Anwendungsbereich

Die Anwendung der Additionsklausel setzt zunächst voraus, daß mehrere Personen als Leistende, Vermittler oder in sonstiger Weise bei einem Leistungsaustausch mitwirken. Diese Formulierung besagt nach der zutreffenden, einhelligen Meinung[338], daß es sich um einen nach wirtschaftlicher Betrachtung einheitlichen Geschäftsvorgang handeln muß, bei dem verschiedene Personen in verschiedenen Rollen mitwirken und für ihr Tätigwerden verschiedene, abgrenzbare Vermögensvorteile beanspruchen. Prototyp eines derartigen Geschäfts, der letztendlich den Gesetzgeber zur Normierung der Additionsklausel veranlaßte, ist der Fall der Kreditaufnahme, bei dem die dem Kreditnehmer entstehenden Gesamtkosten auf eine ganze Anzahl leistungserbringender Personen aufgeteilt werden[339]; es können mannigfache, an unterschiedliche Personen zu zahlende Kosten mit der Kreditaufnahme zusammenhängen: Bearbeitungsgebühr und Zinsen für das kreditierte Kapital, Vermittlungsprovisionen, Gebühren für Auskünfte über die Person des Kreditnehmers, Gebühren für das Schätzen von Sicherheiten, Gebühren für sonstige Gutachten, Prämien für verschiedenartige Versicherungen wie Restschuld- oder Kreditversicherungen. Die jeweiligen Einzelkosten beruhen auf juristisch selbständigen, vom eigentlichen Darlehensvertrag zu trennenden Verträgen; sie stehen jedoch in einem engen inneren Zusammenhang untereinander, der alle Einzelverträge zu einem wirtschaftlich einheitlichen Geschäftsvorgang verschmelzen läßt[340]. Das Kri-

---

[336] Vgl. Kohlmann S. 57, 59; Tagungsberichte S. 117, 129; § 203 II Nr. 2 AE; RegE S. 40; Beschluß 5/75 S. 10; Prot. VII S. 2473, 2564 f., 2570 f., 2572 f., 2576 ff., 2628 und 2804 ff.; Schäfer in LK § 302 a Rdn. 44 ff.

[337] RegE S. 40; Bericht S. 20; Stree in Schönke / Schröder § 302 a Rdn. 30; Tiedemann ZStW 87 (1975), 282 f.; Göhler / Wilts DB 1976, 1662; Dreher / Tröndle § 302 a Rdn. 27; Dreiss / Eitel-Dreiss S. 203; Blei JA 1976, 814; kritisch Samson in SK § 302 a Rdn. 29.

[338] Stree in Schönke / Schröder § 302 a Rdn. 31; Maurach / Schroeder S. 456; Lackner § 302 a Anm. 5; Schäfer in LK § 302 a Rdn. 43; vgl. auch Bericht S. 20.

[339] Biener Steuerberaterkongreß-Report 1977, 379; Blei JA 1976, 814; Friemel S. 80 f.; Heinz GA 1977, 227; Maurach / Schroeder S. 456; Stree in Schönke / Schröder § 302 a Rdn. 31; Schäfer in LK § 302 a Rdn. 49.

[340] Zu weiteren Beispielen s. Sturm JZ 1977, 87 Fn. 29; Stree in Schönke / Schröder § 302 a Rdn. 31.

terium des wirtschaftlich einheitlichen Geschäftsvorgangs bildet die Grenze der Anwendbarkeit der Additionsklausel und muß im Einzelfall nach verständiger wirtschaftlicher Betrachtungsweise ausgelegt werden[341]. Daß das Opfer mit den verschiedenen Verträgen dasselbe Ziel erreichen will, wie etwa bei Aufnahme mehrerer Kredite bei verschiedenen Kreditinstituten, um insgesamt eine bestimmte Kreditsumme zu erreichen, reicht nicht aus[342]. Ein einheitliches Geschäft liegt nur dann vor, wenn wirtschaftlich gesehen ein Hauptgeschäft (Darlehen) abgeschlossen werden soll, für dessen Abschluß und Durchführung andere Personen Hilfsleistungen (Vermittlung, Beseitigung tatsächlicher oder rechtlicher Schwierigkeiten durch Auskünfte, Gutachten oder sonstige Dienstleistungen) erbringen.

Eine weitere Einengung des Anwendungsbereichs der Additionsklausel ist in der Subsidiarität gegenüber § 302 a I 1 StGB begründet. Dem Gesetzgebungsverfahren[343] ist zu entnehmen, und dem ist die Literatur[344] gefolgt, daß § 302 a I 2 StGB nur dann eingreift, wenn Einzeltäterschaft, Mittäterschaft, Anstiftung oder Beihilfe gem. §§ 25 ff. StGB zum Wucher nach § 302 a I 1 StGB nicht vorliegt oder jedenfalls nicht bewiesen werden kann. Sie beinhaltet eine Regelung, die Beweisschwierigkeiten beim Tätigwerden mehrerer in für besonders strafwürdig gehaltenen Fällen überwinden soll[345].

b) Auffälliges Mißverhältnis zwischen sämtlichen Vermögensvorteilen und sämtlichen Gegenleistungen

Im Rahmen des einheitlichen Geschäftsvorgangs sind auf der einen Seite alle von den einzelnen Beteiligten erbrachten Leistungen und auf der anderen Seite alle entsprechenden Vermögensvorteile zu addieren und miteinander in Relation zu setzen. Der Wert der Summe der Leistungen muß zum Wert der Summe der Vermögensvorteile in einem auffälligen Mißverhältnis stehen. Die Festlegung des Grenzwerts ist deshalb besonders problematisch, weil nicht ein einziges Wuchergrundgeschäft nach § 302 a I 1 Nr. 1 bis 4 StGB vorliegt, sondern mehrere verschiedenartige. Die Berechnung wird nahezu unmöglich, wenn man bzgl. des auffälligen Mißverhältnisses bei einem Teilgeschäft von einer abso-

---

[341] Vgl. zu einzelnen Bsp. Schäfer in LK § 302 a Rdn. 50 m. w. N.

[342] Vgl. Stree in Schönke / Schröder § 302 a Rdn. 31; Lackner § 302 a Anm. 5; Schäfer in LK § 302 a Rdn. 49.

[343] Vgl. nur RegE S. 40; Bericht S. 20; in Prot. VII Tröndle S. 2564, Kohlmann S. 2570 f., Kisseler S. 2577 und Göhler S. 2804 ff.

[344] Stree in Schönke / Schröder § 302 a Rdn. 30; Dreher / Tröndle § 302 a Rdn. 27; Müller-Emmert TW 1977, 1/8, 10; Schäfer in LK § 302 a Rdn. 43, 52; Müllert-Emmert / Maier NJW 1976, 1664.

[345] Vgl. Samson in SK § 302 a Rdn. 26.

luten und bei anderen von einer relativen Grenze ausgeht oder wenn man den Beginn der Auffälligkeit bei den einzelnen Wuchergrundgeschäften unterschiedlich festlegt. Deshalb bietet sich nur eine Lösung an: ein auffälliges Mißverhältnis ist in Übereinstimmung mit den Ausführungen bei den einzelnen Wuchergrundgeschäften grds. dann anzunehmen, wenn der für die Gesamtheit der Vermögensvorteile ermittelte Wert den entsprechenden Wert auf der Leistungsseite um mehr als 50 % übersteigt.

Bei der Ermittlung der Summe der Leistungen sind alle Leistungen zu berücksichtigen, mögen sie für sich genommen zu den auf sie entfallenden Vermögensvorteilen in einem auffälligen Mißverhältnis stehen oder nicht[346]. Für diese Ansicht spricht, daß der Anwendungsbereich des Wuchers mit Hilfe der Additionsklausel erweitert werden soll. Müßten wucherische Teilgeschäfte unberücksichtigt bleiben, würde deren Wucherlichkeit den anderen Mitwirkenden zugute kommen und zu einer Verfestigung der Rechtslage führen, die durch die Neufassung des Gesetzes geändert werden sollte. Zum anderen ist fraglich, ob ein auffälliges Mißverhältnis zwischen der Summe der Leistungen und der Summe der Vermögensvorteile überhaupt gegeben sein kann, wenn bei keinem Einzelgeschäft ein auffälliges Mißverhältnis von Leistung und entsprechenden Vermögensvorteilen festgestellt werden kann[347].

c) Übermäßiger Vermögensvorteil beim Einzelvertrag

Ist das auffällige Mißverhältnis beim Gesamtgeschäft festgestellt, ist zu prüfen, ob beim Einzelgeschäft der Leistende einen übermäßigen Vermögensvorteil erzielen wollte oder erzielt hat. Ein übermäßiger Vermögensvorteil ist entsprechend dem Sinn und Zweck der Additionsklausel im Bereich zwischen Angemessenheit und Auffälligkeit zu lokalisieren[348]. Der Aufschlag auf den angemessenen Vermögensvorteil muß sich also in der Spanne von 0 % bis 50 % bewegen. Ob in diesem Bereich eine bestimmte Grenze festgelegt werden kann und wo diese verlaufen müßte, ist im einzelnen noch ungeklärt. Soweit in der Literatur näher auf diese Frage eingegangen wird[349], soll Übermäßigkeit vorliegen

---

[346] So auch Stree in Schönke / Schröder § 302 a Rdn. 32; Schäfer in LK § 302 a Rdn. 51; vgl. Müller-Emmert TW 1977, 1/8; im Ergebnis wohl auch Dreher / Tröndle § 302 a Rdn. 28.

[347] Dazu näher unten S. 151; s. auch Stree in Schönke / Schröder § 302 a Rdn. 32.

[348] Vgl. RegE S. 40.

[349] Z. T. wird dem Problem schlicht ausgewichen, vgl. nur Samson in SK § 302 a Rdn. 31; Blei BT S. 234 f.; Jung JuS 1976, 760; Müller-Emmert / Maier NJW 1976, 1664; Sturm JZ 1977, 87; Müller-Emmert TW 1977, 1/10: „eine Antwort kann nicht gegeben werden“.

bei wirtschaftlich unangemessenen Vorteilen[350], bei das angemessene Entgelt nicht unwesentlich übersteigendem Vorteil[351], bei Diskrepanz zwischen eigener Teilleistung und Teilgegenleistung[352] oder bei normalem Mißverhältnis zwischen Leistung und Vermögensvorteil[353]; mit derartigen Formulierungen kann jedoch der gesetzliche Anwendungsbereich des § 302 a I 2 StGB kaum eindeutig bestimmt werden. Bei der Auslegung des Begriffs übermäßiger Vermögensvorteil ist vom Sinn und Zweck der Additionsklausel auszugehen. Sie erstrebt eine Erweiterung der Strafbarkeit auf Fälle, in denen dem Opfer bei einem Gesamtgeschäft mehrere Leistende gegenüberstehen. Wird das Opfer insgesamt in auffälliger Weise übervorteilt, sollen die einzelnen Geschäftspartner schon dann wegen Wuchers bestraft werden können, wenn sie für ihre Teilleistungen Vermögensvorteile unterhalb der Schwelle des auffälligen Mißverhältnisses erzielen wollen. Dem Schutz des Benachteiligten würde es entgegenkommen, diese Schwelle möglichst niedrig anzusetzen, da auf diese Weise am ehesten verhindert werden kann, daß die Summe der Vermögensvorteile künstlich gesteigert wird. Andererseits ist zu bedenken, daß nach der Additionsklausel jeder einzelne gezwungen wird, seine Vorteile unter der Grenze dessen zu halten, was bei Abs. 1 S. 1 Strafe nach sich ziehen würde. Weil ein Teil der Beteiligten das Opfer in besonders grober Weise übervorteilt, müssen die anderen weiter zurückstehen, um nicht bestraft zu werden. Der weniger Skrupellose wird damit für das Verhalten eines anderen mittelbar mitverantwortlich gemacht, auf dessen Verhaltensweise er keinen Einfluß hat und dessen Geschäftsbeitrag er sich auch nicht nach allgemeinen Teilnahmeregelungen der §§ 25 ff. StGB zurechnen lassen muß. Wenngleich es für das Opfer letztlich irrelevant ist, ob das auffällige Mißverhältnis bei einem komplexen Geschäftsvorgang von einem oder durch Auffächerung der Leistungen von mehreren herbeigeführt wird, darf deshalb die Grenze der Übermäßigkeit nicht zu tief angesetzt werden; sie hat sich zur oberen Grenze hin zu bewegen. Dabei ist noch zu überlegen, ob das Ausmaß der Auffälligkeit beim Gesamtgeschäft Einfluß auf die Grenze der Übermäßigkeit hat, ob etwa der Grenzwert beim Einzelgeschäft sinkt, je höher der Grad der Auffälligkeit beim Gesamtgeschäft ist. Diese Lösung hätte den Vorteil, daß extrem hohe Gesamtauffälligkeiten eher vermieden werden könnten, da sie im Regelfall eher zur strafrechtlichen Verantwortung der Beteiligten führt. Andererseits würde die Verantwortlichkeit des einzelnen für das Verhalten der anderen noch weiter ausgedehnt. Je skrupelloser der eine Teil auftritt, desto weiter

---

[350] Lackner § 302 a Anm. 5; vgl. schon Schmidt-Futterer NJW 1972, 136.

[351] Stree in Schönke / Schröder § 302 a Rdn. 33; Dreher / Tröndle § 302 a Rdn. 31.

[352] Preisendanz § 302 a Anm. 6.

[353] Maurach / Schroeder S. 456.

müßten die anderen ihr Gewinnstreben einschränken. Schon aus diesem Grund ist eine derartige Berechnungsweise abzulehnen, ohne daß auf die Schwierigkeiten der Fixierung der wechselnden Relationen im subjektiven Bereich des Nebentäters einzugehen ist.

Es ist also eine feste Grenze zu bestimmen, bei deren Überschreitung die Übermäßigkeit in bezug auf das Teilgeschäft anzunehmen ist. Bei Satz 1 wurde ein auffälliges Mißverhältnis zwischen Leistung und Vermögensvorteilen angenommen, wenn der Wert der Vermögensvorteile den der Leistung um mehr als 50 % übersteigt. Um an der oberen Grenze zu verbleiben, gleichzeitig eine Abstufung zu haben und überdies eine Berechnungsartistik zu vermeiden, scheint hier die 40 %-Grenze angemessen zu sein[354]. Übermäßige Vermögensvorteile gem. § 302 a I 2 StGB liegen also regelmäßig dann vor, wenn die Teilvermögensvorteile die Teilleistung um mehr als 40 % übersteigen.

d) Ausnutzung der Schwächesituation

Weiterhin muß der Nebentäter nach der Additionsklausel eine der in Satz 1 genannten Schwächen des Opfers ausnutzen. Die Ausnutzung wird im allgemeinen als eine Abschwächung gegenüber der Ausbeutung aufgefaßt und soll dann vorliegen, wenn der Täter sich die Schwächesituation des Opfers schlicht zunutze macht[355]. Nach der hier vertretenen Auffassung zum Merkmal Ausbeuten kommt der Ausnutzung keine besondere, andere Wortbedeutung zu als der Ausbeutung. Beide Begriffe zeigen nur an, daß der Täter die wucherischen Vermögensvorteile in Kenntnis oder unter Inkaufnahme der Schwächesituation des Opfers erzielen will und stellen somit nur sprachlich unterschiedliche Ausdrucksweisen für ein und denselben Vorgang dar[356]. Im übrigen ist nach der entgegenstehenden Meinung nur schwer verständlich, warum der, der in grober Weise übervorteilt, in intensiverer Weise die Schwächesituation des Opfers zu seinem Vorteil einsetzen muß, als der, der das Opfer in geringerem Maß übervorteilt, aber tatbestandserweiternd nur um die Schwächesituation des Opfers wissen muß.

e) Erfordernis im subjektiven Bereich

Die durch die Differenzierung in Gesamtgeschäft und Einzelgeschäfte herbeigeführte Vermehrung der objektiven Tatbestandsmerkmale bedingt eine Erweiterung des Vorsatzes beim Täter, für den generell bedingter Vorsatz genügt. Zunächst muß der Täter wissen, daß er im

---

[354] Zu dieser rechnerischen Größe s. auch Samson in SK § 302 a Rdn. 27.

[355] Vgl. Heinz GA 1977, 221; Dreher / Tröndle § 302 a Rdn. 15; Samson in SK § 302 a Rdn. 37.

[356] So wohl auch Maurach / Schroeder S. 457.

Rahmen eines bei wirtschaftlicher Betrachtungsweise einheitlichen Geschäfts neben anderen eine Teilleistung erbringt. Daneben muß er die Tatsachen kennen, aus denen sich ein auffälliges Mißverhältnis zwischen sämtlichen Vermögensvorteilen und sämtlichen Gegenleistungen ergibt. Bzgl. seines eigenen Teilgeschäfts muß er die die Schwächesituation des Opfers begründenden Tatsachen, den Einfluß der Schwächesituation auf den Abschluß und die Durchführung des Einzelgeschäfts sowie die Tatsachen kennen, die zur Übermäßigkeit des auf seine Teilleistung entfallenden Vermögensvorteils führen[357].

f) Zusammenfassung

Ob die Additionsklausel die ihr vom Gesetzgeber zugedachte Funktion — Erfassung strafwürdiger Fälle, bei denen Täterschaft oder Teilnahme an einem Wucherdelikt nicht vorliegt oder nicht nachzuweisen ist — erfüllen kann, erscheint mehr als zweifelhaft. Zwar ist die Befürchtung unbegründet, daß auch ordnungsgemäß Handelnde von der Additionsklausel erfaßt werden können; denn die Ausnutzung der Schwächesituation und die Erzielung des übermäßigen Vermögensvorteils sind zwei kumulativ zu bejahende, tatbestandseinschränkende Merkmale, die eine strenge Grenzziehung ermöglichen. Jedoch ist die Frage zu stellen, welche Fälle des Zusammenwirkens von § 302 a I 2 StGB erfaßt werden und ob für diese Fälle ein gegenüber Satz 1 noch komplexerer, mit weiteren Auslegungs- und praktischen Beweisschwierigkeiten ausgestatteter Tatbestand der Wuchernebentäterschaft erforderlich ist.

Bei der Neufassung des Wuchertatbestands schwebte dem Gesetzgeber folgender Fall vor, den er mit Hilfe der Additionsklausel zu erfassen und einwandfrei zu lösen glaubte[358]: Bei einem einheitlichen Geschäft werden die Leistungen auf verschiedene Personen aufgeteilt. Jeder läßt sich, ohne daß eine Beteiligung der Leistenden nach §§ 25 ff. StGB vorliegt oder nachgewiesen werden kann, Vermögensvorteile versprechen oder gewähren, die noch gerade unterhalb der Schwelle des auffälligen Mißverhältnisses verbleiben. Das Opfer aber wird insgesamt so benachteiligt, daß im Hinblick auf das Gesamtgeschäft ein auffälliges Mißverhältnis zwischen der Summe aller Vermögensvorteile und aller Leistungen bejaht werden muß[359].

---

[357] Zum Vorsatz im Rahmen der Additionsklausel vgl. insgesamt Bericht S. 20; Stree in Schönke / Schröder § 302 a Rdn. 36; Schäfer in LK § 302 a Rdn. 52; Blei JA 1976, 814; Dreiss / Eitel-Dreiss S. 202 ff.

[358] Vgl. RegE S. 21, 40; Bericht S. 20.

[359] Vgl. auch Dreher / Tröndle § 302 a Rdn. 27 f.; Schäfer in LK § 302 a Rdn. 43; Blei BT S. 234 f.; Göhler / Wilts DB 1976, 1662; Heinz GA 1977, 220 f.; nicht ganz deutlich Müller-Emmert / Maier NJW 1976, 1664; Kohlmann S. 50 ff.; zum RegE Tiedemann ZStW 87 (1975), 282 f.

So sehr zum Schutz des potentiellen Wucheropfers die Intention des Gesetzgebers zu begrüßen ist, das vom Gesetzgeber angestrebte Ziel wird verfehlt[360]. Nach der hier vertretenen Ansicht liegt sowohl bei einem Einzelgeschäft als eigenständigem Geschäft oder als Teilgeschäft, als auch bei einem einheitlichen Gesamtgeschäft ein auffälliges Mißverhältnis zwischen Leistungen und Vermögensvorteilen grds. immer, aber auch nur dann vor, wenn der Wert der Vermögensvorteile den der Leistungen um mehr als 50 % übersteigt; die Art des Geschäfts ist bedeutungslos. Wird diese 50 %-Grenze bei beliebig vielen Teilgeschäften nicht überschritten, kann sie auch nicht durch Summierung der entsprechenden Werte überschritten werden. Selbst wenn bei allen Teilgeschäften die Übervorteilungsspanne 49 % beträgt, wird durch Addition nie der Wert 50 % erreicht; es bleibt auch beim Gesamtgeschäft bei 49 %.

Zu einem anderen Ergebnis kann man nur gelangen, wenn man bei verschiedenartigen Geschäften die Grenze des auffälligen Mißverhältnisses unterschiedlich bestimmt oder wenn man überhaupt von einer relativen Grenze ab- und zu einer absoluten Grenze übergeht.

Setzt man z. B. bei 2 von 4 Teilgeschäften die Grenze bei 100 %, bei den beiden anderen Teilgeschäften und beim Gesamtgeschäft aber nur bei 50 %, so kann offensichtlich die 50 %-Grenze beim Gesamtgeschäft überschritten werden und folglich auch ein auffälliges Mißverhältnis zwischen sämtlichen Vermögensvorteilen und sämtlichen Leistungen vorliegen, wenn dies bei den Einzelgeschäften noch nicht gegeben ist. Dies gilt in besonderem Maße dann, wenn bei den wertmäßig größten Teilgeschäften die Grenze hoch angesetzt wird.

Andererseits kann man die Mißverhältnisgrenze teils relativ, teils absolut bestimmen, wie es im Bereich der vermittelten Kredite heute noch vorkommt[361]. Dort wird häufig eine Gesamt-Effektivverzinsung exakt festgestellt und aus ihr der Schluß gezogen, daß bei einem derartigen Effektivzins, seien es 30 %, 35 % oder welcher Zinssatz auch immer, insgesamt ein auffälliges Mißverhältnis vorliegt.

Beide Berechnungsarten sind jedoch abzulehnen. Sie bergen die Gefahr der möglichen Manipulation und der Verschleierung bei der Feststellung der einzelnen Prüfungsschritte in sich. Beim ersten Berechnungsmodus ist nicht einsichtig, warum das Merkmal auffälliges Miß-

---

[360] I. E. ebenso Maurach / Schroeder S. 456; Rühle S. 59 f.; Samson in SK § 302 a Rdn. 26 ff.; skeptisch auch Schäfer in LK § 302 a Rdn. 53.

[361] Vgl. die Einstellungsverfügung der Staatsanwaltschaft beim LG Stuttgart (149 Js 275/78), auszugsweise bei H. Schulz TW 1979, 2/38, wo bei Ratenkreditgeschäften Effektivzinsen um 30 % als wesentliches Wucherkriterium angesehen werden; vgl. auch Stree in Schönke / Schröder § 302 a Rdn. 16.

verhältnis zwischen Vermögensvorteil und Leistung in einem Tatbestand je nach Art des zu beurteilenden Geschäfts verschieden ausgelegt werden soll. Die Gefahr der Manipulation ergibt sich daraus, daß man den Auffälligkeitsgrad beim Gesamtgeschäft, das je nach Ausgestaltung und Wertigkeit der einzelnen Teilgeschäfte unterschiedliche Größen haben kann, vom Ergebnis her festlegt und damit Verhaltensweisen pönalisiert, die man nach dem strengen Maßstab des Satz 1 und bei strikter Einhaltung der Subsidiarität des Satz 2 nicht bestrafen könnte. Dieser Eindruck wird beim zweiten Vorgehen noch bestärkt. Einzelne Teilgeschäfte führen zwar zu erheblichen Übervorteilungen des Opfers, zu einer klaren Entscheidung zu Lasten eines Mitwirkenden mag man jedoch nicht kommen. Bei der Betrachtung des Gesamtgeschäfts stellt man dann fest, daß die Gesamtübervorteilung ein Ausmaß erreicht hat, das förmlich nach Strafe schreit. Für diesen Fall bietet Satz 2 eine willkommene Möglichkeit, das vorher Versäumte nachzuholen und den einzelnen Übervorteilenden doch noch zu bestrafen.

Die Additionsklausel kann somit die ihr vom Gesetzgeber zugedachte lückenschließende Funktion nur erfüllen, wenn beim auffälligen Mißverhältnis zwischen Vermögensvorteilen und Leistung, bezogen auf das einzelne Teilgeschäft, nicht sorgfältig subsumiert wird. Dort muß man genau arbeiten und sich zu einer klaren, unzweideutigen Entscheidung durchringen; die Additionsklausel bewirkt nur, daß die Ungenauigkeiten im Bereich des Wucherstrafrechts zunehmen und zu einer verstärkten Anwendungsscheu und praktischen Bedeutungslosigkeit des § 302 a StGB führen. Diese Tendenz setzt sich in der gegenüber Satz 1 teilweise neuen Terminologie des Satz 2 fort: Ausbeuten — Ausnutzen; Leistung — sämtliche Gegenleistungen; auffälliges Mißverhältnis — übermäßiger Vermögensvorteil. Zwar mag man die Unterschiede als notwendig erachten; es steht jedoch zu befürchten, daß bei den bislang noch nicht immer ganz geklärten Bedeutungsinhalten der Ausdrücke in Satz 1 durch die Neuschaffung ähnlicher, aber vom Ausdruck her unterschiedlicher Begriffe eine zusätzliche Verwirrung und Ratlosigkeit in die Praxis getragen wird.

Schließlich sei noch auf die Beweisschwierigkeiten hingewiesen, die sich aus der Erweiterung des Vorsatzes beim Nebentäter ergeben. Ihm ist nicht nur Vorsatz bzgl. der relevanten Umstände seines eigenen Teilgeschäfts, sondern auch bzgl. der Zusammenhänge des Gesamtgeschäfts nachzuweisen. Der Gesetzgeber hat damit, um Beweisschwierigkeiten auf dem einen Gebiet — Teilnahmeproblematik — zu entgehen, ähnliche Schwierigkeiten auf einem anderen Gebiet — Zusammenhänge und Auswirkungen des geschäftlichen Zusammenwirkens — geschaffen[362].

---

[362] Rühle S. 59.

Diese neuen Probleme hat der Gesetzgeber in Kauf genommen, um den Anwendungsbereich des Wuchers, nach der hier vertretenen Ansicht theoretisch und praktisch nur unwesentlich, zu erweitern. Zum einen kann die Additionsklausel nur Anwendung finden, wenn mindestens bei einem Teilgeschäft ein auffälliges Mißverhältnis festgestellt werden kann, das die unterste Grenze praktisch erheblich übersteigen muß. Anders wird der Grad der Auffälligkeit beim Gesamtgeschäft kaum erreicht. Je mehr Personen am Gesamtgeschäft mitwirken und je mehr von ihnen sich im Bereich der Angemessenheit halten, desto schwieriger wird es sein, ein auffälliges Mißverhältnis zwischen sämtlichen Vermögensvorteilen und sämtlichen Leistungen festzustellen. Darüber hinaus muß der Nebentäter übermäßige Vermögensvorteile für sich allein in der Bandbreite von 40 % bis 50 % Aufschlag auf die angemessene Vergütung anstreben. Die Konstellation, über 50 % Aufschlag auf das angemessene Entgelt insgesamt und zwischen 40 % und 50 % Aufschlag bei einem Teilgeschäft, wobei der Geschäftspartner dieses Teilgeschäfts die Gesamtzusammenhänge und die Situation des Opfers vollkommen überblickt, dürfte äußerst selten sein; ob schließlich der auf die wirtschaftlichen Zusammenhänge und die besondere Lage des Opfers bezogene Vorsatz des Teilleistenden eher zu beweisen ist als seine mögliche Beteiligung am Wucher dessen, bei dessen Einzelgeschäft die 50 %-Grenze überschritten wird, ist nach dem vorstehenden kaum anzunehmen.

Die Additionsklausel stellt sich nach alledem als eine Neuerung dar, die weder theoretisch noch praktisch das erstrebte Ziel zu erreichen vermag, die Aufmerksamkeit von den eigentlichen Schwerpunkten abzulenken scheint und insgesamt kaum zur Praktikabilität und Effektivität des Wucherstrafrechts beiträgt[363].

II. Strafbarkeit des Bewucherten und seiner Helfer

1. Der in Betracht kommende Opferkreis

Im Regelfall ist derjenige, der die wucherischen Vermögensvorteile verspricht oder gewährt, der Vertragspartner des Wucherers. Allerdings muß die Person des Schuldners mit der des Versprechenden oder Gewährenden nicht unbedingt identisch sein; der Bewucherte kann auch ein Bürge oder ein Bevollmächtigter des Schuldners sein[364]. Während

---

[363] Bezeichnenderweise hat der Gesetzgeber aus „gesetzestechnischen Gründen“ darauf verzichtet, die Additionsklausel in den der Neufassung des § 302 a StGB angeglichenen § 138 II BGB aufzunehmen, Müller-Emmert / Maier NJW 1976, 1664; vgl. auch Bericht S. 22.

[364] RG Recht 1915 Nr. 736; Preisendanz § 302 a Anm. 5 e m. w. N.; Hug S. 97; Binding S. 454; Wachenfeld S. 417 Fn. 3.

die Zwangslage im Vertretungsfall immer in der Person des Schuldners vorliegen muß, reicht bei den übrigen Schwächesituationen aus, daß der Vertreter mit ihnen behaftet ist[365].

2. *Notwendige Teilnahme des Bewucherten am Wucherdelikt*

Wie schon bei der Erörterung der Einwilligung des Bewucherten angedeutet, setzt Wucher ein formal einverständliches Handeln zwischen Wucherer und Bewuchertem voraus. Beide schließen das Wuchergeschäft ab, indem jeder von ihnen das seinerseits Erforderliche tut: Der Bewucherte verspricht oder gewährt wucherische Vermögensvorteile, der Wucherer nimmt das Versprechen oder die Vermögensvorteile selbst an. Beide arbeiten, allerdings von verschiedenen Seiten kommend, auf ein gemeinsames Ziel hin, den Abschluß und die Durchführung eines Geschäfts mit objektiv wucherischen Bedingungen. Der Wucher ist damit ein Delikt mit notwendiger Teilnahme des Opfers in der Unterform des sog. Begegnungsdelikts[366].

Nach einhelliger Ansicht[367] bleibt der Bewucherte als notwendig Beteiligter straflos, wenn er nicht mehr tut, als er zur Erfüllung des Wuchertatbestands notwendigerweise tun muß. Der formale Grund liegt im Schweigen des Gesetzes über die Strafbarkeit dessen, der die wucherischen Vermögensvorteile verspricht oder gewährt; der Sache nach folgt die Straflosigkeit daraus, daß das durch § 302 a StGB geschützte Vermögen des Bewucherten nicht gegen dessen Angriffe geschützt ist[368]. Aber auch dann, wenn das Wuchergeschäft erst auf seine Initiative oder gar massiven Kräfteeinsatz zustandegekommen ist, wenn formal Anstiftung oder Teilnahme (§§ 26, 27 StGB) vorliegt, soll der Bewucherte als Opfer der Wucherstraftat straflos ausgehen[369]. Für diese Konstellation seien zwei Fälle dargestellt:

A befindet sich in einer Zwangslage und benötigt dringend Geld. Er wendet sich an seinen Freund B im Glauben, dieser könne ihm sofort

---

[365] Schäfer in LK § 302 a Rdn. 57; Isopescul-Grecul S. 291; Stree in Schönke / Schröder § 302 a Rdn. 28 m. w. N.

[366] Schultz S. 230; Blei AT S. 235. Die andere Unterform stellen die sog. Konvergenzdelikte dar, bei denen mehrere gemeinsam in strafbarer Weise auf dieselbe Rechtsgutsverletzung hinarbeiten; vgl. Otto Lange-FS S. 199; Roxin in LK Vor § 26 Rdn. 28; Samson in SK Vor § 26 Rdn. 45; Schmidhäuser 14/171; R. v. Hippel LB S. 169 Fn. 4 und Strafrecht II S. 468; zum Begriff Begegnungsdelikt auch Freudenthal Die nothwendige Teilnahme S. 3 ff.; ablehnend zum Begriff notwendige Teilnahme Beling S. 401 f.

[367] Schäfer in LK § 302 a Rdn. 64; Maurach / Schroeder S. 454; Stree in Schönke / Schröder § 302 a Rdn. 41; Dreher / Tröndle § 302 a Rdn. 33; RGSt 18, 273 (281).

[368] Stratenwerth AT Rdn. 945; vgl. auch Maurach / Schroeder S. 454.

[369] Dazu jeweils m. w. N. Otto Lange-FS S. 199; Samson in SK Vor § 26 Rdn. 46 f.; Jescheck LB S. 569; Schultz S. 230; anders für den Mietwucher ohne nähere Begründung Roquette Wucher S. 61.

helfen. B winkt ab. A bietet, bislang erfolglos, einen immer höheren Zinssatz. Als die Angebote des A die Grenze des auffälligen Mißverhältnisses bereits überschritten haben, nimmt B das Angebot an, um ihm letztlich doch noch zu „helfen" und um ihn loszuwerden.

X befindet sich in chronischer Geldverlegenheit. Da er kaum Sicherheiten bieten kann, werden seine Kreditwünsche allenthalben abgelehnt, so auch zunächst vom Geldverleiher Y. Nach weiterem inständigen Flehen des X läßt sich Y erweichen. Sie vereinbaren einen Zinssatz, der auch bei Berücksichtigung des Risikos als wucherisch zu bezeichnen ist.

In beiden Fällen würde diese Meinung zur Straflosigkeit des Opfers, A bzw. X, gelangen, wobei dieses Ergebnis allerdings unterschiedlich begründet wird.

a) Argumentation vom Schutzzweck der Norm her

Die heute h. M.[370] geht auf der Grundlage der Auffassung v. Kries'[371] und des RG[372] davon aus, daß § 302 a StGB den Schutz des in besonderer Weise Benachteiligten vor Übervorteilung bezweckt. Dieser Schutz müsse auch dann noch seine Wirksamkeit entfalten, wenn das Opfer über seine notwendige Rolle hinaus tätig werde. Auch in diesem Fall verdiene das Opfer Schutz, allerdings nur vor dem Geschäftspartner, nicht jedoch vor sich selbst. Der Angriff auf das eigene Vermögen mit Hilfe des Dritten habe, mag er auch dumm, töricht oder frevelhaft sein, keine Unrechtsqualität. Strafbare Teilnahme setze aber voraus, daß der Teilnehmer gegen ein ihm gegenüber geschütztes Rechtsgut vorgehe. Da der Teilnehmer immer nur dasselbe Rechtsgut verletzen könne wie der Täter, könne der Bewucherte mangels eines vor ihm geschützten Rechtsguts keine rechtsgutverletzende Anstiftungs- oder Beihilfehandlung in bezug auf den vom Täter ihm gegenüber begangenen Wucher begehen und müsse deshalb notwendigerweise straflos bleiben[373].

b) Aspekt der Täter-Opfer-Beziehung

Eng mit der vorgenannten Auffassung hängt die Meinung derer zusammen, die entscheidend auf die fehlende Täter-/Subjektsqualität abstellen[374]. § 302 a StGB setze eine bestimmte Lage des Opfers voraus, die

[370] Vgl. die Zusammenstellung bei Otto Lange-FS S. 199 Fn. 8 und Schmidhäuser 14/172 Fn. 59; auch Roxin in LK Vor § 26 Rdn. 33, 2, 7.

[371] ZStW 7 (1887), 527 ff.

[372] RGSt 18, 273 (281).

[373] So insb. Roxin in LK Vor § 26 Rdn. 33, 2, 7; Schmidhäuser 14/172 Fn. 59; Herzberg Täterschaft S. 134; Blei AT S. 235; vgl. auch Lüderssen S. 195 ff., 166 f. und 131 f.

[374] Lange S. 20 ff., 66 ff. und 97; vgl. auch Otto Lange-FS S. 211 f.

ihn zum Unterlegenen, zum Objekt des Wuchers mache. Seine Handlung sei nur in ihrer sozialen Sinnhaftigkeit zu erfassen und könne daher nicht in eigenes Handeln und Teilnahme an fremder Tat zerlegt werden[375].

c) Kriterien der Rechtsgutsverletzung und der Rechtsgutsgefährdung

Mehr von den allgemeinen Prinzipien der Teilnahmelehre aus begründet Freudenthal[376] die Straflosigkeit des geschützten Opfers. Letztlich folge sie aus den im Teilnahmebereich geltenden Subsidiaritätserwägungen. Der Täter verletze das zu schützende Rechtsgut, der Anstifter bzw. Gehilfe gefährde es nur; die Täterschaft sei gegenüber der Teilnahme der schwerere Angriff auf ein Rechtsgut. Deshalb stünden Täterschaft und Teilnahme in einem Subsidiaritätsverhältnis. Daraus folge zwingend, daß der in der Teilnahme liegende Angriff auf ein Rechtsgut dort, wo die Täterschaft nicht strafbar sei, ebenfalls straflos bleiben müsse.

d) Wucher als mittäterschaftsähnliches Delikt mit gegenseitiger Anstiftung

Demgegenüber zählt Zöller[377] den Wucher zu den mittäterschaftsähnlichen Delikten mit notwendiger Teilnahme. Der Gesetzgeber habe den Bewucherten nicht als möglichen Täter unter Strafe gestellt. Diese Straflosigkeit erstrecke sich wegen der besonderen Konstruktion des Wuchers als mittäterschaftsähnlichem Delikt, unter der sich dem Inhalt nach eine gegenseitige Anstiftung zwischen Wucherer und Bewuchertem verberge, nicht nur auf den eigentlichen Tatbeitrag, die notwendige Teilnahme, sondern auch auf die immanente Anstiftungshandlung, die wiederum die Beihilfe konsumiere[378].

e) Stellungnahme

Wenn auch noch Unterschiede in der Auffassung dessen bestehen, was als Strafgrund der Teilnahme anzusehen ist[379], setzt strafbare Teilnahme nach der heute wohl herrschenden (wie auch immer) modifizierten Verursachungstheorie voraus, daß der Teilnehmer über eine fremde

---

375 Lange S. 70, 97.

376 Die nothwendige Teilnahme S. 111 ff., 121 und 190 ff.; ihm folgend Brandes S. 48 ff.

377 S. 75 f., 178 und insb. 230 ff.

378 Zöller S. 230 ff.; ablehnend Otto Lange-FS S. 198 Fn. 7 und Jescheck LB S. 569 Fn. 69.

379 Vgl. die Zusammenfassungen von Samson in SK Vor § 26 Rdn. 4 ff. und Roxin in LK Vor § 26 Rdn. 8 ff.

tatbestandsmäßige, rechtswidrige Haupttat, die er veranlaßt oder fördert, gegen ein vor seinen Angriffen geschütztes Rechtsgut vorgeht. Auf den Wucher bezogen bedeutet dies folgendes: Durch seine Aufforderung an den Wucherer, mit ihm ein wucherisches Geschäft einzugehen, verursacht der Bewucherte den vom Wucherer begangenen Wucher. Angriffsobjekt des Wuchers ist das Vermögen des Bewucherten. Dies ist jedoch gegenüber Angriffen des Bewucherten selbst nicht geschützt. Aus diesem Grund kann der Bewucherte weder direkt als Täter noch mittelbar als Teilnehmer eine relevante Rechtsgutsverletzung begehen.

Speziell beim Wucher sind noch weitere Argumente zu beachten. Der Bewucherte gibt aufgrund seiner Schwächesituation dem Ansinnen des Wucherers nach und verspricht oder gewährt ihm wucherische Vermögensvorteile. Er vermag den Angriffen des Wucherers auf das eigene Vermögen nicht zu widerstehen. In diesem Normalfall wird, wie Lange[380] zutreffend formuliert hat, der Bewucherte zum Objekt der Betätigung des Wucherers. Wenn der Bewucherte wie in den obengenannten Fällen nicht nur einen Angriff auf sein Vermögen nicht abwehren kann, sondern diesen Angriff zusätzlich unterstützt oder gar erst initiiert, ist dies nur aus einer besonders tiefgreifenden Schwächesituation des Opfers heraus erklärlich. Diese ist so stark und intensiv, daß der Bewucherte gezwungen wird, aktiv gegen sein eigenes Vermögen mit Hilfe des Wucherers vorzugehen, um ein bestimmtes Ziel erreichen zu können. Dies besteht beim häufigen Fall der Zwangslage darin, die Zwangslage zu beseitigen. Wenn die „normale" Selbstschädigung aufgrund einer Schwächesituation mit Hilfe eines Dritten straflos ist, dann muß erst recht Straflosigkeit eintreten, wenn die Schwächesituation Formen angenommen hat, die die Selbstschädigung mit Hilfe des Dritten unter aktivem, massivem Einsatz eigener Kräfte erst ermöglicht oder bestärkt. Bei einer derartigen Fallkonstruktion wird der Wucherer zwar erst zu einem rechtswidrigen Verhalten veranlaßt oder bei diesem Vorhaben unterstützt; dies kann jedoch eine Teilnahmestrafbarkeit des Bewucherten nicht begründen, allenfalls Einfluß auf die Strafzumessung beim Wucherer haben.

Als Ergebnis ist damit festzuhalten: Der Bewucherte kann weder als (Mit-)Täter noch als Teilnehmer am Wucher des anderen bestraft werden, mag er sich rollenkonform verhalten oder rollenüberschreitend tätig werden, da die Wucherbestimmung seinem Schutz dient und sein Vermögen nicht gegenüber seinen eigenen Angriffen geschützt ist.

---

380 S. 21, 30 ff.

3. *Strafbarkeit nach anderen Delikten*

Die Straflosigkeit bezieht sich jedoch nur auf die Beteiligung am Wucher; die Möglichkeit der Bestrafung wegen täterschaftlicher Begehung anderer Delikte bleibt unberührt[381]. In Betracht kommt in diesem Zusammenhang die Strafbarkeit wegen Betrugs (§ 263 StGB)[382], wenn der Bewucherte über das wahre Ausmaß seiner Zwangslage täuscht oder wenn er ein Darlehen zu wucherischen Bedingungen aufnimmt, in der Absicht, sich nach Auszahlung der Darlehensvaluta jeglicher Rückzahlungen zu enthalten. In diesen Fällen greift er nicht sein eigenes Vermögen an, sondern das des Wucherers. Trotz Nichtigkeit des Rechtsgeschäfts wegen Wuchers nach § 138 II BGB hat der wucherische Kreditgeber einen Rückerstattungsanspruch in Höhe des kreditierten Kapitals aus § 812 BGB gegen den Bewucherten; ähnliches gilt bei einem wucherischen Mietvertrag, wo der Vermieter nach § 812 BGB bzw. § 985 BGB die — rechtlich unwirksam — vermietete Sache vom Bewucherten wieder herausverlangen kann[383]. Die Vereitelung oder Gefährdung dieser Ansprüche kann einen für § 263 StGB relevanten Vermögensschaden darstellen.

4. *Beteiligung eines Dritten auf der Seite des Bewucherten*

a) Anstiftung und Beihilfe zur notwendigen Teilnahme des Bewucherten oder zur Tat des Wucherers

Ausgangspunkt sollen Abwandlungen der beiden obengenannten Fälle[384] sein: Noch vor dem oben geschilderten Tätigwerden wenden sich A und X in ihrer Not an einen weiteren Freund F. Im ersten Fall gibt F dem A erst den Tip, sich an B zu wenden. Wenn B das Geld nicht kreditieren wolle, solle A — wie später geschehen — den B zu dem „lukrativen" Geschäft überreden. Im zweiten Fall gibt F dem X nähere Ratschläge, wie er die auftretende Reserviertheit des Y überwinden und ihn zum Abschluß des objektiv wucherischen Geschäfts bewegen kann. Im ersten Fall bestimmt F den A, im zweiten Fall leistet F dem X Hilfe, daß A und X den B und den Y zu deren Wuchertat bestimmen. Formell handelt es sich damit um Fälle der Anstiftung bzw. Beihilfe

---

381 Cramer in Schönke / Schröder Vor §§ 25 ff. Rdn. 50; Herzberg Täterschaft S. 134, dort besonders Fn. 16; vgl. auch Lackner Vor § 25 Anm. 5.

382 Andeutungsweise bei Heinz GA 1977, 229; Zirpins / Terstegen S. 601, 603; Sturm JZ 1977, 85; Schütz Kriminalistik 1958, 335.

383 Dies entspricht der im Zivilrecht ganz h. M.; vgl. RGZ 161, 52 (55 ff.); Honsell S. 21 ff., 152; Larenz II S. 498 f.; Erman / H. P. Westermann § 817 Rdn. 20; Palandt / Heinrichs § 138 Anm. 4 b und Palandt / Thomas § 817 Anm. 3 c bb; Esser S. 360.

384 S. 154 f.

zur Anstiftung zu einer Straftat (Kettenteilnahme). In beiden Fällen stellt sich die Frage, ob und ggf. wie F zu bestrafen ist.

aa) Haupttat

Anstiftung und Beihilfe setzen ihrer akzessorischen Natur nach eine Haupttat voraus, auf die sie sich beziehen müssen. Als Bezugspunkt der Akzessorietät kommt der Wucher von B und Y, aber auch die von A und X formell begangene Anstiftung in Betracht.

Das Problem der sog. Kettenteilnahme wird in Rspr. und Literatur unterschiedlich behandelt. Nach der wohl überwiegend vertretenen Ansicht[385] werden die Anstiftung zur Anstiftung als (mittelbare) Anstiftung zur (täterschaftlich begangenen) Haupttat und die Beihilfe zur Anstiftung als (mittelbare) Beihilfe zur Haupttat behandelt, während ein anderer Teil der Literatur[386] Anstiftung zur Anstiftung bzw. Beihilfe zur Anstiftung bzgl. der jeweiligen Haupttat annimmt (Teilnahme — Teilnahme). Ein weiterer Teil der Literatur[387] differenziert zwischen Anstiftung zur Anstiftung und Beihilfe zur Anstiftung und kommt dabei zu gegensätzlichen Ergebnissen.

Bei der Lösung des Problems kann man von zwei feststehenden Voraussetzungen ausgehen: Zum einen kann eine Anstiftung eine vorsätzlich begangene rechtswidrige Tat gem. §§ 26, 27 StGB darstellen; zum anderen richtet sich der Strafrahmen, innerhalb dessen sich die Bestrafung wegen Kettenteilnahme halten muß, nach dem Delikt, das der Haupttäter verwirklicht. Es muß die Frage, zu welcher Tat der Hintermann angestiftet hat, von der Frage getrennt werden, innerhalb welchen Strafrahmens sich seine Strafe halten muß. Die Meinung, die eine Kettenteilnahme als mittelbare Teilnahme zur Haupttat ansieht, ist zumindest ungenau, da sie diese Differenzierung nicht deutlich genug herausstellt oder überdeckt[388]. Der Begriff „mittelbare Anstiftung und Bei-

[385] Vgl. z. B. RGSt 23, 300 (306); 59, 396 (397); BGHSt 8, 137 (139); 14, 156 (157); Samson in SK Vor § 26 Rdn. 50; Maurach / Gössel / Zipf S. 242; Schwind MDR 1969, 14 jeweils m. w. N.; Lackner § 26 Anm. 6; Blei AT S. 256; vgl. auch Roxin in LK § 26 Rdn. 36 f. und § 27 Rdn. 43.

[386] Z. B. Beling S. 449 f.; Martin DRiZ 1955, 290 f.; Stratenwerth AT Rdn. 971; D. Meyer JuS 1973, 758; vgl. auch BGHSt 6, 359 (361); RGSt 14, 318 (319).

[387] Gallas JR 1956, 226, 227; Cramer in Schönke / Schröder § 26 Rdn. 9 und § 27 Rdn. 18.

[388] In der Entscheidung BGHSt 6, 359 (361), auf die sich diese Meinung beruft, ist die Differenzierung noch gemacht worden, in Hinblick auf die Möglichkeit der Bestrafung jedoch als mittelbare Anstiftung bezeichnet worden. „Zu den mit Strafe bedrohten Handlungen gehört nach § 48 Abs. 1 StGB auch die Anstiftung selbst. Wer einen anderen dazu bestimmt, seinerseits einen Dritten zu bestimmen, daß dieser eine Straftat begehe, bestimmt also einen anderen zu einer mit Strafe bedrohten Handlung und ist deshalb, sofern der Dritte die Tat begeht, der Anstiftung zur Anstiftung schuldig. Da der Anstifter zur Anstiftung gem. § 48 Abs. 2 StGB nach dem Gesetz zu bestrafen ist, welches auf die Handlung Anwendung findet, zu welcher er wissentlich an-

hilfe" kann irreführend sein. Bei der Kettenteilnahme ist die vorsätzlich begangene rechtswidrige Tat, auf die sich die Teilnahme bezieht, Anstiftung oder Beihilfe des Mittelsmannes zur täterschaftlich begangenen Tat des nach außen unmittelbar Handelnden. Daß die Bestrafung letztlich dem Strafrahmen dieses Delikts entnommen wird, ist insoweit ohne Bedeutung.

Gerade beim Wucher sprechen für diese Lösung auch folgende Gründe. In den Beispielsfällen will F nicht, daß B und Y die Schwächesituation des A und X ausbeuten. Es kommt ihm vielmehr darauf an, daß A und X die zur Abwendung ihrer Verlegenheit erforderlichen finanziellen Mittel erhalten, sei es auch mit Hilfe eines wucherischen Geschäfts. Am Vorteil von B und Y liegt ihm nichts, er ist ihm vielleicht unerwünscht. Deren Wuchertaten sollen nicht um ihrer selbst willen gefördert werden, sondern nur als notwendiges Mittel, A und X zu helfen. Zum anderen kann der Bewucherte nie Täter des Wucherdelikts als Begegnungsdelikt mit notwendiger Teilnahme sein, obwohl er im einverständlichen Zusammenwirken mit dem Wucherer das wucherische Geschäft abschließt. Eine Anstiftung des F zur Täterschaft von A und X ist also aus diesem Grund nicht möglich. Wollte man mit Hilfe der Rechtsfigur der mittelbaren Anstiftung die Handlung des F als mögliche (mittelbare) Teilnahme an der Deliktsbegehung des Wucherers ansehen, würde man der besonderen Konstellation beim Wucher nicht gerecht werden und die Motivation des F, der seinen Freunden, nicht aber dem Wucherer helfen will, ins Gegenteil verkehren.

Bei der Frage, ob sich F einer Anstiftung oder Beihilfe nach §§ 26, 27 StGB schuldig gemacht hat, ist also hinsichtlich der Haupttat nicht auf das Verhalten des Wucherers, sondern auf das des Bewucherten abzustellen.

bb) „Anstiftung" des Bewucherten als vorsätzlich begangene rechtswidrige Tat

Für die Strafbarkeit des F kommt es somit darauf an, ob der Bewucherte vorsätzlich eine rechtswidrige Anstiftung zum Wucher begangen hat. Die Feststellung seiner Straflosigkeit allein bringt hierüber noch keinen Aufschluß; die entscheidende Frage ist, worauf die Straflosigkeit beruht.

Ein Teil der Literatur[389] begnügt sich mit dem Hinweis auf die Straflosigkeit der notwendig beteiligten, geschützten Personen, zu denen

gestiftet hat, so kann man die Anstiftung zur Anstiftung mit der überwiegenden Meinung in Rspr. und Schrifttum auch als mittelbare Anstiftung zur Haupttat auffassen" (S. 361); vgl. dazu auch Gallas JR 1956, 226 und D. Meyer JuS 1973, 756.

[389] Z. B. Cramer in Schönke / Schröder Vor §§ 25 ff. Rdn. 50; Jescheck LB S. 569; Baumann LB S. 616 Fn. 108; v. Kries ZStW 7 (1887), 527, 528; Freuden-

auch der Bewucherte gehört. Gegen diese Personen selbst könne sich die Schärfe des Gesetzes nicht kehren[390]; der Gesetzeszweck verbiete es, den Geschützten selbst in den Strafbarkeitsbereich einzubeziehen[391]. Nach einer anderen Ansicht[392] sollen schon tatbestandsmäßig die Teilnahmevorschriften nicht eingreifen, wenn, wie beim Wucher, die Strafvorschrift zum besonderen Schutz des notwendig Beteiligten erlassen sind. Schließlich wird argumentiert, daß mangels eines vor dem Bewucherten zu schützenden Rechtsguts kein rechtswidriges Verhalten des Bewucherten vorliegen[393] oder daß sich der Bewucherte entsprechend der Schutzrichtung des Wuchertatbestands nicht der Anstiftung schuldig machen könne[394].

Aufgabe des Strafrechts ist es, sozialschädliche Verhaltensweisen der Bürger zu unterbinden und Rechtsgüter der Bürger vor Rechtsgutverletzungen zu schützen[395]. Zu diesem Zweck hat der Gesetzgeber Normen geschaffen, die bestimmte Verhaltensweisen verbieten oder gebieten. Handelt ein Bürger gegen ein derartiges Verbot oder Gebot, so setzt er sich in Widerspruch zur Rechtsordnung. Sein Verhalten ist rechtswidrig, es sei denn, die Indizwirkung der Tatbestandsverwirklichung wäre im konkreten Einzelfall aufgehoben und die Handlung rechtmäßig[396].

Unzweifelhaft haben in den Beispielsfällen A und X vorsätzlich den B und den Y zu deren vorsätzlich begangenen rechtswidrigen (Wucherstraf-)Taten bestimmt; der Tatbestand der Anstiftung ist erfüllt. Da die Tatbestandsmäßigkeit die Rechtswidrigkeit indiziert, müssen bestimmte Umstände vorliegen, wenn das Verhalten von A und X als rechtmäßig angesehen werden soll. Da Rechtfertigungsgründe nicht ersichtlich sind, stellt sich die Frage, ob die Handlungen von A und X aus einem anderen Grund kein Unrecht darstellen oder materiell rechtswidrig sind.

---

thal Die nothwendige Teilnahme S. 112 ff., 191 f.; Schwarz S. 35; Rösch S. 65; Friedmann S. 98; Isopescul-Grecul S. 302.

[390] v. Kries ZStW 7 (1887), 528.

[391] Preisendanz Vor § 25 Anm. 6 b.

[392] Z. B. RGSt 18, 273 (281); Herzberg GA 1971, 9; Lange S. 95 ff.; Samson in SK Vor § 26 Rdn. 47 und § 302 a Rdn. 40; Otto Lange-FS S. 212; Schmidhäuser 14/172; Roxin in LK Vor § 26 Rdn. 2.

[393] Lüderssen S. 105 ff., 166 f., 131 f.; auch Herzberg Täterschaft S. 134; Stratenwerth AT Rdn. 997; Gallas Beiträge S. 21, 34 f., 36; mit Überschneidungen zur vorgenannten Meinung Otto Lange-FS S. 211; Roxin in LK Vor § 26 Rdn. 33; Samson in SK Vor § 26 Rdn. 17.

[394] Blei AT S. 235; Schäfer in LK § 302 a Rdn. 64.

[395] Vgl. zu diesem Problem, dessen Komplexität und Vielschichtigkeit hier nur angedeutet werden kann, Jescheck LB S. 185 ff.; Stratenwerth AT Rdn. 176; v. Liszt / Schmidt S. 172 ff.; Marx S. 8, 24, 60 f., 70; Rudolphi Honig-FS S. 158 ff., 166 f.; Günther JuS 1978, 9; Sax S. 919.

[396] Zur Unterscheidung zwischen Rechtswidrigkeit und Unrecht vgl. zusammenfassend Jeschek LB S. 185 f. m. w. N.; v. Liszt / Schmidt S. 175 ff.; Lenckner in Schönke / Schröder Vor §§ 13 ff. Rdn. 50 ff.

Insoweit sind die hier zugrundeliegenden Tatbestände nach den ihnen innewohnenden Zwecken und Wertvorstellungen auszulegen[397]. Ausgehend von der Aufgabe des Strafrechts und dem Strafgrund der Teilnahme setzt Bestrafung wegen Teilnahme an einem Delikt unter anderem voraus, daß der Teilnehmer eigenes Teilnehmerunrecht verwirklicht[398]. Strafbares Unrecht wird nur verwirklicht, wenn jemand eine sozialschädliche Verhaltensweise zeigt und ihm gegenüber geschützte Rechtsgüter angreift. Nach unserer Rechtsordnung steht es grds. im Belieben jedes einzelnen, wie er mit seinen Rechtsgütern verfährt. Es ist niemandem verboten, mit seinem Vermögen unwirtschaftlich umzugehen. Das Vermögen eines jeden Bürgers ist also nicht gegen bestimmte Verwendungsweisen durch den Vermögensinhaber selbst geschützt[399]. In bezug auf den Wucher erhellt dies auch daraus, daß die Einwirkung des Bewucherten auf sein Vermögen durch den Abschluß und die Durchführung des wucherischen Geschäfts den Tatbestand des — in Täterschaft begangenen — § 302 a StGB nicht erfüllt. Da in diesem Vorgang kein Angriff auf geschützte Rechtsgüter und Interessen Dritter mit deren Gefährdung und Verletzung gesehen werden kann, liegt kein sozialschädliches Verhalten vor, daß als unrechtmäßig unter Strafe gestellt sein könnte. Der über die Form der Teilnahme nur mittelbar ausgeführte Angriff des Bewucherten auf sein eigenes Vermögen[400] stellt mithin ebensowenig strafbares Unrecht dar wie der direkte Angriff in der Form der (Mit-)Täterschaft. Der Tatbestand der Anstiftung zum Wucher des Wucherers durch den Bewucherten ist zwar erfüllt, der Bewucherte handelt jedoch nicht rechtswidrig[401]; die Anstiftung des Bewucherten ist keine vorsätzlich begangene rechtswidrige Tat nach §§ 26, 27 StGB. Damit scheidet auch eine Strafbarkeit des F wegen Anstiftung oder Beihilfe zur Anstiftung von A und X aus[402].

b) Mittelbare Täterschaft

Im Gegensatz zu Anstiftung und Beihilfe ist mittelbare Täterschaft nach einhelliger Ansicht[403] auch dann möglich, wenn der Vordermann,

---

[397] Jescheck LB S. 165 f., 186.

[398] s. insb. Roxin in LK Vor § 26 Rdn. 2, 7, 33. Davon bleibt die Frage unberührt, ob entgegen der h. M. Teilnahme als eigenständiges Delikt anzusehen ist. Zur MM vgl. Schmidhäuser 14/56 ff.; Lüderssen S. 119 ff.; Herzberg GA 1971, passim und M.-K. Meyer GA 1979, passim. Zum ganzen vgl. auch Sax ZStW 90 (1978), 927 ff., insb. 947 ff.

[399] Vgl. Herzberg Täterschaft S. 134; Otto Rechtsgutsbegriff S. 15; ergänzend sei auch die Einwilligung als Rechtfertigungsgrund erwähnt.

[400] Zur Identität zwischen dem Rechtsgut bei der Haupttat und der Teilnehmertat als mittelbarem Rechtsgutangriff vgl. Vogler Heinitz-FS S. 299 ff.

[401] Herzberg Täterschaft S. 134.

[402] Vgl. zur ähnlichen Problematik bei § 235 StGB RGSt 18, 273 (281).

der Tatmittler, rechtsmäßig handelt. Da F in den Beispielsfällen weder Täterwille noch Interesse an der Tat noch Tatherrschaftswillen oder gar Tatherrschaft hat, ist er auch nicht mittelbarer Täter; er bleibt straffrei.

c) (Mit-)Täterschaft des Vertreters des Bewucherten

Denkbar ist jedoch auch, daß eine auf der Bewuchertenseite tätig werdende Person sich des Wuchers schuldig macht. Ein Vertreter des bewucherten Schuldners kann dem Gläubiger unter Ausnutzung der Schwächesituation des Schuldners wucherische Vermögensvorteile versprechen, um den Vertretenen zu schädigen und dem Gläubiger zu übermäßigen Gewinnen zu verhelfen. Je nach Art und Weise der Absprache und Willensübereinstimmung mit dem Gläubiger kann der Vertreter als Allein-, Neben- oder Mittäter des Gläubigers handeln[404].

---

[403] Maurach / Gössel / Zipf S. 206 f.; Jescheck LB S. 543; Lackner § 25 Anm. 1 b bb.

[404] Isopescul-Grecul S. 302; vgl. auch Hug S. 97 Fn. 13, 132 f.

Vierter Teil

Stellung des Wucherstraftatbestands im System des Besonderen Teils des StGB

A. Wucher als Vermögensdelikt

Dem Wuchertatbestand liegt der Gedanke zugrunde, daß Personen mit bestimmten Schwächen davor bewahrt werden sollen, von anderen bei Geschäften jeglichen Inhalts aufgrund ihrer Schwächesituation in auffälliger Weise übervorteilt zu werden. Der Wucher wird also von zwei Komponenten entscheidend geprägt, der besonderen wirtschaftlichen Benachteiligung und der darauf basierenden auffälligen Übervorteilung durch den Wucherer.

I. Vermögen des Bewucherten als geschütztes Rechtsgut

Unter diesen Voraussetzungen leuchtet die Einordnung des Wuchers in die Gruppe der Vermögensdelikte ohne weiteres ein. Durch § 302 a StGB geschütztes Rechtsgut ist das Vermögen des Bewucherten als Ganzes[1].

II. Andere geschützte Rechtsgüter

Damit scheint nur eine der beiden Komponenten, die Übervorteilung, erfaßt zu sein, nicht auch die Benutzung einer Schwächesituation, die Ausbeutung. Es stellt sich die Frage, ob nur das Vermögen geschützt ist[2], oder ob § 302 a StGB daneben auch noch den Schutz anderer Rechtsgüter bezweckt.

1. Verletzung der Willensfreiheit beim Geschäftsabschluß

Zum einen könnte wegen des Erfordernisses einer bestimmten Schwächesituation beim Opfer auch die Freiheit der Willensentschließung und -betätigung beim Tätigwerden im rechtsgeschäftlichen Verkehr ein durch den Wuchertatbestand geschütztes Rechtsgut sein[3]. Dem ist ent-

---

[1] Heinz GA 1977, 226; Tiedemann ZStW 87 (1975), 265; Stree in Schönke / Schröder § 302 a Rdn. 2; Lackner § 302 a Anm. 1; Cramer S. 70; Hirschberg S. 3, 360; Hug S. 76 f.

[2] So ausdrücklich Maurach / Schroeder S. 454.

[3] Vgl. dazu Frank § 302 a Anm. I, IV: Freiheitsdelikt; Hug S. 79: Willens-

gegenzuhalten, daß die in § 302 a StGB normierten Schwächesituationen nur den Zweck haben, strafbare übermäßige Übervorteilungen von straflosen zu trennen. Der Anwendungsbereich des strafbaren Eigennutzes im Geschäftsverkehr soll eingeengt werden. Im übrigen ist zu bedenken, daß der Wucherer die Ausbeutungslage nicht herbeigeführt und dadurch auf den Willen des Opfers eingewirkt hat, sondern daß er nur die für ihn günstige Schwächesituation des Opfers in seine geschäftlichen Überlegungen miteinbezieht. Wollte man die Willensentschließungs- und -betätigungsfreiheit ebenfalls als geschütztes Rechtsgut ansehen, würde man den überlegenen Partner als Hüter und Beschützer des benachteiligten Partners in Pflicht nehmen. Nach unserer Wirtschaftsordnung mit dem Grundsatz der allgemeinen Vertragsfreiheit wäre dies jedoch nicht in Einklang zu bringen. Grundsätzlich hat jeder am Geschäftsleben Beteiligte selbst für die Behauptung und Durchsetzung seiner eigenen Belange und Interessen zu sorgen. § 302 a StGB soll bei Beachtung dieser Grundsätze nicht generell davor schützen, daß jemand überhaupt Vorteile aus der Unterlegenheit seines Vertragspartners zieht — dies würde gegen das Prinzip der Preisregulierung durch Angebot und Nachfrage verstoßen —, sondern nur verhindern, daß die Vermögensverschiebung in grober Weise die objektiven wirtschaftlichen Interessen des Benachteiligten verletzt. Die Beeinträchtigung der Willensfreiheit ist damit nicht ein generell durch den Wuchertatbestand geschütztes Rechtsgut[4]; sie bezeichnet vielmehr nur den Umstand, der dem überlegenen Partner den Angriff auf das Vermögen des Schwachen erleichtert.

2. *Freiheitseinschränkende Wirkung des Wuchers*

Ebenso kann man den Wucher nicht als Freiheitsdelikt bezeichnen, weil das Opfer im Einzelfall geradezu ausgesaugt und damit in seiner wirtschaftlichen Bewegungsfreiheit stark eingeschränkt und gleichsam zur Marionette des Wucherers wird[5]. Zwar mag der Wucher im Einzelfall derartige Wirkungen nach sich ziehen, sie bleiben jedoch als Folgen des Einzelfalles für die generelle Rechtsgutsbestimmung außer Betracht[6].

---

mißbrauchsdelikt; s. auch Finger GS 90 (1924), 297: Beschränkung der Freiheit der Entschließung, bestimmtes Maß innerer Unfreiheit; zu diesem Problem ausführlich Jakobs Peters-FS S. 85 ff.

[4] So im Ergebnis auch Jakobs Peters-FS S. 86 f.

[5] Vgl. dazu Hug S. 77; Caro S. 137, 142, 145 f.; v. Liszt GA 41 (1893), 235; v. Lilienthal ZStW 8 (1888), 164 f.; auch Rosenthal S. 6; Müller S. 14 f.: wirtschaftliche und soziale Freiheit.

[6] Ähnliche Folgen können auch Betrug oder andere Delikte nach sich ziehen, ohne daß ein Freiheitsdelikt vorläge. So dient z. B. § 242 StGB nicht dem Schutz der körperlichen Bewegungsfreiheit, selbst wenn einem Nacktbaden-

3. *Nach Wucherarten differenzierte Betrachtungsweise*

Nach der Ansicht Samsons[7] hängt die Beantwortung der Frage nach dem von § 302 a StGB geschützten Rechtsgut davon ab, ob ein Fall des Schwächewuchers — Ausbeutung der Unerfahrenheit, des Mangels an Urteilsvermögen und der erheblichen Willensschwäche — oder des Zwangslagenwuchers — Ausbeutung der Zwangslage — vorliegt. Im ersten Fall soll das Vermögen des Betroffenen das geschützte Rechtsgut sein, da das Opfer „nicht als der von der Marktwirtschaft vorausgesetzte ideale Nachfrager erscheint, weil es nicht in der Lage ist, Angebote zum angemessenen Preis aufzusuchen, obwohl derartige Angebote auch für das Opfer existieren"; das mit der relevanten Schwäche behaftete Opfer wende mehr auf und leiste für eine Gegenleistung mehr als der ideale Nachfrager[8]. Im Gegensatz dazu verhalte sich das Opfer des Zwangslagenwuchers durchaus marktkonform, weil es die begehrte Leistung an anderer Stelle nicht günstiger erhalte als beim Täter. Deshalb müsse beim Zwangslagenwucher als Vergleichsmaßstab auch nicht der übliche Marktpreis herangezogen werden, sondern es müsse ein „gerechter Preis" gesucht werden. Der Zwangslagenwucher beinhalte deshalb auch kein Vermögensdelikt, sondern ein Delikt gegen Preisbindungsvorschriften, deren „Erlaß" der Gesetzgeber — in fragwürdiger Weise — dem Strafrichter übertragen habe[9].

Diese nach zwei verschiedenen Wucherarten differenzierte Betrachtungsweise ist jedoch abzulehnen. Sie geht von der unzutreffenden Grundvoraussetzung aus, daß das Opfer des Zwangslagenwuchers sich durchaus marktkonform verhalte und daß für die von ihm erstrebte Leistung ein Vergleichsmarkt fehle. Eine Zwangslage i. S. d. § 302 a StGB setzt nicht voraus, daß andere, günstigere Angebote als die des Wucherers auf dem Markt nicht existieren. Der Begriff der Zwangslage ist nicht objektiv, sondern subjektiv auszulegen; eine Zwangslage kann auch vorliegen, wenn dem Opfer objektiv keine Nachteile drohen, es vielmehr nur von einer für ihn ungünstigen Lage ausgeht oder wenn jemand einen vorhandenen Ausweg aus einer Bedrängnis nicht erkennt[10]. Daraus folgt, daß z. B. gerade auch im Bereich des Kredit- und des Mietwuchers der Bedrängte bei Ausschöpfung aller ihm möglichen Mittel und Wege häufig imstande wäre, seine Zwangslage durch ein Geschäft ohne wucherische Bedingungen zu beseitigen, ohne daß gleich-

---

den die Kleider oder einem an einsamer Stelle Verirrten der letzte Proviant gestohlen werden, ohne den der Verirrte keine Kraft zum Weitermarschieren hat.

[7] In SK § 302 a Rdn. 2 ff.

[8] Samson in SK § 302 a Rdn. 3.

[9] Samson in SK § 302 a Rdn. 4 ff. — insb. Rdn. 8 —, 20.

[10] s. o. S. 93 f.

zeitig die Voraussetzungen des Schwächewuchers vorliegen. Es ist keineswegs so, daß das Opfer die Leistung an anderer Stelle nicht für eine geringere als die vom Täter verlangte Gegenleistung erhalten kann. Dies ist auch im Zusammenhang mit dem Umstand zu sehen, daß die persönlichen Verhältnisse des Opfers bei der Ermittlung des auffälligen Mißverhältnisses von Vermögensvorteil und Leistung als wertbildende Faktoren mit zu berücksichtigen sind[11]. Deshalb ist eine Unterscheidung der Vergleichsmaßstäbe — üblicher Marktpreis beim Schwächewucher und „gerechter Preis" beim Zwangslagenwucher — mit der Folgerung, der Zwangslagenwucher enthalte nicht ein Vermögensdelikt, sondern ein Delikt gegen vom Gesetzgeber nicht fixierte Preisbindungsvorschriften, nicht angebracht und irreführend. Auch beim Zwangslagenwucher ist grds. ein Vergleichsmaßstab vorhanden. Man darf ihn nur nicht innerhalb der Gruppe suchen, deren Mitglieder sich in derselben Zwangslage befinden wie der Übervorteilte[12]. Die Tatsache, daß es „einen für das Opfer erreichbaren üblichen Marktpreis"[13] nicht gibt, läßt gerade nicht die Schlußfolgerung zu, daß es überhaupt keinen Vergleichsmaßstab gibt, sondern einzig und allein den zutreffenden Schluß, daß es einen üblichen Marktpreis geben kann, den das Opfer des Zwangslagenwuchers nur nicht auszuhandeln vermag. Deshalb gibt es für den Verdurstenden in der Wüste, dem der einzige Anwesende einen Liter Wasser für 1000,— DM verkaufen will, einen Marktpreis für das begehrte Wasser; das ist der Preis, der üblicherweise von Reisenden in der Wüste gezahlt wird, die ihre Wasservorräte aufstocken wollen, ohne direkt in der Gefahr des Verdurstens zu sein. Auch für die zehnköpfige Familie auf Mietsuche gibt es einen üblichen Marktpreis für die gesuchte Wohnung, die ortsübliche Vergleichsmiete. Diese muß nur anhand der relevanten preisbeeinflussenden wertbildenden Faktoren ermittelt werden[14]. Geschützt werden soll auch beim Zwangslagenwucher das Vermögen dessen, der eine bestimmte Leistung erstrebt; es handelt sich nicht um ein Delikt gegen nicht vorhandene, vom Strafrichter im Einzelfall festzulegende Preibindungsvorschriften. Ein derartiges Delikt würde im übrigen eher in den Bereich des Sozialwuchers fallen als in den von § 302 a StGB erfaßten Bereich des Individualwuchers[15].

---

[11] Vgl. S. 113 f., 122.

[12] Verdurstender in der Wüste, Darlehenssucher ohne Sicherheiten, zehnköpfige Familie auf Wohnungssuche; Beispiele von Samson in SK § 302 a Rdn. 6.

[13] Samson in SK § 302 a Rdn. 6.

[14] s. o. S. 113 f.

[15] Zur Unterscheidung vgl. oben S. 20 ff. gegenüber S. 24 f.

B. Vermögensgefährdung als Taterfolg

In der Literatur wird überwiegend die Meinung vertreten, Wucher sei ein Vermögensgefährdungsdelikt[16]. Als Tathandlung reiche schon das Versprechenlassen der Vermögensvorteile, also der Abschluß des wucherischen Geschäfts aus. Darin liege die Vermögensgefährdung; es bedürfe nicht eines Schadens in Form der Vermögensübertragung an den Wucherer. Demgegenüber faßt ein anderer Teil der Literatur[17] den Wucher als Vermögensschädigungsdelikt auf. Schon durch den Abschluß des wucherischen Geschäfts, des Versprechens der Vermögensvorteile, werde das Vermögen des Bewucherten nicht nur gefährdet, sondern darüberhinaus geschädigt; die — materiell unwirksame — Leistungsverpflichtung stelle bereits einen Schaden dar.

Bei Bargeschäften mit gleichzeitigem Geschäftsabschluß und Leistungsaustausch tritt auf jeden Fall sofort ein Vermögensschaden ein. Aber auch bei den Kreditgeschäften[18] ist es gerechtfertigt, von einem Vermögensschaden des Bewucherten zu sprechen, wenn die Leistungen noch nicht vollständig erbracht sind. Zwar ist das Wuchergeschäft materiellrechtlich gem. § 138 II BGB nichtig; faktisch ist der Bewucherte jedoch noch an ein Geschäft gebunden, bei dem den von ihm zu erbringenden Vermögensvorteilen keine äquivalenten Leistungen des Wucherers gegenüberstehen. Da er der schwächere Partner ist, hat der Wucherer die wirtschaftliche Macht, ihn zur Einhaltung der formalen Verpflichtungen anzuhalten. Zudem trägt im Falle einer gerichtlichen Auseinandersetzung der Bewucherte die Behauptungs- und Beweislast, wenn er sich auf die Unwirksamkeit des Vertrages beruft[19]. Ähnlich wie in vergleichbaren Betrugsfällen[20] ist auch hier die formelle Vermögensgefährdung materiell als Vermögensschaden zu behandeln und der Wucher als Vermögensverletzungsdelikt anzusehen.

C. Wucher als Bereicherungsdelikt

Die Motivation des Wucherers zum Abschluß eines Wuchergeschäfts liegt darin, aus einer Schwächesituation seines Mitmenschen Kapital zu schlagen. Die Schwäche des anderen ermöglicht es ihm, für seine Lei-

---

[16] Stree in Schönke / Schröder § 302 a Rdn. 2; Schäfer in LK § 302 a Rdn. 7; Tiedemann ZStW 87 (1975), 269; Bockelmann BT S. 102; Hug S. 97 f.; Friemel S. 76; Heinz GA 1977, 225, 226.

[17] Maurach-Schroeder S. 454; Isopescul-Grecul S. 321 f.; Binding S. 458.

[18] Hier als Gegensatz zu den Bargeschäften gemeint.

[19] BGHZ 53, 369 (379); BGH NJW 1975, 1821 und 1979, 2089; Palandt / Heinrichs § 138 Anm. 1 h; Roquette Wucher S. 51; Kochendörfer NJW 1980, 216.

[20] Vgl. dazu Maurach / Schroeder S. 423 f.; auch Cramer in Schönke / Schröder § 263 Rdn. 130, 143 f., jeweils m. w. N.

stung mehr zu verlangen oder zu erhalten, als es bei einem „Normalbürger“ der Fall gewesen wäre. Auf diesen Mehrerlös kommt es ihm in erster Linie an. Dagegen ist die Schädigung des Partners keine vom Wucherer unbedingt erstrebte Folge. Für den Wucherer bedeutet es eine Festigung seiner Gläubigerstellung gerade bei Kreditgeschäften, wenn der Bewucherte sich mit Hilfe seiner Leistung saniert, um den Gegenleistungsverpflichtungen nachkommen zu können. An einem leistungsunfähigen Opfer ist dem Wucherer nicht gelegen. Jedoch darf nicht übersehen werden, daß infolge der Äquivalenzstörung zwischen Vermögensvorteilen und Leistung des Wucherers sein Vorteil gerade dem Nachteil des Bewucherten beim isolierten Wuchergeschäft entspricht. Bei dieser Sachlage kann man den Wucher, speziell den Zwangslagenwucher als Hauptanwendungsfall, als Bereicherungsdelikt (Vermögensverschiebungsdelikt) mit Vermögensbeschädigungserfolg bezeichnen[21].

D. Abgrenzung zu verwandten Delikten

Als gegen das Vermögen gerichtetes Bereicherungsdelikt hat der Wucher naturgemäß Berührungspunkte mit anderen Vermögensverschiebungsdelikten. Von besonderer Bedeutung ist das Verhältnis zu den in der Wirkung ähnlichen, aber durch andersartige Begehungsweisen gekennzeichneten Delikten Betrug und Erpressung. Dieses Problem wird in Rspr. und Literatur durchweg mit der kurzen Bemerkung abgetan, Idealkonkurrenz sei mit § 253 StGB und mit § 263 StGB möglich[22] oder komme nicht in Betracht[23].

I. Wucher und Betrug

Im Regelfall sind Wucher und Betrug klar und deutlich voneinander abgrenzbar: entweder erstrebt der Täter seine Bereicherung über die Täuschung des Opfers oder über dessen bereits vorhandene Schwächesituation[24]; im letzten Fall führt er durch sein Handeln nicht eine be-

[21] Vgl. dazu Sasserath NJW 1972, 1871; Finger GS 90 (1924), 296; Frank § 302 a Anm. III 2; Otto Struktur S. 206 ff., 231, 234; Baumann JZ 1972, 2; Sauer S. 17 ff.; Ruth S. 335; Bockelmann BT S. 101; aber auch Isopescul-Grecul S. 322 f., der mehr auf die Vermögensbeschädigung abstellt; vgl. auch R. Schmidt S. 266 f.

[22] RGSt 18, 332; 29, 78 (84 f.); 60, 81 (82 f.); RG GA 46 (1898/1899), 318; RG LZ 1917, 1173; Samson in SK § 302 a Rdn. 48; Stree in Schönke / Schröder § 302 a Rdn. 51; Schäfer in LK § 302 a Rdn. 77; Lackner § 302 a Anm. 8; Schmidt-Futterer / Blank Anm. D 133; Sauer S. 138; Frank § 302 a Anm. VII; R. v. Hippel LB S. 272.

[23] Caro S. 147; Hug S. 79; Preis S. 50; Göhler in Prot. VII S. 2797; mit eingehenden Erörterungen auch Isopescul-Grecul S. 326.

[24] Diese Unterscheidung ist in älteren Gesetzen nicht immer gemacht worden; vielmehr wurde der Wucher teilweise als Unterfall des Betrugs angesehen.

stimmte Motivationslage seines Partners herbei, sondern nutzt dessen schon bestehende Lage aus, unter deren Einfluß dieser mit ihm das Geschäft abschließt. Problematisch sind die Fälle, in denen sowohl eine Täuschung des Täters als auch eine bereits vorhandene Ausbeutungssituation des Opfers vorliegen und der Schaden des Opfers zugleich einem auffälligen Mißverhältnis zwischen Vermögensvorteilen und Leistung des Täters entspricht.

1. Täuschung durch positives Tun und Ausbeutung

Ausgangspunkt der Überlegungen sei folgender Fall: O befindet sich in einer Zwangslage und schließt mit T einen Vertrag über eine bestimmte Ware ab. Weil T die Zwangslage des O kennt und ihm gleichzeitig vortäuscht, die Ware sei von gehobener Qualität, gelingt es ihm, für die in Wahrheit minderwertige Ware Vermögensvorteile zu bekommen, die in einem auffälligen Mißverhältnis zu seiner Leistung stehen.

Da Objekt für die Bewertung der Gläubigerleistung nur, aber auch alles das ist, worauf der Geschäftspartner einen Anspruch hat[25], sind die Voraussetzungen des Wuchertatbestands nur erfüllt, wenn zwischen Kaufpreis und Wert der Ware mit der vertraglich vereinbarten gehobenen Qualität ein auffälliges Mißverhältnis besteht; allein in diesem Fall ist ein Konkurrenzverhältnis zwischen Wucher und Betrug möglich. Bei dieser Konstellation gelingt es dem Täter, durch Ausnutzen der Zwangslage seines Partners eine auffällige Äquivalenzstörung herbeizuführen und sie durch eine zusätzliche Täuschung zu intensivieren. Ein Schuldspruch, der nur auf Wucher oder Betrug lautet, würde der Tat nicht gerecht. Es ist deshalb auf Idealkonkurrenz zwischen Wucher und Betrug zu erkennen.

2. Durch Täuschung hervorgerufene Verstärkung der Ausbeutungssituation

Weitere Überschneidungsmöglichkeiten von Betrug und Wucher ergeben sich, wenn die vorhandene Ausbeutungssituation oder die ihr gleichgestellte vermeintliche Zwangslage des Opfers durch Täuschung noch verstärkt wird. Beispiel: O befindet sich in Geldschwierigkeiten und glaubt, von niemandem ein die Geldschwierigkeiten beseitigendes Darlehen zu bekommen. T erkennt dies und bestärkt wider besseres Wissen den O in seinem Glauben. Schließlich gelingt es ihm, dem O einen Kredit zu wucherischen Bedingungen zu geben.

Hier bezieht sich die Täuschung nicht auf den Vertragsgegenstand, sondern auf die Lage des Opfers. Die prinzipielle Abgrenzung zwischen

---

[25] RGSt 29, 78 (84 f.); Niethammer S. 369; Schäfer in LK § 302 a Rdn. 40; Stree in Schönke / Schröder § 302 a Rdn. 18; Dreher / Tröndle § 302 a Rdn. 25.

Betrug und Wucher ist eindeutig. Der Betrüger schafft eine für den Betroffenen nachteilige Situation, indem er auf dessen Vorstellungsbild einwirkt; der Wucherer hingegen wirkt nicht aktiv auf die Lage des Opfers ein, sondern nutzt nur die bestehende Schwäche aus. Verstärkt der Täter die bestehende Zwangslage des Opfers aktiv durch Täuschung, wird das als Ausbeutungssituation ausreichende Gefühl der Zwangslage verstärkt. Dies ist nur möglich, weil schon eine taugliche Situation vorhanden war, die dem Täter die Täuschung ermöglicht. Dieses Zusammenspiel nutzt der Täter aus. Um dem Unrechtsgehalt dieser Vorgehensweise gerecht zu werden, ist auch in diesen Fällen Idealkonkurrenz zwischen Betrug und Wucher anzunehmen.

3. Täuschung durch konkludentes Handeln und Unterlassen bei bestehender Zwangslage

Zur Illustration soll folgender Fall dienen[26]:

„Qu.: Was zu thun in diesem casu? Zu Constantinopel war eine Theuerung, wie andere Leute solches erfuhren, brachten sie ganze Schiffe mit Korn hin. Einer marchirte mit vollen Segeln voraus, und er verkauffte sein Korn theuer, sagte aber nicht, daß noch mehr Schiffe kommen würden. Wie das Korn verkaufft war, kamen noch mehrere Schiffe, da wolten sie den Kerl todt schlagen, und das Geld wieder nehmen. Qu. Ob der Kerl ein Lügner gewesen?

Resp. Es wäre ein Narr gewesen, wenn er gesagt hätte, daß noch mehr Schiffe kommen würden. Warum haben sie sich nicht drum bekümmert? Der Kerl hat auf seine avantage gesehen, quilibet vult vendere carius."

Dieser und ähnliche Fälle stehen im Kreuzfeuer bei Beantwortung der Frage, wann und wie ein Betrug durch schlüssiges Handeln oder Unterlassen begangen werden kann[27]. Führt in diesem Bereich das Verhalten des Täters zum Abschluß eines den Partner außerordentlich benachteiligenden Geschäfts, wird häufig im Bestreben, Strafbarkeitslücken zu vermeiden, entweder der Begriff Täuschung durch konkludentes Handeln weit ausgelegt, oder der Bereich der Garantenstellung bei unechten Unterlassungsdelikten wird erweitert. Dabei wird der Frage, ob nicht auch oder gar nur Wucher vorliegt, m. E. nicht genügend

[26] Fall von B. N. C. Gundling „Ausführlicher Diskurs über das Natur- und Völkerrecht, nach Anleitung und Ordnung des von ihm selbst zum zweiten Mal herausgegebenen juris naturae ac gentium", Frankfurt und Leipzig 1747, S. 213; zitiert nach Kühne Geschäftstüchtigkeit S. 7 Fn. 1.

[27] Das erwähnte Beispiel diente als Basis für die Erörterung dieser Fragen bei Kühne Geschäftstüchtigkeit S. 7 ff.; zum ganzen vgl. auch E 62 S. 423 f.; Niederschriften VIII S. 33 ff.; Triffterer JuS 1971, 181 ff.; Bockelmann Eb. Schmidt-FS S. 437 ff., insb. S. 438 f., 441, 457 f.; Naucke S. 87 f., 106 ff. und 232 ff.

nachgegangen. Gerade beim Zwangslagenwucher ergreift das Opfer den — vermeintlich — letzten ihm gebotenen Strohhalm zur Rettung. Es verspricht dem anderen übermäßige Vorteile, weil es der Ansicht ist, seine Zwangslage könne hier und jetzt von einem Dritten nicht zu günstigeren Bedingungen beseitigt werden. Läßt sich der andere daraufhin in Kenntnis der Zwangslage seines Partners übermäßige Vermögensvorteile versprechen, so liegt durchweg keine irrtumserregende Täuschung vor. Nur wenn der Leistende über dieses Rollenverhalten hinausgeht, kann im Einzelfall auch Betrug vorliegen. Dann würde die Bereicherung mit Hilfe einer Kombination von Täuschung und Ausbeutung erstrebt werden, und es wäre ebenfalls Idealkonkurrenz zwischen Betrug und Wucher anzurechnen.

II. Wucher und Erpressung

Das grundsätzliche Verhältnis zwischen Wucher und Erpressung ähnelt stark dem zwischen Wucher und Betrug.

Berührungspunkte ergeben sich nur beim Zwangslagenwucher: Während der Wucherer eine vorhandene Zwangslage des Opfers zwecks eigener Bereicherung ausnutzt, wendet der Erpresser zur Bereicherung Gewalt oder Drohung an und führt dadurch erst eine Zwangslage des Opfers herbei. Von der Deliktsstruktur sind also Wucher und Erpressung eindeutig gegeneinander abzugrenzen und scheinen sich, ähnlich wie beim Betrug, vom Grundsatz her auszuschließen[28].

1. Nachträgliche Anwendung von Zwangsmitteln

Außer Betracht bleiben sollen die Fälle, in denen der Wucherer nach Abschluß des Wuchergeschäfts Mittel der Erpressung anwendet, um den Bewucherten zur Durchführung des Geschäfts anzuhalten.

2. Durch Drohung hervorgerufene Verstärkung der Ausbeutungssituation

Eine mögliche Ausnahme der Alternativität zwischen Wucher und Erpressung bringt folgender Fall: Kassierer O hat zur Finanzierung seiner Spielleidenschaft der von ihm zu betreuenden Kasse Geld entnommen. Da eine außerplanmäßige Überprüfung kurzfristig angesetzt ist und er sein Verhalten nicht aufgedeckt sehen will, möchte er den nicht unerheblichen Geldbetrag der Kasse vor der Überprüfung wieder zuführen. In seiner Not wendet er sich mangels anderer Kreditgeber an T. T ist nur

---

[28] So Isopescul-Grecul S. 326 gegen die wohl h. M., oben S. 169 Fn. 22; anders schon vom Prinzip her v. Stein S. 155, der den Wucher als Unterfall der Erpressung auffaßt; zum ganzen s. auch Jakobs Peters-FS S. 72 ff. m. w. N. und 85 ff.; zur zivilrechtlichen Problematik Friedlaender JherJb 82 (1932), 149 ff.

gegen Zahlung wucherischer Zinsen bereit, dem O das erforderliche Kapital zu leihen. O versucht, die Bedingungen zu seinen Gunsten erträglicher zu gestalten. Da stellt T ihn vor die Wahl, entweder seine Konditionen zu akzeptieren oder von ihm angezeigt zu werden. Schweren Herzens willigt O in die von T vorgeschlagenen Bedingungen ein.

Die Übervorteilung des O durch T wird erst durch das Zusammenwirken von vorhandener Ausbeutungssituation und nachfolgender Drohung ermöglicht. Mit seiner Gegenleistung „erkauft" O nicht nur die Verschonung vom Übel der Anzeige, vielmehr vermag er auch seine ursprüngliche Zwangslage mit Hilfe des geliehenen Gelds zu beseitigen. Damit bleibt die Zwangslage neben der Anzeigendrohung als weitere Motivationslage bei O bestehen. Um den Gehalt der Tat zu erschöpfen, ist Idealkonkurrenz zwischen Erpressung und Wucher anzunehmen.

3. Drohung mit einem Unterlassen

Diese Fallgruppe soll durch folgendes Beispiel illustriert werden: Auf einer einsamen Bergstraße, 10 km vom nächsten Ort entfernt, geht dem Urlauber O gegen Abend das Benzin in seinem Auto aus. Nach einer Stunde kommt Tourist T ebendort vorbei. T erkennt die günstige Gelegenheit und erklärt, er werde dem O 5 l Benzin aus seinem Reservekanister nur gegen Zahlung von 50,— DM überlassen. O geht darauf ein, um noch vor Dunkelheit mit seiner Familie den nächsten Ort erreichen zu können.

Diese Fallkonstellation wird herkömmlicherweise unter der Frage behandelt, ob die Drohung mit einem Unterlassen Nötigung bzw. Erpressung sein könne, wenn keine Rechtspflicht zum Handeln bestehe[29]. T ist rechtlich nicht verpflichtet, dem O Benzin zu überlassen. Wenn er ihm in dieser Situation „androht", er werde ihm ohne Gegenleistung von 50,— DM kein Benzin geben, läßt T sich seine Leistung, deren Erbringen in seinem Belieben steht, teuer erkaufen, weil er die Zwangslage des O ausnutzen kann. O befindet sich demgegenüber in einer für den Zwangslagenwucher typischen Motivationslage. Er glaubt, seine Zwangslage nur dadurch überwinden zu können, daß er sich die Hilfeleistung zu einem überhöhten Preis erkauft. Der Wucherer, der sich seine Leistung womöglich erst nach langen Verhandlungen und Zögern zum überhöhten Preis erkaufen läßt, „droht" dabei gleichzeitig, die Leistung gegen geringere Vorteile nicht zu erbringen und somit keine Hilfe zur Überwindung der Zwangslage zu leisten.

In diesen Fällen liegt keine Erpressung vor, da der Täter keine Zwangslage schafft, sondern nur eine bestehende Schwächesituation

[29] Hillenkamp S. 34 ff., 6. Problem mit ausführlichen Argumenten und Nachweisen; Jakobs Peters-FS S. 70 ff. m. w. N.; Bernsmann GA 1981, 167.

ausnutzt; es ist eindeutig nur der Tatbestand des Wuchers gegeben. Wenn den Täter dagegen eine Handlungspflicht trifft, ist neben Wucher auch eine Erpressung durch Unterlassen zu prüfen. Um den Unrechtsgehalt des Verstoßes gegen die Garantenpflicht mitzuerfassen, steht die Erpressung, sofern deren Voraussetzungen im Einzelfall zu bejahen sind, als unechtes Unterlassungsdelikt zum Wucher in Idealkonkurrenz.

4. *Zusammenfassung*

In der überwiegenden Anzahl der praktisch vorkommenden Fälle werden sich Betrug und Erpressung einerseits und Wucher andererseits prinzipiell klar voneinander trennen lassen: Betrüger und Erpresser schaffen eine spezielle, sich nachteilig auswirkende Lage beim Opfer, der Wucherer nützt nur eine bereits bestehende Schwächesituation des Opfers aus[30]. Nur in speziellen Einzelfällen können Wucher und Betrug bzw. Erpressung nebeneinander vorliegen und zur Annahme von Idealkonkurrenz führen. Wenn Betrug und Erpressung als unechte Unterlassungsdelikte in Betracht kommen oder wenn eine bereits vorhandene Schwächesituation durch Täuschung oder Drohung verstärkt wird, ist mehr als bislang ersichtlich in Erwägung zu ziehen, daß unerwünschte Strafbarkeitslücken durch den Tatbestand des Wuchers geschlossen werden können.

III. Wucher und Untreue

Mit der Untreue hat der Wucher den Mißbrauch einer bereits vorhandenen Situation zur Deliktsbegehung gemein[31]. Jedoch werden Untreue und Wucher aufgrund der sonst völlig andersartigen Tatbestandserfordernisse kaum nebeneinander vorkommen. Eine Ausnahme bildet der Fall, in dem der Vertreter des Geschäftsherrn diesen wucherisch ausbeutet. In diesem Fall ist Idealkonkurrenz zwischen Untreue und Wucher möglich.

IV. Wucher und Börsenwucher nach § 89 BörsenG

Der Börsenwucher, der kein Wucher in dem hier verstandenen Sinn ist, dient dem Schutz Unerfahrener vor Spekulationen und ist eher in die Reihe der Glücksspiele einzureihen[32]. Überschneidungspunkte und Konkurrenzprobleme mit § 302 a StGB gibt es durchweg nicht. Bei entsprechender Konstellation ist Idealkonkurrenz möglich[33].

---

[30] So auch Samson JA 1978, 469 f.; vgl. aber auch Jakobs Peters-FS S. 85 ff.; Bernsmann GA 1981, 166.

[31] Vgl. Sauer S. 19, in der tabellarischen Übersicht die horizontale Spalte 2 b.

[32] Kohlhaas in Erbs / Kohlhaas § 94 BörsenG Anm. 4; Maurach / Schroeder S. 453.

V. Wucher und Ordnungswidrigkeiten gem. §§ 1 ff. WiStG

Je nach Art des Wuchergeschäfts und den sonstigen Umständen können bei einer Wucherstraftat zugleich als Ordnungswidrigkeiten ausgestaltete Normen gegen Preisüberhöhung gem. §§ 1—6 WiStG verletzt sein. In diesem Fall liegt nicht Idealkonkurrenz zwischen Wucher und Preiserhöhung vor, vielmehr greift § 21 OWiG ein; die Ordnungswidrigkeit wird durch § 302 a StGB verdrängt.

E. Wucher als Delikt der Wirtschaftskriminalität im weiteren Sinne (§ 74 c I 1 Nr. 6 GVG)

Gem. § 74 c I 1 Nr. 6 GVG kann bei Wucherstraftaten, zu deren Beurteilung besondere Kenntnis des Wirtschaftslebens erforderlich sind, statt der Zuständigkeit der (normalen) großen Strafkammer die der Wirtschaftsstrafkammer gegeben sein. Diese besondere Zuständigkeit ist jedoch nur deshalb normiert, weil für die Verfolgung der dort aufgeführten Delikte eine besondere wirtschaftliche Sachkunde erforderlich ist; eine Aussage zu Inhalt und Umfang des Begriffs Wirtschaftskriminalität liegt darin nicht[34]. Bei den Wirtschaftsdelikten ist zu differenzieren: Unter Wirtschaftsdelikte im engen Sinne fallen wirtschaftliche Handlungsweisen, die sich über die Interessen des einzelnen hinaus schädigend oder gefährdend gegen überindividuelle Rechtsgüter richten, während sich die über diesen Kreis hinausgehenden Wirtschaftsdelikte im weiteren Sinne gegen Vermögensinteressen einzelner am Wirtschaftsleben Beteiligter richten[35]. Zur ersten Kategorie sind die Sozialwuchertatbestände des WiStG zu zählen, zur zweiten Gruppe gehört der Individualwucher nach § 302 a StGB; die Neufassung des § 302 a StGB durch das 1. WiKG hat hieran nichts geändert. Sie ist eher zufällig und darauf zurückzuführen, daß die an sich geplante Neuregelung im Gesetz zur Verbesserung des Mietrechts von 1971 nicht mehr durchgeführt werden konnte[36] und deshalb auf die nächste Teilreform des Besonderen Teils des StGB verschoben wurde.

---

[33] Dreher / Tröndle § 302 a Rdn. 40.

[34] Berckhauer S. 36.

[35] Tiedemann ZStW 88 (1976), 236; ZRP 1970, 259 f. und GA 1969, 78 ff.; vgl. auch B. Schulz ZRP 1974, 194; Franzheim ZRP 1969, 203; Besenthal S. 27 ff.; Rittner S. 21 f.; Zirpins Kriminalität 1958, 505; Berckhauer S. 37 ff., 58 ff.

[36] Schäfer in LK § 302 a Rdn. 3; BT-Drucksache VI S. 2421.

Fünfter Teil

Berechtigung des Wucherstraftatbestands

Nachdem die historische Entwicklung des Wuchers, seine heutige Fassung und seine Stellung im Strafrechtssystem dargestellt sind, soll im folgenden der Versuch unternommen werden zu ergründen, worin die Berechtigung des Gesetzgebers zur Schaffung eines Wucherstraftatbestands zu finden ist. Wie schon der geschichtliche Überblick an den Tag brachte, war die Notwendigkeit eines Wucherstraftatbestands nicht immer und in allen Rechtsordnungen zu gleichen Teilen anerkannt.

A. Sozialschädlichkeit des Wuchers

Aufgabe des Strafrechts ist es, auf sozialschädlichen Handlungsweisen basierende Rechtsgutsverletzungen zu verhindern. Die Normierung eines Wucherstraftatbestands kann also nur dann als zulässig erachtet werden, wenn der in § 302 a StGB umschriebene Vorgang als sozialschädlich einzustufen ist. Die strafrechtliche Literatur nimmt Sozialschädlichkeit des Wuchers in vollem Umfang[1] oder für Teilbereiche[2] mit schlichter Behauptung an oder weist auf die in der Neufassung hervorgehobenen besonders sozialschädlichen Erscheinungsformen des Wuchers hin[3].

Dem Wucherer gelingt es, die Unterlegenheit seines Partners als Faktor in ein bestimmtes Geschäft mit einzubeziehen und als Mittel zur Herbeiführung einer Äquivalenzstörung einzusetzen. Selbst wenn die Initiative zum Geschäftsschluß vom Bewucherten ausgeht, werden die besonderen Eigenschaften des Bewucherten vom Wucherer als Mittel eingesetzt, das Gleichgewicht zwischen den Partnern aufzuheben und die Gewichte so zu verschieben, daß das Geschäft einseitig zu seinen Gunsten abgeschlossen wird. Der Wucherer bekommt übermäßige Vorteile, der Bewucherte erleidet entsprechende Benachteiligungen, weil der Bewucherte in erheblicher Weise als Einzelperson dem Geschäfts-

[1] Friemel S. 75; Becker Die Polizei 1976, 137, 139; Moser S. 24 f.; Göhler Prot. VII S. 2792 f.; v. Dohnanyi bei Gürtner S. 518.

[2] Bzgl. Mietwucher Sasserath Verhältnis S. 16 f.; bzgl. Kreditgeschäfte Caro S. 137 f., 146; Preis S. 36; R. Schmidt S. 258.

[3] RegE S. 21; Göhler / Wilts DB 1976, 1661; Biener Steuerberaterkongreß-Report 1977, 378.

partner unterlegen ist. Der Vorteil des Wucherers entspringt nicht seinen Fähigkeiten, Können und Cleverness, sondern der atypischen, besonderen Benachteiligung seines Partners. Der Vergleich mit Betrug und Erpressung hat gezeigt, daß dort dieselben Phänomene deutlich werden. Der Unterschied bestand im wesentlichen darin, daß dort der Täter die benachteiligende Situation erst schafft, während der Wucherer eine bereits vorhandene Situation lediglich ausnutzt. Diese Ungleichheit wird jedoch durch ein anderes Wuchermerkmal gleichsam nivelliert. Während bei Betrug und Erpressung bereits jede Äquivalenzstörung (Schaden) tatbestandsrelevant ist, muß sie beim Wucher eine besondere Erheblichkeit besitzen (auffälliges Mißverhältnis zwischen Leistung und Vermögensvorteilen). Während also die Einwirkung des Täters auf sein Opfer beim Wucher geringer ist, sind die negativen Mindestauswirkungen des Wuchergeschäfts erheblich größer. Auch insoweit ist also der Wucher mit Betrug und Erpressung vergleichbar. Damit ist gleichzeitig die Sozialschädlichkeit des Wuchers skizziert: Sie besteht darin, daß der Täter das Opfer sich selbst als Mittel zur Herbeiführung eines in grober Weise äquivalenzgestörten, vermögensschädigenden Geschäfts einsetzen läßt, um nicht auf eigenen Verdiensten basierende übermäßige Vorteile zu Lasten des Opfers zu erlangen. Das sozialschädliche Verhalten des Wucherers liegt in einer Mischung von positivem Tun und passivem Verhalten. Zum einen läßt er das Opfer sich selbst als Werkzeug zur Herbeiführung des grob unausgeglichenen Geschäfts einsetzen; er unterläßt es quasi, das Opfer von diesem Verhalten abzuhalten. Gleichzeitig handelt er positiv, indem er aus der günstigen Gelegenheit seine Vorteile zieht und der Selbstschädigung des Opfers zur Vollendung verhilft. Es ist nicht so, daß er dem Geschehen nur seinen Lauf läßt; vielmehr übernimmt er neben diesem passiven Part auch aktive Handlungen, indem er selbst bestimmte Leistungen oder Leistungsverpflichtungen auf sich nimmt.

B. Strafwürdigkeit des Wuchers

Neben der Sozialschädlichkeit des Wuchers ist seine Strafwürdigkeit[4] zu prüfen. Diese liegt als ein die Tätigkeit des Strafrechtsgesetzgebers einengendes Merkmal vor, wenn eine grobe, empfindliche Störung der Sozial- und Rechtsordnung vorliegt[5]. Es entspricht der fragmentarischen

---

[4] Zur unterschiedlichen Terminologie vgl. Günther JuS 1978, 11 f.; auch Sax S. 924 ff.; Bloy S. 243 f.

[5] Günther JuS 1978, 12; BGHSt 24, 318 (319); Schmidhäuser 2/14; Müller-Emmert GA 1976, 301 f.; Maiwald Maurach-FS S. 22 f.; eingehend Bloy S. 228 ff. m. w. N.

Natur des Strafrechts[6] und dem verfassungsrechtlichen Grundsatz der Verhältnismäßigkeit, daß das Strafrecht nur dem Schutz der für das Zusammenleben der Bürger unbedingt erforderlichen Bedingungen dient und auf Abwehr besonders starker Beeinträchtigungen der sozialen Ordnung abzielt. Diese Strafwürdigkeit des Wuchers wird in der Literatur durchweg bejaht[7]; von dieser Vorstellung ging auch der Gesetzgeber des 1. WiKG aus[8], obwohl er zuvor 1974 die Strafbestimmungen gegen Benachteiligung Minderjähriger, §§ 301, 302 StGB, aufgehoben hatte.

Von entscheidender Bedeutung ist in diesem Zusammenhang die Frage nach dem Erfolgsunwert einerseits und dem Handlungswert andererseits. Der abzuwendende Erfolg liegt in der Vermögensbeschädigung beim Opfer. Dies erhält für seine Vermögensaufwendungen keine äquivalente Gegenleistung[9]. Die Schädigung wird erreicht, indem ein Schwächezustand des Opfers als ein einen vorteilhaften Geschäftsabschluß begünstigendes Moment in die Vertragsverhandlungen mit einbezogen wird[10]. Das hervorstehende Merkmal der Ausnutzung ist, daß der Täter beim Opfer eine Rechtsgutsverletzung herbeiführt, bei der er das Opfer sich selbst als Werkzeug einsetzen läßt. Gerade dieser Umstand und das auffällige Mißverhältnis von Vermögensvorteilen und Leistung läßt die Grenze zwischen dem wirtschaftlich Erlaubten und dem nicht mehr Erlaubten, strafrechtlich zu Sanktionierenden überschreiten. Diese Grenze ist allerdings, wie sich aus dem geschichtlichen Rückblick ergab, abhängig von der jeweiligen Zeitströmung und dem geltenden Wirtschaftssystem. Die Wirtschaftsordnung kann einerseits extrem sozial mit weiter Wucherstrafbarkeit und andererseits extrem individuell — kapitalistisch mit genereller Wucherfreigabe sein. In unserem System der freien und sozialen Marktwirtschaft ist ein Mittelweg, eine Art Kompromiß gewählt[11]. Bei dieser Lage ist es nicht zu beanstanden, wenn der Gesetzgeber die durch § 302 a StGB gezogene Grenze festlegt und die Ausnutzung bestimmter Schwächesituationen bei einem grob inäquivalenten Geschäft für strafwürdig erachtet.

---

[6] Binding S. 20; Maiwald Maurach-FS S. 9 ff.; Baumann AT S. 9 f.; Jescheck LB S. 40.

[7] Z. B. Sturm JZ 1977, 86; Moser S. 24 f.; Sasserath Verhältnis S. 16; Müller S. 52 ff.; R. Schmidt S. 273 f.

[8] RegE S. 20; E 62 Begr. S. 438; Tröndle Prot. VII S. 2561 ff.

[9] Auf diesen Umstand stellt insb. die ältere Literatur ab: v. Stein S. 131; Caro S. 145 ff.; R. Schmidt S. 273 f.; v. Liszt GA 41 (1893), 235; Roquette Wucher S. 12.

[10] Dieses Kriterium tritt in neuer Zeit deutlicher hervor: Sturm JZ 1977, 85; RegE S. 20; E 62 Begr. S. 439.

[11] Vgl. zum ganzen Sasserath Verhältnis S. 16; Schwarz S. 2 f.; Jescheck JZ 1959, 458; Triffterer JZ 1971, 69.

Schwierigkeiten ergeben sich jedoch daraus, daß der Gesetzgeber in einer Einheitskonstruktion durch Typenbildung die Gesamtmaterie des Wuchers regeln muß, die ihrerseits jedoch keine Homogenität aufweist, und daher im Einzelfall Verhaltensweisen erfassen könnte, bei denen die Strafwürdigkeit zumindest problematisch ist. Zu denken ist an den Fall, in dem ein Millionär mit erheblicher Willensschwäche bei einem Luxusgegenstand ohne weitergehende wirtschaftliche Folgen übervorteilt wird, nachdem er selbst durch Bieten eines immer höheren Entgelts den Wucherer zum Abschluß des wucherischen Geschäfts veranlaßt hat. Auch sind Fälle denkbar, „wo der Bewucherte durch das Eingreifen des Wucherers vor dem Ruin bewahrt wurde und nach Beseitigung der Notlage leicht und freudig den Wucherzins zahlte“[12]. In beiden Fällen ist das Opfer selbst als Werkzeug zum Abschluß des grob inäquivalenten Geschäfts eingesetzt worden. Daß im Millionärsfall ein strafwürdiges Verhalten nicht ohne weiteres zu bejahen ist, liegt an der möglichen Verneinung des Schutzbedürfnisses dieser Person. Warum soll ein Millionär nicht mehr zahlen dürfen als ein Normalbürger? Diese Argumentation geht jedoch am Ziel vorbei. Es soll der Bürger geschützt werden, der eine gewisse Schwächesituation aufweist. Dieser Schutz ist unabhängig von den wirtschaftlichen und sonstigen Verhältnissen. Ebensowenig ist bestimmten Geschäften der Schutz zu versagen, da dadurch unerwünschte Umgehungsgeschäfte begünstigt werden und der wesentliche Grund der Strafwürdigkeit die Ausnutzung der Ausbeutungslage zur Erzielung übermäßiger Vorteile ist. Deshalb ist auch die weitere wirtschaftliche Entwicklung beim Opfer für die generelle Strafwürdigkeit ohne Belang; abzustellen ist isoliert auf das Wuchergeschäft. Dort findet auch das Risiko seine entsprechende Berücksichtigung. Die weitere Entwicklung beim Bewucherten liegt außerhalb des Einflußbereichs des Wucherers und kann das verwirkte Unrecht nicht beseitigen. Im Gegenteil; ist die günstige Entwicklung bereits bei Geschäftsabschluß erkennbar, wäre das ein Grund mehr gewesen, das Ausmaß der Vermögensvorteile geringer zu gestalten. Auch das Bestürmen des Täters durch sein potentielles Opfer kann die Strafwürdigkeit nicht beseitigen, da darin in verstärktem Maße die zu schützende Schwächesituation zum Ausdruck kommt.

C. Wucher und Wirtschaftsverfassung des GG — Vertragsfreiheit

Das Problem der Wucherstrafbarkeit einschließlich der Fragen der Sozialschädlichkeit und der Strafwürdigkeit des Wuchers kann jedoch nicht von einer isoliert strafrechtlichen Basis aus gelöst werden. Vielmehr sind vorgegebene Umstände im wirtschaftlichen und wirtschafts-

[12] Löwenstein S. 463 f.

politischen Bereich von höchster Bedeutung. Bei den widerstreitenden Interessen und Erwartungen der am Wirtschaftsleben Beteiligten muß die geltende Wirtschaftsordnung in besonderer Weise beachtet werden.

Im Grundgesetz ist eine konkrete Wirtschaftsordnung nicht ausdrücklich normiert; vielmehr hat der Grundgesetzgeber es unterlassen, ein bestimmtes Wirtschaftssystem als verbindliches, alleingültiges Denkmodell zu kodifizieren[13]. Auf der Grundlage der einschlägigen Grundgesetzartikel ergibt sich eine Art gemischter Wirtschaftsverfassung[14], die zur sozialen Marktwirtschaft geführt hat. Das hat für die wirtschaftliche und rechtsgeschäftliche Betätigung der Bürger, ohne hier auf Einzelheiten eingehen zu wollen, folgende Auswirkungen: Art. 2 I GG i. V. m. anderen Spezialgrundrechten wie Art. 12, 14 GG gewährleistet jedem Bürger Freiheit seiner wirtschaftlichen Betätigung; sie erstreckt sich sowohl auf das Ob als auch auf das Wie seines Tätigwerdens. Es gilt das Prinzip der Vertragsfreiheit, der Privatautonomie als ein das gesamte bürgerliche Recht tragender Grundgedanke, das über Art. 2 I GG verfassungsrechtlich gewährleistet ist[15]. Allerdings gilt dieser Grundsatz nicht uneingeschränkt. Sowohl das allgemeine Freiheitsrecht des Art. 2 I GG als auch die einschlägigen Spezialgrundrechte unterliegen den dort festgelegten grundrechtsimmanenten Schranken. Die Vertragsfreiheit gilt nur im Rahmen der verfassungsmäßigen Ordnung[16]; sie ist zudem noch von der aus Art. 20, 28 GG hergeleiteten Sozialstaatsklausel eingeschränkt[17]. Positivrechtliche Ausformungen dieser Einschränkungen sind z. B. §§ 134, 138 I und II sowie 242 BGB.

Da sich das Grundgesetz weder für ein extrem liberales Wirtschaftssystem noch für eine weitgehende Planwirtschaft entschieden hat, muß der Gesetzgeber im Einzelfall entscheiden, wie die gegensätzlichen Standpunkte zu gewichten und zu einem tragfähigen Kompromiß zu vereinigen sind. Im BGB hat er sich für eine eingeschränkte Vertragsfreiheit entschieden. Will er sich dazu nicht in Widerspruch setzen, müssen auch die Strafrechtsnormen, die in die wirtschaftliche, rechtsgeschäftliche Betätigung der Bürger hineinreichen, von diesem Grund-

[13] BVerfGE 4, 7 (8, 17 f.); 7, 377 (400); 30, 292 (315); Maunz / Dürig / Herzog / Scholz Art. 2 Abs. I Rdn. 44; Leibholz / Rinck Art. 2 Anm. 10; v. Mangoldt / Klein Art. 2 Abs. I Anm. III 8; a. A. Nipperdey WuW 1954, 211, 212, 218.

[14] Huber Wirtschaftsverwaltungsrecht S. 30; Hamann / Lenz Einführung Anm. A 6.

[15] BVerfGE 8, 274 (328); 12, 341 (347); BVerwGE 1, 321 (323) (ständige Rspr.); BAGE 4, 274 (280); Maunz / Dürig / Herzog / Scholz Art. 2 Abs. I Rdn. 53; Hamann / Lenz Art. 2 Anm. B 3 d; Huber Wirtschaftsverwaltungsrecht S. 661.

[16] BVerfGE 6, 32 (37 f.); 12, 341 (347); BVerwGE 18, 254 (269); BAGE 4, 274 (280); Rinck Rdn. 158 ff.; Leibholz / Rinck Art. 2 Anm. 10; Maunz / Dürig / Herzog / Scholz Art. 2 Abs. I Rdn. 54 ff.

[17] BVerfGE 8, 274 (329); Raiser JZ 1958, 5 f.

satz ausgehen. Dabei hat der Gesetzgeber ein Ermessen, ob und in welcher Weise er eingreifen will, wenn er sich nur in dem vom Grundgesetz aufgezeigten Rahmen hält[18].

In § 302 a StGB hat der Gesetzgeber Abschluß und Durchführung bestimmter Rechtsgeschäfte unter Strafe gestellt; dadurch ist die allgemeine Vertragsfreiheit unmittelbar tangiert. Der Kreis der relevanten Rechtsgeschäfte ist jedoch in mehrfacher Hinsicht eingeschränkt. Zum einen muß sich der benachteiligte Vertragspartner in einer bestimmten, vom Gesetzgeber als schutzwürdig empfundenen Ausbeutungssituation befinden. Zum anderen muß eine gravierende, auffällige Benachteiligung vorliegen. Damit ist nur der besonders Benachteiligte vor außergewöhnlichen Übervorteilungen geschützt. Eine derartige Regelung widerspricht der oben aufgezeigten Wertung des Grundgesetzgebers nicht, im Gegenteil: Sie verwirklicht in einem Teilbereich die Auffassung des Grundgesetzgebers zur Wirtschaftsverfassung. Zugunsten des sozial Unterlegenen wird Auswüchsen der liberalen Grundauffassung entgegengetreten. Durch den Wucherstraftatbestand wird die soziale Marktwirtschaft nicht gestört, sondern Störungen der sozialen Marktwirtschaft werden mit Hilfe des Wucherparagraphen bekämpft. Folglich hat § 302 a StGB unter den Gesichtspunkten Wirtschaftsverfassung des Grundgesetzes und Grundsatz der Vertragsfreiheit seine Berechtigung[19].

D. Erforderlichkeit der strafrechtlichen Ahndung des Wuchers

Das Gebot der Verhältnismäßigkeit und das Verbot des Übermaßes, an die auch und in besonderer Weise der Strafrechtsgesetzgeber gebunden ist[20], verlangen, daß der Staat den Einsatz seiner Strafgewalt auf das unbedingt erforderliche Maß beschränkt und unter Beachtung der Wertordnung des Grundgesetzes das Gebot sinn- und maßvollen Strafens nicht überschreitet[21]. Das Strafrecht darf also nur dann zur Ahndung von Verhaltensweisen, zur Verhinderung von Rechtsgutsverletzungen und zur Vermeidung unerwünschter Zustände eingesetzt werden, wenn im Einzelfall diese Verfassungsgrundsätze eingehalten sind.

---

[18] BVerfGE 24, 367 (389); 31, 229 (241); 47, 109 (119); Maunz / Dürig / Herzog / Scholz Art. 2 Abs. I Rdn. 62 ff.; Sax S. 931 Fn. 70.

[19] Vgl. auch die entsprechende Polarität im vergangenen Jahrhundert, bei v. Rizy Zeitschrift für das Privat- und Öffentliche Recht der Gegenwart 8 (1881), 776 f., 783; R. Schmidt S. 224 f.; v. Liszt GA 41 (1893), 242; zum Problem der Chancengleichheit Freiherr Ostmann von der Leye Prot. VII S. 2796.

[20] BVerfGE 19, 342 (348 f.); Hamann S. 26, 28, 31; Jescheck LB S. 20; vgl. auch Maiwald Maurach-FS S. 22 f.

[21] BVerfGE 6, 389 (439); 12, 113 (124); 28, 386 (391); 37, 201 (212); Jescheck in LK Einl. Rdn. 3; Eser in Schönke / Schröder Vor § 1 Rdn. 25; Sax S. 931.

Deshalb ist zu untersuchen, welche Faktoren die Begehung von Wuchertaten herbeiführen oder zumindest begünstigen und ob man den Wucher nicht auf andere Weise wirksam bekämpfen kann.

I. Ursache des Wuchers

Bei der Frage nach den Ursachen des Wuchers ist zwischen Schwächewucher[22], d. h. der Bewucherung von Personen, die Unerfahrenheit, Mangel an Urteilsvermögen oder erhebliche Willensschwäche aufweisen, und Zwangslagenwucher zu differenzieren.

1. Schwächewucher

Beim Schwächewucher werden Umstände ausgenutzt, die in der Person des Bewucherten liegen. Der Bewucherte weist eine intellektuelle oder voluntative Schwäche auf, die seine Fähigkeit, wirtschaftliche Vorgänge zutreffend zu analysieren und sich marktkonform zu verhalten, negativ beeinflußt. Er ist seinem Geschäftspartner dermaßen unterlegen, daß er ein ausgewogenes Verhältnis von Leistung und Gegenleistung bei einem Geschäft nicht erkennen oder nicht durchsetzen kann. Diese persönlichen Eigenschaften macht sich der Wucherer zunutze.

2. Zwangslagenwucher

Demgegenüber ist beim Zwangslagenwucher der Bewucherte dem Wucherer weder in intellektueller noch in voluntativer Hinsicht unterlegen; vielmehr bedingen äußere Umstände, daß der Bewucherte auf das ihn benachteiligende Wuchergeschäft eingeht. Besondere wirtschaftliche Mißstände lassen beim Bewucherten zwingende Bedürfnisse entstehen, die er nur mit Hilfe überhöhter eigener Leistungen befriedigen kann oder zu können glaubt.

3. Mischformen

Allerdings wird beim Zwangslagenwucher eine persönliche Schwächesituation des Opfers nicht selten mitursächlich werden. Speziell beim Kredit-Zwangslagenwucher spielen bestimmte Eigenschaften des Kreditnehmers und Bewucherten eine nicht zu unterschätzende Rolle. Dazu gehören Umstände wie Scheu vor dem Bekanntwerden von Schulden, das Einhaltenmüssen von Förmlichkeiten bei Sparkassen und öffentlichen Banken[23] wie auch die weitverbreitete Scheu bestimmter Bevölkerungsschichten vor dem Verkehr mit Behörden, Ämtern und ähn-

---

[22] Zu diesem Begriff s. Samson in SK § 302 a Rdn. 3.

[23] So schon v. Lilienthal ZStW 8 (1888), 194 ff.; vgl. auch Karbach S. 47 ff.

lichen Institutionen, zu denen auch Sparkassen und Banken gehören[24]. So ist es nicht verwunderlich, daß bei Kredit- und Vermittlungswucher zu einem großen Prozentsatz Personen aus den unteren Gesellschaftsschichten sowie ausländische Arbeitnehmer als Opfer anzutreffen sind. Gerade dieser Personenkreis erhofft sich vom Vermittler Hilfe. In seiner Vorstellung steht der Vermittler auf seiner Seite; nur mit seiner Hilfe glaubt er, einen Kredit zu bekommen[25]. Wie sehr diese Vorstellung den tatsächlichen Gegebenheiten widerspricht, ist bereits oben[26] ausführlich dargestellt worden.

II. Ultima ratio

Bei dieser Sachlage liegt es offen auf der Hand, daß eine Strafnorm allein das Wucherproblem nicht lösen kann. Bevor die Wirksamkeit anderer Mittel zur Wucherbekämpfung geprüft wird, soll zunächst das Verhältnis einer Strafnorm gegen den Wucher zu Maßnahmen auf anderen Gebieten untersucht werden.

Nach dem rechtsstaatlichen Prinzip der Verhältnismäßigkeit darf der Gesetzgeber Strafgesetze nur dann zur Erreichung eines bestimmten Ziels oder zur Verhinderung unerwünschter Handlungen und Zustände erlassen, wenn andere, weniger einschneidende Maßnahmen nicht denselben Erfolg herbeizuführen versprechen. Man spricht insoweit auch vom Grundsatz der Subsidiarität des Strafrechts bzw. vom Strafrecht als der ultima ratio[27].

Diese für das allg. Strafrecht nicht angefochtene Ansicht wird überwiegend auch für den Bereich des Wirtschaftsstrafrechts vertreten[28]. Demgegenüber vertritt Tiedemann[29] die Ansicht, daß das Wirtschaftsstrafrecht keineswegs die ultima ratio sei. Wirtschaftsstrafrecht treffe den am Wirtschaftsleben Beteiligten weniger als Maßnahmen im Wirtschaftsrecht. Von Maßnahmen im Wirtschaftsrecht würden alle Beteilig-

---

[24] Eine Art Schwellenangst bei Behörden; vgl. dazu Schwarzbuch I S. 10 f., 38; Reifner / Weitz / Uesseler S. 170 f.; test 1978, 10/67; Karbach S. 52 f.

[25] Reifner / Weitz / Uesseler S. 169 f.; Karbach S. 50 ff.

[26] S. 127 ff.; vgl. auch Schwarzbuch I S. 37 f., 48; test 1979, 2/15 ff. und 9/16 f.

[27] Heute einhellige Ansicht; z. B. BVerfGE 39, 1 (47); Jescheck in LK Einl. Rdn. 3; Rudolphi in SK vor § 1 Rdn. 14; Maiwald Maurach-FS S. 22 f.; Günther JuS 1978, 11 f.

[28] Franzheim ZRP 1969, 203; Jung Bekämpfung S. 24 ff.; Friemel S. 14; vgl. auch Heinz GA 1977, 195, 198; sowie im Gesetzgebungsverfahren zum 1. WiKG in Prot. VII Kisseler S. 2575 und Wissebach S. 2799; Klug in BR-Bericht S. 46.

[29] ZRP 1976, 54; 49. DJT I S. C 9, C 33; Prot. VII S. 2473; ZStW 87 (1975), 266 f., 283; Tatbestandsfunktionen S. 145 Fn. 22 unter Berufung auf Huber DÖV 1956, 205 f.; anders wohl noch GA 1974, 2 f. und ZRP 1970, 260; ähnlich wie Tiedemann Müller-Emmert GA 1976, 302; zur generellen Tendenz der Kriminalisierung wirtschaftlicher Verhaltensweisen s. Horstkotte S. 9, 20, 24 und Kaiser Maurach-FS S. 27.

ten betroffen, während Straftatbestände nur einige bestimmte, unseriöse, vom ordentlichen Wirtschafter vermiedene Verhaltensweisen erfaßten[30].

Dem kann nicht uneingeschränkt zugestimmt werden. Tiedemann stellt nämlich repressiven Maßnahmen des Strafrechts umfassende präventive Wirtschaftslenkungsmaßnahmen gegenüber. Die Frage lautet jedoch, ob das Strafrecht zurückweichen muß, wenn dieselben Ziele auch durch andere repressive Maßnahmen außerhalb des Strafrechts erreicht werden können. In dieser Form ist sie vorbehaltslos zu bejahen. Es ist kein Grund ersichtlich, warum im Bereich des Wirtschaftsstrafrechts etwas anderes gelten soll als im Strafrecht allgemein. Dabei ist Tiedemann zuzugestehen, daß sich die Sachlage unter dem generalpräventiven Aspekt ändert. Bevor ganze Wirtschaftszweige mit wirtschaftslenkenden, die freie wirtschaftliche Betätigung einengenden oder gar erstickenden Maßnahmen überzogen werden, gebietet der Grundsatz der Verhältnismäßigkeit, unerwünschte Verhaltensweisen einzelner notfalls mit Hilfe des Strafrechts zu unterbinden.

Auch zur Bekämpfung des Wuchers als Wirtschaftsdelikt im weiteren Sinne darf Strafrecht nur bei Auswüchsen eingesetzt werden, wenn andere repressive Maßnahmen, z. B. zivilrechtliche Normen, in denen wucherische Verträge für nichtig erklärt und Wucherer zu Schadensersatzleistungen verpflichtet werden, das gesteckte Ziel nicht erreichen können[31]; dies schließt jedoch flankierende Maßnahmen nicht aus, sofern die wirtschaftliche Betätigung nicht reglementiert wird, sondern nur die Grenzen ordentlicher wirtschaftlicher Betätigung aufgezeigt werden[32].

III. Andere Mittel zur Bekämpfung des Wuchers

1. Zivilrecht

Eine dem § 302 a StGB entsprechende Regelung findet sich in § 138 II BGB. Danach sind Rechtsgeschäfte, die den Tatbestand des Wuchers erfüllen, nichtig. Nach der Systematik des BGB ist § 138 II BGB ein Spezialfall des § 138 I BGB, des sittenwidrigen Rechtsgeschäfts[33]. Rechtsgeschäfte, die den Tatbestand des Wuchers nicht in vollem Umfang erfüllen, können nach § 138 I BGB nichtig sein[34]. Die Anwendung des

[30] So insb. ZRP 1976, 54 und ZStW 87 (1975), 266 f.; zur gegenteiligen Ansicht vom Verbraucherschutzgedanken aus E. v. Hippel DRiZ 1979, 213.

[31] Kisseler Prot. VII S. 2575; Sasserath Verhältnis S. 16.

[32] s. auch Friemel S. 14; Franzheim ZRP 1969, 203.

[33] Palandt / Heinrichs § 138 Anm. 4 a, 2 a; Staudinger / Dilcher § 138 Rdn. 105.

[34] Eine ausführliche Auswertung der Rspr. des BGH und der Untergerichte zu § 138 I und II BGB bei Rühle S. 41 ff.; zur neueren Rspr. des BGH vgl. nur NJW 1979, 805 ff., 808 f., 2089 ff. und 2092 ff.

§ 138 I BGB liegt nahe, wenn ein besonders auffälliges, grobes Mißverhältnis zwischen Leistung und Gegenleistung vorliegt[35], aber auch dann, wenn eine in § 138 II BGB / § 302 a StGB normierte Schwächesituation ausgenutzt wird, ohne daß ein auffälliges Mißverhältnis der beiderseitigen Leistungen feststellbar ist[36]. Man kann andererseits auch den speziellen § 138 II BGB extensiv auslegen, indem man das „Sandhaufentheorem" auf ihn anwendet[37]. Danach kann ein Ausgleich stattfinden, wenn mehrere Tatbestandsmerkmale einer Norm teils unter-, teils überfüllt sind[38].

Rechtsfolgen eines wegen Wuchers sittenwidrigen Geschäfts sind folgende: Das obligatorische Rechtsgeschäft einschließlich des Erfüllungsgeschäfts des Bewucherten[39] sind nichtig. Darüber hinaus hat der Bewucherte einen Herausgabeanspruch aus § 985 BGB und einen Bereicherungsanspruch aus § 812 BGB hinsichtlich des von ihm an den Wucherer Geleisteten. Darüberhinaus ist regelmäßig ein Schadensersatzanspruch aus § 826 BGB gegeben. Bei möglichen Ansprüchen des Wucherers hingegen ist § 817 S. 2 BGB zu beachten[40]. Angesichts dieser Sach- und Rechtslage könnte man den zivilrechtlichen Schutz des Bewucherten als ausreichend erachten und eine Strafnorm für überflüssig halten. Dagegen erheben sich jedoch mehrere Bedenken. Die Bewucherten kommen zu einem nicht unerheblichen Teil aus Bevölkerungsschichten, die im Umgang mit Gerichten und besonders mit Zivilgerichten nicht vertraut sind und eine gewisse Gerichtsscheu an den Tag legen. Weiterhin wird bei der Komplexität vieler Wuchergeschäfte — das gilt besonders für den wichtigen Bereich des Kreditwuchers — der Bewucherte allein kaum in der Lage sein, den Ausgang eines anzustrebenden Rechtsstreits auch nur annähernd zutreffend einzuschätzen; deshalb bedarf er eines Anwalts oder anderen Beraters. Damit kommen Kosten auf ihn zu, deren spätere Erstattung er nicht sicher einplanen kann. Zum einen kann nämlich der Rechtsanwalt zum Ergebnis kommen, daß eine zivilrechtliche Klage auf Rückerstattung des bereits Geleisteten oder das Einlassen auf einen Prozeß in der Absicht, keine weiteren Leistungen mehr zu erbringen — im Fall, daß der vermeintliche Wucherer Rest-

---

[35] RGZ 150, 1 (6); BGH WPM 1969, 1257; Urteil des OLG Stuttgart vom 24. April 1979 — 6 U 169/78 — S. 7; Palandt / Heinrichs § 138 Anm. 2 a; Erman / H. Westermann § 138 Rdn. 6.

[36] Palandt / Heinrichs § 138 Anm. 2 a.

[37] So ausdrücklich Urteil OLG Stuttgart S. 40 f.

[38] Urteil OLG Stuttgart S. 38 ff.; Bender Rödig-Gedächtnisschrift S. 34/38 ff.; ob dies zutrifft, ist zumindest sehr zweifelhaft, vgl. Palandt / Heinrichs § 138 Anm. 2 a, 4 a m. w. N., soll hier aber nicht weiter verfolgt werden.

[39] RGZ 109, 201 (202); 162, 302 (306 f.); BGH WPM 1974, 774 f.; Staudinger / Dilcher § 138 Rdn. 111; Erman / H. Westermann § 138 Rdn. 69.

[40] Zum ganzen s. Palandt / Heinrichs § 138 Anm. 4 b; Staudinger / Dilcher § 138 Rdn. 118 ff.; Roquette Wucher S. 28 ff.; Bachmann NJW 1979, 2082 f.

leistungen einklagt —, keine Erfolgsaussichten haben wird. Selbst wenn Erfolgsaussichten eines Rechtsstreits objektiv vorliegen, bleibt dem Bewucherten das Risiko, daß er die tatsächlichen Voraussetzungen des Wuchers oder der Sittenwidrigkeit nicht beweisen kann und mit der Folge, die Kosten des Rechtsstreits zu tragen, unterliegt; denn der Bewucherte, der sich auf die Nichtigkeit des Rechtsgeschäfts beruft, trägt die Beweislast für die tatsächlichen Voraussetzungen der Sittenwidrigkeit[41]. Das Zivilrecht allein kann also in der Praxis keinen wirksamen Schutz des Bewucherten gewährleisten[42].

2. *Verwaltungsrecht*

Verwaltungsrechtliche Vorschriften, die sich speziell auf den Wucher und seine Bekämpfung beziehen, sind nicht ersichtlich. Für den Bereich des Kreditwuchers ist allerdings das Kreditwesengesetz von Bedeutung: Das Betreiben von Kreditinstituten nach §§ 32, 1 KWG ist erlaubnispflichtig, und gem. § 23 KWG können in gewissem Umfang auch Bedingungen über Zinsen, Provisionen und Werbung erlassen werden. Derartige Maßnahmen dienen jedoch in erster Linie der gesamtwirtschaftlichen Funktionsfähigkeit des Kreditgewerbes, weniger dem Schutz des Bankkunden[43]; zudem sind unmittelbare Rechtsverordnungen über Provisionssätze und andere Vertragskonditionen bis heute nicht ergangen. Bei der Zielsetzung des Gesetzes ist dies kaum verwunderlich und dürfte im geltenden Wirtschaftssystem kaum durchsetzbar sein. Die Effektivität des KWG im Bereich des Wuchers scheitert daneben auch daran, daß sich gem. § 6 II KWG die Bankenaufsicht nur auf Kreditinstitute i. S. d. § 1 I 1 KWG erstreckt. Kreditvermittler, die zu einem großen Teil für Kreditwucherfälle (mit-)verantwortlich sind, betreiben aber durchweg kein Kreditgeschäft[44] und unterfallen damit nicht dem KWG. Selbst wenn das Tätigwerden der Kreditvermittler mit in den Anwendungsbereich des KWG hineinreichen würde, könnten nur generelle, präventive Maßnahmen in einer Form getroffen werden, die im Hinblick auf das Grundgesetz zurückhaltend sein müßten. Sie könnten den einzelnen Kreditwucherfall nicht verhindern und wären außerdem

---

[41] BGHZ 53, 369 (379); BGH NJW 1974, 1821 und 1979, 2089; Palandt / Heinrichs § 138 Anm. 1 h; Erman / H. Westermann § 138 Rdn. 25; Roquette Wucher S. 51; zum Prozeßrisiko mit Bsp. Rühle S. 23 f.

[42] Zu weiteren Gründen — Scheu der Gerichte vor entsprechenden Grundsatzentscheidungen, lange Prozeßdauer, Scheu vor Inanspruchnahme von Normen aus anderen Rechtsgebieten vgl. Urteil OLG Stuttgart — 6 U 169/78 — vom 24. April 1979 S. 12 ff.; E. v. Hippel DRiZ 1979, 212.

[43] Reischauer / Kleinhans § 23 Anm. 2 ff.; vgl. auch § 6 II KWG.

[44] Reischauer / Kleinhans § 1 Anm. 22; zur Forderung, die Kreditvermittlung durch Einbeziehung in das KWG der staatlichen Aufsicht zu unterstellen, vgl. Steppeler Sparkasse 1977, 189.

auf den Kreditbereich beschränkt. Sie würden keinesfalls einen Wucherstraftatbestand überflüssig machen.

Ähnliches gilt für § 1 IV der PreisangabenVO, dessen Einhaltung durch die zuständigen Behörden bis heute noch nicht zufriedenstellend überwacht zu werden scheint[45]. Eine durchgreifende Wirkung auf Kreditwucherfälle dürfte auch diesem Eingriff versagt bleiben, wenn man die Schwächesituation der Bewucherten mit berücksichtigt. Denn diese Vorschrift kann nicht verhindern, daß unter Angabe eines richtig errechneten effektiven Jahreszinses oder bei nicht unter § 1 IV PreisangabenVO fallenden Krediten Wuchergeschäfte abgeschlossen werden.

Insgesamt gesehen können Vorschriften auf dem Gebiet des öffentlichen Rechts, wie etwa auch § 34 c GewO, einen hinreichenden Schutz vor Wucher nicht gewährleisten. Zwar bieten sie bei richtiger Ausgestaltung und konsequenter Beachtung eine nicht zu unterschätzende Funktion im Bereich der Verbrechensverhütung, die Wucherstrafvorschrift können sie jedoch nicht ersetzen.

3. *Ordnungswidrigkeiten*

Eine weitere Möglichkeit könnte die Ablösung der Strafrechtsnorm durch einen Ordnungswidrigkeitstatbestand sein. Zu denken wäre an eine Erweiterung des § 5 WiStG — Mietpreisüberhöhung — auf alle Geschäfte, die zur Zeit in den Bereich des § 302 a StGB fallen.

Während früher überwiegend die Meinung vertreten wurde, zwischen Straftaten und Ordnungswidrigkeiten bestehe ein qualitativer, aus der unterschiedlichen Natur von strafrechtlichem und verwaltungsrechtlichem Unrecht herzuleitender Unterschied[46], wird heute überwiegend die zutreffende Ansicht vertreten, zwischen Straftat und Ordnungswidrigkeit bestehe kein qualitativer, sondern nur ein quantitativer Unterschied[47]. Formell unterscheiden sie sich durch ihre Rechtsfolge: während die Straftat durch die Rechtsfolge Strafe gekennzeichnet ist, liegt nach § 1 I OWiG eine Ordnungswidrigkeit bei einer mit Geldbuße bewehrten Vorschrift vor. In materieller Hinsicht ist die Ordnungswidrigkeit durch einen geringeren Unrechtsgehalt und geringere Gefährlichkeit gekennzeichnet. Da Ordnungswidrigkeiten in erster Linie (abstrakte) Gefährdungsdelikte und nur ausnahmsweise Erfolgsdelikte sind, ist das geschützte Rechtsgut weniger beeinträchtigt als bei einer

[45] Vgl. die Berichte in test 1978, 10/66 f. und 1979, 2/19 ff., nach denen der effektive Jahreszins in vielen Fällen nicht richtig angegeben war.

[46] Goldschmidt S. 539 ff.; Erik Wolf Frank-FS II, passim; Eb. Schmidt SJZ 1948, 230 ff. und 572 ff. sowie SJZ 1949, 669 f.

[47] BVerfGE 8, 197 (207); 27, 18 (29); 45, 272 (288 ff.); Sax S. 922 f.; Jescheck in LK Einl. Rdn. 11 und LB S. 45 f. jeweils m. w. N.; Göhler Vor § 1 Anm. 2 A; Tiedemann ZStW 87 (1975), 268; Knapp JuS 1979, 610.

Straftat. Zudem fehlen bei der Ordnungswidrigkeit der hohe Grad von Verwerflichkeit der Tätergesinnung und der sozial-ethische Unrechtsgehalt, die Voraussetzungen für eine Straftat sind[48]. Mit Hilfe der Ordnungswidrigkeiten wird auch ein Bereich erfaßt, den man als Vorfeld mit Strafe bedrohten Verhaltens bezeichnen kann. Das wird deutlich bei einigen Sozialwuchertatbeständen[49], die je nach Gewichtung des konkreten Verhaltens teils noch als Ordnungswidrigkeit, teils schon als Straftat zu ahnden waren[50]. Schließlich ist zu beachten, daß dem Gesetzgeber ein legislatives Ermessen bei Entscheidung der Frage zusteht, wo er die Grenzlinie zwischen Ordnungswidrigkeit und Straftat bei einem als generell ahndungswert erachteten Verhalten ziehen will[51].

Von dieser Grundlage aus kann es nicht beanstandet werden, daß der Gesetzgeber einen Wucherstraftatbestand geschaffen und sich nicht mit einer Ordnungswidrigkeitsvorschrift begnügt hat. Der Eingriff in das geschützte Rechtsgut, das Vermögen des Bewucherten, ist bei § 302 a StGB wesentlich schwerer als bei § 5 WiStG. Während dort ein unangemessenes Entgelt genügt, muß hier ein auffälliges Mißverhältnis zwischen Leistung und Gegenleistung vorliegen. Außerdem muß der Täter des § 302 a StGB einen wesentlich höheren Grad von Verwerflichkeit seiner Gesinnung aufweisen, da seine Bestrafung davon abhängt, daß er bewußt einen in bestimmter Weise Benachteiligten übervorteilt. Gerade diese Mittel-Zweck-Relation, Ausnutzung eines schutzwürdig Schwachen zur Erzielung übermäßiger Vermögensvorteile, hebt den Wucher aus dem Bereich der bloßen Ordnungswidrigkeit heraus. Schließlich erleidet der Bewucherte durchweg einen Vermögensschaden, es bleibt nicht bei einer (abstrakten) Gefährdung seines Vermögens. Dies rechtfertigt nicht nur eine Strafvorschrift, sondern fordert sie geradezu. Hinzu kommt, daß mit Hilfe eines Ordnungswidrigkeitstatbestands wie § 5 WiStG die Hauptanwendungsschwierigkeit des § 302 a StGB nicht beseitigt wird; denn auch bei § 5 WiStG müssen bei der Subsumtion des Merkmals unangemessenes Entgelt die Werte von Leistung und Gegenleistung festgestellt und zueinander in Relation gesetzt werden. Das Zurückweichen auf das Ordnungswidrigkeitsrecht mildert die Auslegungsschwierigkeiten nicht entscheidend, könnte im Gegenteil die negative Wirkung haben, daß Wucher — mehr noch als jetzt — zu den Kavaliers-

---

[48] BVerfGE 27, 18 (29); 45, 272 (288 f.); Jescheck in LK Einl. Rdn. 11 und LB S. 45; Göhler Vor § 1 Anm. 2; Rebmann / Roth / Herrmann Vor § 1 Rdn. 9; Krümpelmann S. 165 ff.

[49] Z. B. §§ 1 ff. WiStG a. F.; vgl. auch § 1 III OWiG von 1952.

[50] Dieses Neben- oder besser Nacheinander von Ordnungswidrigkeit und Straftat belegt zugleich, daß auch der Gesetzgeber seinerzeit von einer quantitativen, nicht aber qualitativen Unterscheidung ausgegangen ist.

[51] BVerfGE 37, 201 (212); 45, 272 (289); Maurach / Zipf S. 19; Knapp JuS 1979, 610; Rotberg S. 48; Rebmann / Roth / Herrmann Vor § 1 Rdn. 11.

delikten gezählt wird und daß seine Schutzfunktion zugunsten der Betroffenen noch weiter geschwächt wird.

4. *Sonstige Maßnahmen*

Auch im außerlegislatorischen Bereich gibt es unterschiedliche Mittel zur Wucherbekämpfung. Zum Schutz vor Kreditwucher ist schon immer gefordert worden, das System der öffentlichen Kassen und Banken auszubauen, um der finanziellen und wirtschaftlichen Mißstände Herr zu werden[52]. Des weiteren sollte durch Hebung der allgemeinen Volksbildung sowie der Aufklärung und Information der Verbraucher der Kreis der möglichen Opfer vermindert[53] oder durch Statuierung von Anzeige- und Meldepflichten bestimmter Personen[54] die Erfassung von Wuchertaten erleichtert werden.

Diese Ansätze sind zu loben, und ihre Verwirklichung ist wünschenswert, berechtigen jedoch nicht zu großen Hoffnungen. Das Problem des Kreditwuchers zeigt, daß selbst das heutige, gegenüber der Jahrhundertwende erheblich erweiterte System von öffentlichen Banken und Sparkassen Wucherfälle nicht verhindern kann. Auch die Aufklärung und Information des Verbrauchers durch einschlägige Organisationen[55] allein zeigt keinen durchschlagenden Erfolg. Es scheint, daß derartige Informationen entweder die zukünftigen Wucheropfer nicht erreichen oder daß diese aufgrund ihrer spezifischen Schwächesituation nicht in der Lage sind, vom vorhandenen Informationsmaterial den zweckentsprechenden Gebrauch zu machen, Wuchergeschäfte als solche zu erkennen und von ihnen Abstand zu nehmen. Wenngleich also die obengenannten Maßnahmen nützlich und unerläßlich sind, vermögen sie jedoch das potentielle Wucheropfer nicht genügend zu schützen und die strafrechtliche Ahndung des Wuchers überflüssig zu machen; sie sind nützliche und unbedingt erforderliche flankierende Maßnahmen, die in Ergänzung und im Zusammenspiel mit dem Strafrecht zur Bekämpfung des Wuchers eingesetzt werden müssen.

E. Zusammenfassung

Die vorstehenden Ausführungen haben gezeigt, daß das Strafrecht ein mögliches und auch erforderliches Mittel zur Bekämpfung des Wuchers ist. Von § 302 a StGB werden strafwürdige und strafbedürftige

[52] Z. B. v. Lilienthal ZStW 8 (1888), 196 ff.; v. Liszt GA 41 (1893), 240 ff.; R. Schmidt S. 225 f.; Schwarz S. 9 f.; E. v. Hippel RabelsZ 40 (1976), 534.

[53] R. Schmidt S. 225 f.; Friedmann S. 74; vgl. auch Tiedemann GA 1974, 2 f.; Rühle S. 71 f.

[54] Jung Bekämpfung S. 18 ff.; Mergen DRiZ 1972, 273.

[55] Vgl. z. B. diesbezügliche Veröffentlichungen in der Zeitschrift test sowie diverser Schwarzbücher und anderer Aufklärungsbroschüren.

Verhaltensweisen erfaßt, die mit außerstrafrechtlichen Mitteln nicht oder nicht in ausreichendem Maße bekämpft werden können. Allerdings ist das Strafrecht kein Allheilmittel; die Zahlen aus der Praxis beweisen das Gegenteil. Um gegen den Wucher mit Aussicht auf Erfolg vorgehen zu können, bedarf es einer Art „konzertierten Aktion". Neben dem Strafrecht sind zivil- und öffentlich-rechtliche Vorschriften, Ordnungswidrigkeitstatbestände sowie aufklärende und beratende Maßnahmen erforderlich, die aufeinander abgestimmt sein müssen. Dem Strafrecht, in weniger bedeutsamen Fällen dem Ordnungswidrigkeitenrecht, kommt dabei die Aufgabe zu, repressiv die Wuchertaten zu erfassen, die trotz vorangegangener Präventionsmaßnahmen begangen worden sind.

Sechster Teil

Kritik am geltenden Wucherstrafrecht

Die bisherigen Untersuchungen und Ergebnisse haben das Dilemma der Wucherstrafgesetzgebung offenkundig werden lassen. Zum einen kann zum Schutz der Betroffenen auf eine Wucherstrafnorm nicht verzichtet werden, zum anderen — dies spiegelt sich deutlich in den Zahlen aus der Praxis wider — tauchen bei der Anwendung des § 302 a StGB erhebliche Probleme auf, die auf Auslegungsschwierigkeiten der normativen Tatbestandsmerkmale zurückzuführen sind.

A. Verfassungsrechtlicher Aspekt der Unbestimmtheit, Art. 103 II GG

Das auf dem Rechtsstaatsprinzip, dem Grundsatz der Menschenwürde und Eigenverantwortlichkeit des Menschen basierende Bestimmtheitsgebot des Art. 103 II GG[1] bedeutet in erster Linie, daß der Tatbestand eines Strafgesetzes nicht nur gesetzlich fixiert, sondern auch präzise niedergelegt sein muß, „nullum crimen sine lege". Der Bürger muß anhand des geschriebenen Rechts erkennen können, ob eine bestimmte Handlung strafbar ist, um sich im Einklang mit der Rechtsordnung verhalten zu können. Ein idealtypischer Tatbestand liegt vor, wenn als Tatbestandsvoraussetzungen nur deskriptive, von jedem eindeutig zu erkennende Tatbestandsmerkmale normiert sind und der Gesetzgeber auf wertungsbedürftige Merkmale und Generalklauseln jeglicher Art verzichtet hat. Die Mannigfaltigkeit und Komplexität der vom Strafgesetz zu erfassenden Lebenssachverhalte und Handlungsvorgänge läßt dieses Ideal jedoch nicht verwirklichen, sondern zwingt zu Kompromissen. Um dem Art. 103 II GG genüge zu tun, müssen Straftatbestände eine „feste und zuverlässige Grundlage für die Rechtsprechung" bilden; die Grenzen der einzelnen Tatbestandsmerkmale und des gesamten Straftatbestands müssen durch Auslegung festgelegt werden können[2]. Diesbezügliche

---

[1] Vgl. Maunz / Dürig / Herzog / Scholz Art. 103 Abs. II Rdn. 104; v. Mangoldt / Klein S. 601; Sax S. 998.

[2] Maunz / Dürig / Herzog / Scholz Art. 103 Abs. II Rdn. 107; BVerfGE 31, 314 (319 f.); 37, 201 (208); 48, 48 (56 f.); BGHSt 11, 365 (377); 23, 167 (171); Eser in Schönke / Schröder § 1 Rdn. 21 ff.; Schreiber in SK § 1 Rdn. 10 ff.; Sax S. 1006 ff.

Bedenken bei § 302 a StGB sind im Hinblick auf die kodifizierten Ausbeutungssituationen des Opfers sowie das Merkmal auffälliges Mißverhältnis von Vermögensvorteilen und Leistung angebracht.

I. Ausbeutungssituationen

Nach der hier vertretenen Auffassung[3] bedarf es einer graduellen, quantitativen Abstufung bei der Entscheidung der Frage, ob eine für § 302 a StGB ausreichende Schwächesituation beim Opfer vorliegt. Insoweit ist eine Wertung maßgebend, während die einzelnen Ausbeutungszustände durch Auslegung voneinander zu trennen sind. Derartige über Straflosigkeit und Strafbarkeit entscheidende Wertungen sind dem Strafrecht jedoch nicht fremd[4] und entsprechend der Aufgabe und Struktur des Strafrechts unvermeidbar. Beachtet man bei der Entscheidung des Einzelfalls die Aufgabe der Wertungsentscheidung, schutzwürdige und nicht-schutzwürdige Beeinträchtigungen voneinander zu trennen, dürfte eine dem Bestimmtheitsgebot entsprechende Grundlage geschaffen sein, im Wege der Auslegung den Anwendungsbereich des Wuchers mit hinreichender Sicherheit festzulegen.

II. Auffälliges Mißverhältnis von Vermögensvorteilen und Leistung

Größere Schwierigkeiten ergeben sich beim Versuch, das auffällige Mißverhältnis von Vermögensvorteilen und Leistung festzustellen[5]. Dies gilt in besonderem Maße beim Kreditwucher, wenn man mit der fast durchgängigen Rspr. sowohl im Strafrecht als auch im Zivilrecht Einzelfallentscheidungen wie etwa „bei einem Zinssatz von X % ist auf jeden Fall ein auffälliges Mißverhältnis gegeben" oder „jedenfalls bei einem Zinssatz von Y % ist von einem auffälligen Mißverhältnis auszugehen" trifft, eine genaue Begründung für die gezogene Grenze nicht gibt und stattdessen auf andere höchstrichterliche Entscheidungen verweist. Bei derartigen Entscheidungen kann der Bürger bei Abschluß eines Kreditvertrags unter wesentlicher Änderung des Kreditmarkts nicht abschätzen, ob der neue, an die Veränderungen angepaßte Vertrag wucherische Konditionen enthält. Anders verhält es sich schon jetzt beim Mietwucher, bei dem sich die 50 %-Grenze auf der Basis der ortsüblichen Vergleichsmiete jedenfalls in der Rspr. endgültig durchgesetzt

---

[3] Vgl. oben S. 100 f.

[4] Man denke z. B. nur an die Begriffe angemessenes Mittel in § 34 S. 2 StGB, Zumutbarkeit in § 35 I 2 StGB, sexuelle Handlungen im Rahmen der §§ 174 ff. StGB, Gewalt und Drohung mit einem empfindlichen Übel bei §§ 240, 253, 255 StGB sowie Verwerflichkeit in §§ 240 II, 253 II StGB.

[5] Vgl. Heinz GA 1977, 220, insb. Fn. 205; Kohlmann S. 15 f.; Samson in SK § 302 a Rdn. 7, 24; zu ähnlichen Bedenken bei § 2 a I Nr. 2 WiStG a. F. s. Besenthal S. 67 ff. m. w. N.

hat[6]. Wendet man diesen Grundsatz der 50 %-Grenze wie vorgeschlagen auf alle Wucherarten an, kommt man zu kalkulierbaren, nachvollziehbaren Entscheidungen; die Grenzziehung zwischen einem schon-auffälligen und einem noch-nicht-auffälligen Mißverhältnis wird entproblematisiert.

Die Schwierigkeit, Vermögensvorteile und Leistungen in einen Wertvergleichsmaßstab zu bringen und dadurch vergleichbar zu machen, bleibt bestehen. Die Wertberechnung ist naturgemäß nur anhand der konkreten Umstände des Einzelfalls möglich; generell können nur bestimmte Positionen als berücksichtigungsfähig oder als irrelevant angesehen werden. Derartige Wertbestimmungen sind dem geltenden Recht außerhalb des § 302 a StGB nicht fremd, und man kann wohl nicht auf sie verzichten. Das gilt gerade für den Bereich der Vermögensdelikte im engeren Sinn. Man denke nur an die Vermögensbeschädigung des § 263 StGB und an die Nachteilszufügung der §§ 266, 253 StGB. Dort sind nicht nur Leistungen eines konkreten Einzelgeschäfts zueinander in Relation zu setzen, vielmehr müssen die Werte des Gesamtvermögens vor und nach der irrtumsbedingten Vermögensverfügung ermittelt und einer Gesamtsaldierung unterworfen werden[7]. Die Erweiterung des zu bewertenden Bereichs erhöht die Schwierigkeit, die einzelnen relevanten Passiv- und Aktivposten zutreffend zu berücksichtigen. Die Bestimmung der zu vergleichenden Werte bei § 302 a StGB ist insgesamt nicht schwieriger als bei den obengenannten Delikten, gegen die keine ernsthaften verfassungsrechtlichen Bedenken geäußert werden.

Zusammenfassend läßt sich sagen, daß die Ermittlung des auffälligen Mißverhältnisses von Vermögensvorteilen und Leistung nicht einfach ist. Dieses Problem läßt sich nur durch Verwendung eines einheitlichen Bewertungsmaßstabs auf ein erträgliches Maß abschwächen. Dieser Bewertungsmaßstab ist nur dann sinnvoll und zuverlässig, wenn er auf einer relativierenden Betrachtungsweise basiert und eine auf den Wert der Leistung bezogene Grenze bestimmt, bei deren Überschreitung immer oder doch im Regelfall ein auffälliges Mißverhältnis vorliegt. Nur dann ist es möglich — vorausgesetzt, Wert von Vermögensvorteilen und Leistung sind zutreffend bestimmt — von vornherein zu erkennen, ob das Geschäft wucherische Bedingungen enthält und daher zu unterlassen ist; das Bestimmtheitsgebot des Art. 103 II GG wird damit beachtet. Gleichzeitig verlagert sich der Schwerpunkt der Prüfung auf die Bestimmung der zu vergleichenden Werte, die exakt und unter Berücksichtigung aller wertbildenden Faktoren zu ermitteln sind. Die zutref-

[6] s. o. S. 114.

[7] Maurach / Schroeder S. 419 f.; Lackner § 263 Anm. 6 b; Samson in SK § 263 Rdn. 134 ff.; Cramer in Schönke / Schröder § 263 Rdn. 99 ff., jeweils m. w. N.

fende Bewertung der relevanten Einzelfaktoren kann von dem am Wirtschaftsleben im jeweiligen Bereich Beteiligten aufgrund seiner Fachkenntnis selbständig durchgeführt und im Strafverfahren ggf. mit Hilfe eines Sachverständigen nachgeprüft werden.

Bei Beachtung dieser Grundsätze sind verfassungsrechtliche Bedenken ausgeräumt, und ein Verstoß gegen das Bestimmtheitsgebot des Art. 103 II GG ist nicht festzustellen.

B. Möglichkeiten, das Wucherstrafrecht effizienter zu gestalten

Angesichts der Tatsache, daß auf eine Strafvorschrift gegen den Wucher nicht verzichtet werden kann, daß aber andererseits der jetzige Wucherstraftatbestand des § 302 a StGB mit großen Auslegungs- und Anwendungsschwierigkeiten behaftet und deshalb in der Praxis völlig bedeutungslos ist, stellt sich zwangsläufig die Frage, wie diese Norm geändert werden kann, um ihre Praktikabilität zu erhöhen und ihre praktische Bedeutung den tatsächlichen Verhältnissen anzupassen. Da § 302 a StGB die Grenzen der Wucherstrafbarkeit in sachlicher Hinsicht — Umfang der Wuchergrundgeschäfte, Relation von Leistung und Vermögensvorteilen, Arten der Schwächesituation — prinzipiell zutreffend bestimmt, konzentrieren sich die nachfolgenden Untersuchungen auf die Frage, welche Änderung im vorgegebenen Rahmen zur Verbesserung vorgenommen werden können, ohne das Grundprinzip der Ausbeutungsrepression mit unverhältnismäßiger Übervorteilung zu verlassen.

I. Abschaffung der Ausbeutungssituationen

Die vier im Gesetz ausdrücklich benannten, den Tatbestand des § 302 a StGB einschränkenden Ausbeutungssituationen sind im Wucherstraftatbestand zu belassen. Die im Zivilrecht neuerdings erhobene Forderung, den § 138 BGB um einen Abs. III zu erweitern, der die Nichtigkeit des Rechtsgeschäfts auch bei nur objektiv gegebenem Mißverhältnis von Leistung und Vermögensvorteilen anordnet[8], ist für das Strafrecht strikt zu verwerfen. Sie würde zu einem uferlosen Straftatbestand führen und auf ein wichtiges strafbegründendes Moment des Wuchers, das Benutzen eines in besonderer Weise Unterlegenen zur Erzielung übermäßiger Vermögensvorteile, verzichten. Die Ahndung derartiger Verhaltensweisen sollte wie bisher den als Ordnungswidrigkeiten ausgestalteten Vorschriften des WiStG, z. B. §§ 4, 5 WiStG, und anderer Nebengesetze vorbehalten bleiben.

---

[8] Gesetzesantrag des Landes Hessen, BRat-Drucksache 568/73 = 54/77; E. v. Hippel Verbraucherschutz S. 135.

Desgleichen sollten aus Gründen der Plastizität und des Bestimmtheitsgebots die genannten Ausbeutungssituationen auch nicht durch einen umfassenden, aber blassen Ausdruck wie etwa „Lage eines anderen“ ersetzt werden.

II. Einfügung der Versuchsstrafbarkeit

Nach geltendem Recht ist der Wucher nicht erst dann vollendet, wenn das wucherische Geschäft abgewickelt wird, sondern schon dann, wenn der Betroffene dem Wucherer die wucherischen Vermögensvorteile versprochen hat. Damit wird eine Handlung expressis verbis als zur Deliktsvollendung ausreichend angesehen, die unter dem Gesichtspunkt der Schädigung des Opfers unter Umständen als Versuchshandlung gewertet werden könnte; der Versuch des Wuchers selbst ist nicht unter Strafe gestellt.

Diese Konstellation ist für den Bereich der Vermögensdelikte an sich ungewöhnlich. Außerhalb des § 302 a StGB ist für die Vollendung etwa der §§ 253, 263, 266 StGB erforderlich, daß das Opfer einen Schaden erlitten hat; dieser braucht sich nur noch nicht in einer konkreten Bereicherung des Täters ausgewirkt zu haben. Zum Ausgleich ist bei Betrug und Erpressung der Versuch strafbar, nicht aber bei Untreue[9]. Wegen der Mittelstellung des Wuchers zwischen Betrug und Erpressung und seiner engen Verwandtschaft mit diesen Delikten liegt der Gedanke einer Anpassung nahe, indem der Versuch des Wuchers ebenfalls unter Strafe gestellt wird. Bekräftigt wird dieser Gedanke, wenn man den Wucher nach § 302 a StGB als (nahezu) reinen Individualwuchertatbestand ansieht, der das Vermögen des Benachteiligten vor Schädigungen schützen soll[10].

Durch die Einführung der Versuchsstrafbarkeit wird zunächst der Strafbarkeitsbereich erweitert, da Verhaltensweisen erfaßt werden, die bislang straflos sind. Zu denken ist an den Fall, daß konkrete Vertragsverhandlungen zwischen den Beteiligten geführt werden, wobei dem Benachteiligten wucherische Konditionen angesonnen bzw. wucherische Vermögensvorteile von ihm gefordert werden, dieser jedoch unmittelbar vor Vertragsabschluß vom Geschäft Abstand nimmt. Dies wäre als ein unmittelbares Ansetzen zur Tatbestandsverwirklichung nach § 22 StGB anzusehen und als Versuchshandlung zu klassifizieren[11]; die Wer-

[9] Zu den Gründen vgl. Freudenthal Untreue S. 145 f.; andeutungsweise H. Mayer Zentralblatt für Handelsrecht 1933, 149.

[10] Vgl. insgesamt zum Problem der Bestrafung des Wucherversuchs Kohlmann S. 11; Tiedemann ZStW 87 (1975), 275.

[11] Frank § 302 a Anm. VI; Hug S. 66; Lessing S. 83; Friemel S. 77; zum ausländischen Recht Krässig S. 409, 413.

bung für Verträge mit wucherischen Bedingungen allein dürfte demgegenüber als straflose Vorbereitungshandlung anzusehen sein.

Denkbar ist ein weiterer, in der Praxis wahrscheinlich weniger bedeutsamer Fall eines untauglichen Versuchs: Der Übervorteilende nimmt zu Unrecht an, sein Vertragspartner befinde sich in einer spezifischen Ausbeutungssituation. Nach langen Verhandlungen gelingt es ihm, ein Geschäft mit wucherischen Bedingungen abzuschließen und durchzuführen[12]. Hier scheitert die Bestrafung wegen Vollendung nur daran, daß der Übervorteilte ein untaugliches Wucherobjekt ist. Der Handlungsunwert ist in gleicher Weise gegeben, als wenn die Vorstellung des Täters zutreffend gewesen wäre.

Es bleibt zu untersuchen, ob die Einführung der Versuchsstrafbarkeit Auswirkungen auf den Tatbestand des § 302 a I 1 StGB haben müßte. Mangels Versuchsstrafbarkeit ist im geltenden Recht durch das Merkmal Sichversprechenlassen die Vollendungsstrafbarkeit auf einen Zeitpunkt vorverlagert, an dem der für § 302 a StGB charakteristische Leistungsaustausch mit Äquivalenzstörung noch nicht stattgefunden hat. Der Abschluß des benachteiligenden Geschäfts ist zwar formell als bloße Vermögensgefährdung, materiell jedoch als Vermögensschaden anzusehen[13]. Deshalb sollte eine mögliche Versuchsstrafbarkeit auf die geltende Vollendungsstrafbarkeit keinen Einfluß haben, sondern nur den Strafbarkeitsbereich insgesamt erweitern. Die Einfügung der Versuchsstrafbarkeit würde das Merkmal Versprechenlassen nicht überflüssig machen, aber zur Angleichung des § 302 a StGB an die §§ 253, 263 StGB beitragen mit der Klarstellung, daß bereits der Abschluß des wucherischen Vertrags als Vollendung anzusehen ist.

Zugleich wäre die Individualwuchervorschrift des § 302 a StGB mit den Sozialwuchernormen der §§ 4—6 WiStG in Einklang gebracht. Nach diesen Vorschriften liegt eine Ordnungswidrigkeit schon dann vor, wenn jemand ein bestimmtes unerlaubtes Entgelt nur fordert; ein Versprechenlassen oder gar eine Annahme des Entgelts ist nicht erforderlich. Durch die Versuchsregelung würde vermieden, daß Handlungen, die als Wucherversuchshandlungen zu klassifizieren sind, mangels Straflosigkeit des Wucherversuchs nur als Ordnungswidrigkeiten nach §§ 4 ff. WiStG geahndet werden können.

Ein Hauptargument zur Einführung der Versuchsstrafbarkeit beim Wucher ist sein möglicher Einfluß auf das Verhalten potentieller Opfer. Die geringe praktische Bedeutung des Wuchers ist zu einem großen Teil darauf zurückzuführen, daß Wucheropfer eine große Anzeigenscheu an den Tag legen. Stellt man auch den Wucherversuch unter Strafe und

---

[12] Vgl. Lackner § 302 a Anm. 6; Stree in Schönke / Schröder § 302 a Rdn. 24.

[13] s. o. S. 168.

erfaßt damit Fälle von konkreten Vertragsanbahnungen, die — noch — nicht zu einem Vertragsabschluß geführt haben, besteht zumindest die Hoffnung, daß potentielle Wucheropfer, die aus welchen Gründen auch immer gerade noch rechtzeitig den Händen eines Wucherers entronnen sind, eher zu einer Anzeige bereit sind. Sie hätten nicht neben dem Schaden auch noch den Spott zu erwarten, sondern könnten sich im Gegenteil damit brüsten, trotz ihrer Schwächesituation dem „verlockenden Angebot" des Wucherers widerstanden zu haben. Dies gilt gerade in den Fällen, in denen der Betroffene eine die Anzeigebereitschaft dämmende „gefärbte" Selbstauskunft noch nicht erteilt hat. Die Versuchsstrafbarkeit beim Wucher könnte damit über eine Erhöhung der Anzeigequote zur Vermehrung von Wucherstrafverfahren führen. Das wiederum hätte zur Folge, daß Staatsanwälte, Richter und Rechtsanwälte häufiger mit den Problemen des Wuchers konfrontiert würden und ihre Anwendungsscheu ablegen könnten. Vielleicht gelingt es auf diese Weise, die Bedeutung der Wucherstrafvorschrift zu erkennen, begangene Wucherstraftaten zu erfassen und zutreffend zu ahnden sowie neue Wucherfälle durch Erhöhung des Verurteilungsrisikos zu verhindern.

Gegenüber diesen Vorzügen der Einführung der Versuchsstrafbarkeit sind gravierende Erschwernisse in der Handhabung des Wuchers nicht zu erwarten. Der Versuch läßt sich eindeutig von der Vollendung abgrenzen, für die der Geschäftsabschluß oder der Austausch von Leistungen objektive, einwandfrei festzustellende Erfordernisse sind.

Da beachtliche Gründe für die Einführung der Versuchsstrafbarkeit beim Wucher sprechen, scheint die Forderung berechtigt, einen neuen Abs. II in den § 302 a StGB einzufügen: „Der Versuch ist strafbar."

III. Präzisierung des Merkmals auffälliges Mißverhältnis von Vermögensvorteilen und Leistung

Während der Gesetzestext bislang das Merkmal auffälliges Mißverhältnis von Vermögensvorteilen und Leistung nicht näher eingrenzt, ist in der vorliegenden Arbeit ein alle Wuchergeschäfte umfassender Maßstab zur einheitlichen Auslegung dieses Tatbestandsmerkmals gefunden worden. Ein auffälliges Mißverhältnis zwischen Vermögensvorteilen und Leistung liegt durchweg dann vor, wenn der Wert der Vermögensvorteile den der Leistung um mehr als 50 % (um mehr als die Hälfte) übersteigt[14]. Während die Wertberechnung selbst für jede Wucherart und selbst innerhalb einer Wucherart für jeden Einzelfall unterschiedlich zu ermitteln und daher einer abstrakten, generellen Regelung nicht zugänglich ist, könnte die 50 %-Grenze als alle Wucherge-

[14] s. o. S. 110 f. mit Zusammenfassung S. 131 f.

schäfte umfassende Richtschnur und Anhaltspunkt zur näheren Erläuterung in das Gesetz eingefügt werden. Dies hat den Vorteil, daß der bislang vorhandene, etwas schwammige Begriff näher präzisiert wird und daß zur Anwendung des § 302 a StGB in der Praxis ein Orientierungsrahmen gegeben wird. Die Folge ist eine Erhöhung der Rechtssicherheit und — hoffentlich — eine Verminderung der Anwendungsscheu in der Praxis. Um die Entscheidungsfreiheit des Rechtsanwenders nicht zu sehr einzuengen, könnte die genannte Grenze nach dem Regel-Ausnahme-Prinzip ausgestaltet werden[15], das in begründeten Einzelfällen eine Ausnahme zuläßt.

Dieser Vorteil der Klarheit und Bestimmtheit könnte allerdings auch den Nachteil mit sich bringen, daß potentielle Wucherstraftäter die Konditionen ihrer Geschäfte so gestalten, daß die 50 %-Grenze gerade noch unterschritten bleibt. Letztlich ist dieser Einwand jedoch zurückzuweisen. Wenn man zu Recht vom Gesetzgeber verlangt, er solle Gesetze schaffen, die so bestimmt sind, daß jeder Bürger die Grenze zwischen strafbarem und straflosem Verhalten erkennen und sich danach richten kann, ist es eine notwendige Konsequenz, Verhaltensweisen als strafrechtlich nicht relevant und bedeutungslos zu erklären, die die Grenze der Strafbarkeit nahezu erreicht, aber noch nicht überschritten haben. Gerade beim auffälligen Mißverhältnis des § 302 a StGB ist diesem Einwand zudem durch die subsidiären Tatbestände der §§ 5, 6 WiStG die Spitze genommen. Nähert sich nämlich das Verhältnis zu sehr der hier vorgeschlagenen Grenze, so wird in den wichtigsten Fällen der Tatbestand einer der Sozialwuchervorschriften erfüllt sein und die Handlung als Ordnungswidrigkeit geahndet werden können.

Dagegen ist die gänzliche Ersetzung des Begriffs auffälliges Mißverhältnis von Vermögensvorteilen und Leistung durch ein dezidiertes Taxensystem mit absolut feststehenden Werten abzulehnen. Ein derartiges System würde nicht nur den hier entwickelten Grundsätzen fundamental widersprechen, sondern auch in der Praxis kaum durchführbar sein. Zum einen kann nicht für jede Leistung eine Taxe gefunden oder gar, soll der Wuchertatbestand auch nur einigermaßen überschaubar bleiben, kodifiziert werden. Zum anderen bedingt die allgemeine Wirtschaftslage ein häufiges Schwanken der Bewertungen einzelner Leistungen. Jede wesentliche Änderung der zugrundeliegenden Bewertungskomponenten müßte eine Gesetzesanpassung bedingen. Dies ist in der Praxis nicht zu bewältigen, würde zu einer Flickschusterei am Gesetz führen und die Praktikabilität und den Anwendungswillen weiter senken.

---

[15] Vgl. zu diesem Ansatz die Forderung Tiedemanns ZStW 88 (1976), 255; aber auch Tagungsberichte S. 105 ff.; früher schon Löwenstein S. 458; neuerdings Bender NJW 1980, 1132 ff.

Als Änderung wird vorgeschlagen, in den § 302 a I StGB einen neuen Satz 2 einzufügen mit dem Wortlaut: „Ein auffälliges Mißverhältnis von Vermögensvorteilen und Leistung liegt in der Regel vor, wenn der Wert der Vermögensvorteile den der Leistung um mehr als die Hälfte übersteigt".

IV. Abschaffung des Merkmals Ausbeuten

Nach der hier vertretenen Ansicht[16] hat das Merkmal Ausbeuten nur deklaratorische Bedeutung. Es soll klarstellen, daß der Täter in bezug auf den Kausalzusammenhang zwischen der Schwächesituation des Opfers und dessen Eingehen auf die wucherischen Geschäftsbedingungen vorsätzlich handeln muß. Diese Funktion würde auch erfüllt, wenn das Merkmal Ausbeutung gestrichen würde, da dies schon durch § 15 StGB klargestellt ist. Gleichzeitig würde der § 302 a StGB den althergebrachten Geruch eines der am fluchwürdigsten Verbrechen, der übelsten strafbaren Handlungen[17] verlieren, der einer Anwendung in der heutigen modernen Zeit eher schädlich ist und letztlich eine falsche Grundvorstellung vom Wucher vermittelt[18]. Gerade an dieser Stelle ist mehr Sachlichkeit angebracht. Außerdem würde das Augenmerk mehr auf die eigentliche Tathandlung des Täters gerichtet. Diese liegt nicht im Ausbeuten an sich, sondern darin, daß er sich von seinem Geschäftspartner, der freilich mit einer dem Täter bekannten oder von ihm für möglich gehaltenen Schwäche behaftet sein muß, unverhältnismäßig hohe Vermögensvorteile für seine eigene Leistung gewähren oder versprechen läßt.

Eine diesen Vorstellungen entsprechende Formulierung des § 302 a I 1 StGB könnte lauten: „Wer sich oder einem Dritten von einem anderen, der eine Zwangslage, Unerfahrenheit, Mangel an Urteilsvermögen oder erhebliche Willensschwäche aufweist, 1. für die Vermietung... einer der vorbezeichneten Leistungen Vermögensvorteile gewähren läßt, die...".

V. Änderungen im Bereich des Wuchervorsatzes

Um den Schwierigkeiten, dem Täter Vorsatz bezüglich der Ausbeutungssituation des Opfers nachzuweisen, zu entgehen, sind Vorschläge gemacht worden, den Vorsatz durch andere Rechtsinstitute zu ersetzen oder zu ergänzen.

---

[16] s. o. S. 133 ff.

[17] Vgl. Peschke HdStW S. 1103; E 25 Begr. S. 162; Tröndle Prot. VII S. 2565; Rühle S. 103.

[18] s. hierzu auch Bacigalupo ZStW 85 (1973), 207.

1. Bestrafung von leichtfertigem Verkennen der Schwäche des Opfers neben vorsätzlichem Ausnutzen dessen Lage

Im Zivilrecht ist es bei § 138 I BGB heute unbestritten[19], daß ein Rechtsgeschäft nichtig ist, wenn bei einem objektiv wucherischen Rechtsgeschäft der Übervorteilende leichtfertig keine Kenntnis davon erlangt, daß der Vertragspartner aus seiner Zwangslage oder Unerfahrenheit heraus das Geschäft abgeschlossen hat[20]. Aber auch im Strafrecht wird teilweise eine Erweiterung des § 302 a StGB in dieser Hinsicht gefordert[21]. Durch die Inkriminierung der Fahrlässigkeit sollen die aufgezeigten Beweisschwierigkeiten vermieden, Umgehungshandlungen verhindert und die Vorschrift insgesamt praktikabler gestaltet werden. Demgegenüber geht wohl die Mehrzahl der Äußerungen in die Richtung, es bei der jetzigen Regelung zu belassen und Vorsatz auch bezüglich der Schwäche des Opfers zu verlangen[22]. Diese Meinung befürchtet eine Ausuferung des Tatbestands auch auf nicht strafwürdige Fälle; die Behebung von Beweisschwierigkeiten allein reiche als Rechtfertigung nicht aus. Schließlich dürfe im Geschäftsleben niemand mit einer Strafandrohung im Hintergrund zum Hüter des Vermögens seines Geschäftspartners gemacht werden.

Den Befürwortern der Leichtfertigkeitsinkriminierung ist ohne weiteres zuzugestehen, daß bei ihrer Lösung offenkundige Beweisschwierigkeiten verhindert werden. Aber die Strafwürdigkeit des Wuchers liegt darin, daß der Täter sein Opfer gleichsam als Werkzeug bei den Vertragsverhandlungen einsetzt, um auf diese Weise ungerechtfertigte, besonders günstige Konditionen zu erhalten. In unserer Rechtsordnung ist es grds. legal, im Wirtschaftsleben nach möglichst hohen Profiten zu trachten; eine Grenze liegt jedoch da, wo von vornherein ein Ungleichgewicht der Kräfte vorhanden ist und der Benachteiligte zum Werkzeug der eigenen, besonders krassen Übervorteilung eingesetzt wird. Dies wiederum trifft nur in den Fällen zu, in denen der Übervorteilende von der Unterlegenheit seines Partners Kenntnis hat oder mit ihr rechnet; hieraus bezieht die Wuchertat Anstößigkeit und Unrechtscharakter[23]. Abgesehen davon, daß bei vergleichbaren Vermögensdelik-

---

[19] BGH NJW 1979, 805 m. w. N., 809, 2089 und 2093 sowie WPM 1980, 859 und 893; OLG Hamm NJW 1979, 2110 und Urteil vom 22. Februar 1980 — 11 U 263/79 — S. 2; Palandt / Heinrichs § 138 Anm. 2 a; vgl. auch Erman / H. Westermann § 138 Rdn. 17.

[20] Zur entsprechenden Erweiterung auf § 138 II BGB s. Rühle S. 56 f.

[21] Tagungsberichte S. 125, 129 f.; Kohlmann S. 49 und in Prot. VII S. 2570; zum Referentenentwurf B. Schulz ZRP 1974, 196; Heinz GA 1977, 226.

[22] Tagungsberichte S. 109, 113; in Prot. VII Tröndle S. 2564 und Göhler S. 2796; Tiedemann ZStW 87 (1975), 275, 278; Dreiss / Eitel-Dreiss S. 210; Sturm JZ 1977, 86; vgl. auch Maurach / Schroeder S. 457.

[23] Tröndle Prot. VII S. 2564.

ten die Erweiterung des Tatbestands auf Leichtfertigkeit im Hinblick auf einzelne Tatbestandsmerkmale ungewöhnlich ist[24], würde letztlich pönalisiert, daß der Täter sich nicht ausreichend darüber informiert hat, aus welchen Gründen sein Geschäftspartner ein für diesen höchst unvorteilhaftes Geschäft abgeschlossen hat. Damit würde dem Geschäftstüchtigen indirekt die Pflicht auferlegt und ihre Verletzung unter Strafe gestellt, seine Geschäftspartner in besonders Benachteiligte und „Normale" einzuteilen und bei der ersten Gruppe nicht alles aus einem Geschäft herauszuholen, um deren Vermögen zu schützen. Dies würde den Tatbestand des Wuchers überdehnen.

Zudem ist eine derartige Erweiterung des § 302 a StGB nicht unbedingt erforderlich, da „leichtfertige Ausbeutungen", die ahndungswürdig erscheinen, durch die entsprechenden Normen des WiStG erfaßt werden.

2. *Vermutungslösung*

Weiterhin ist diskutiert worden, ob die mit dem Vorsatz zusammenhängenden Beweisprobleme nicht durch Einfügung eines Vermutungstatbestands mit einer Art Beweisregel in Anlehnung an § 259 StGB a. F. gelöst werden könnten[25]. Unabhängig davon, welchen Inhalt eine derartige Beweisregel hätte[26], könnte sie wegen des Schuldprinzips mit dem Verbot einer Verdachtsstrafe nur eine widerlegliche, nicht aber unwiderlegliche Vermutung zum Inhalt haben. In der Sache wäre nichts gewonnen, da auch in diesem Fall dem Täter Vorsatz nachzuweisen ist; es würde lediglich das Problem verdeutlicht. Wegen der Bedenken vom Gesichtspunkt des Schuldprinzips und des fehlenden oder zumindest äußerst fragwürdigen Vorteils aus ist diese Lösung strikt abzulehnen.

3. *Ausbeutungszustände als objektive Bedingungen der Strafbarkeit*

Ein weiterer Vorschlag, die Ausbeutungszustände in objektive Bedingungen der Strafbarkeit umzuwandeln[27], ist ebenfalls als indiskutabel abzulehnen. Ohne an dieser Stelle näher auf Arten und Einzelheiten der objektiven Strafbarkeitsbedingungen einzugehen[28], ist für dieses Rechtsinstitut von fundamentaler Bedeutung, daß es weder zum Unrechts-, noch zum Schuldtatbestand gehört und daß es vorsatzunabhängig ist. Wie schon mehrfach ausgeführt, macht die Verknüpfung der

---

[24] Eine Ausnahme bildet z. B. § 264 III StGB.

[25] Kohlmann S. 47 f.; Göhler Prot. VII S. 2796.

[26] Vgl. die Zusammenfassung bei Kohlmann S. 47 m. w. N.

[27] Kohlmann S. 45 f.; in Prot. VII Göhler S. 2795 und Penner S. 2797; Sturm JZ 1977, 86.

[28] s. dazu nur Jescheck LB S. 448 ff. mit vielen weiteren Nachweisen.

Schwäche des Opfers mit dem entsprechenden Wissen oder Fürmögmöglichhalten seitens des Täters und der darauf basierenden Übervorteilung durch den Täter den Kern der Strafwürdigkeit aus. Dieser würde bei Umgestaltung der Schwächesituation in objektive Strafbarkeitsbedingungen aufgelöst. Es verbliebe ein Tatbestand gegen übermäßige Übervorteilung im Geschäftsleben, dessen Bestrafung vom Zufall einer besonderen Schwäche des Übervorteilten abhinge. Dieser Tatbestand entspräche in etwa dem der §§ 5, 6 WiStG, nur im sachlichen Anwendungsbereich auf Opfer beschränkt, bei denen objektiv eine bestimmte Schwäche vorliegt.

4. *Zusammenfassung*

Als Ergebnis bleibt festzustellen, daß die Wucherstrafbarkeit eines auf die Schwächesituation des Opfers bezogenen Vorsatzes des Täters bedarf; jede Aufweichung und Erweiterung würde die Grenzen des Wucherstrafrechts überschreiten und der Wucherstrafvorschrift ihren speziellen Gehalt nehmen. Den Problemen bei der Vorsatzfeststellung — diese werden aufgrund der spezifischen Eigenart des Wuchers nicht ganz vermieden werden können — kann nur mit einer sorgfältigen und wirklichkeitsnahen Beweispraxis der Strafverfolgungsorgane begegnet werden.

VI. Erhöhung der Strafandrohung

Durch eine Erhöhung der Strafandrohung würde der Wucher an die verwandten Delikte Betrug, Erpressung und Untreue angeglichen werden. Bei den genannten drei Delikten ist die Höchststrafe für den einfachen Fall Freiheitsstrafe von fünf Jahren. Es fragt sich nur, ob eine derartige Angleichung sachlich gerechtfertigt ist. Wie bei der Untreue nutzt der Wucherer eine bereits bestehende, für seine Zwecke günstige Konstellation aus, während Betrüger und Erpresser diese Situation erst schaffen. Die massive Einwirkung des Betrügers und des Erpressers auf ihre Opfer bewirkt zweifelsohne eine Intensivierung und Verstärkung des Handlungsunwerts und könnte aus diesem Grund den bestehenden Unterschied der Höchststrafen sachlich rechtfertigen. Demgegenüber reicht als Erfolg des Betrugs, der Erpressung und auch der Untreue jeder noch so geringe Schaden beim Opfer für die Verwirklichung des Tatbestands aus; eine qualifizierte Art der Äquivalenzstörung ist nicht erforderlich. Demgegenüber muß beim Wucher das Äquivalenzverhältnis zwischen Vermögensvorteilen und Leistung in gravierendem Maße gestört sein; der Wert der Vermögensvorteile muß den der Leistung im Regelfall um mehr als die Hälfte übersteigen. Die als Mindestmaß erforderliche Beeinträchtigung des geschützten Vermögens muß also beim Wucher größer sein als bei Betrug, Erpressung und Untreue; der Erfolgsunwert ist beim Wucher gegenüber den vergleichbaren Delikten gesteigert.

Hinzu kommt, daß der Wucher mit Betrug und Erpressung durch Unterlassen viele Berührungspunkte hat und daß dort Grenzfälle möglich sind, deren Einordnung in den einen oder anderen Bereich nicht immer leicht durchzuführen ist[29]. Die Abgrenzungsproblematik wäre zumindest im Hinblick auf die mögliche Rechtsfolge entschärft, wenn die in Betracht kommenden Delikte einen einheitlichen Strafrahmen hätten.

Diese Argumente sprechen m. E. für die Angleichung der Strafrahmen. Gleichzeitig wäre klargestellt, daß der Wucher nicht nur ein Kavaliersdelikt ist, sondern Betrug, Erpressung sowie Untreue gleichsteht. Vielleicht würde auch dieser Schritt zu einer Bewußtseinsänderung der Strafverfolgungsorgane beitragen.

Der Änderungsvorschlag lautet, die Worte „bis zu drei Jahren“ durch die Worte „bis zu fünf Jahren“ zu ersetzen.

VII. Streichung der sog. Additionsklausel des § 302 a I 2 StGB

Die Untersuchung der Nebentäterschaft nach der Additionsklausel[30] hat gezeigt, daß diese Neuerung das ihr zugedachte Ziel nicht erreichen kann, die Praktikabilität weiter verringert und die Aufmerksamkeit von den eigentlichen Problemen ablenkt. Der Hauptzweck, die sog. Kredithaie zu treffen, läßt sich mit diesem Institut nicht verwirklichen. Der Gesetzgeber hätte besser daran getan, Aktivitäten unterhalb des Bereichs des § 302 a I 1 StGB auf andere Weise zu erfassen und zu ahnden. Er hätte z. B. den § 6 I WiStG um die Vermittlung eines Kredits erweitern können. Zwar hätten sich die betroffenen Kreditvermittler bei einem Verstoß gegen § 6 I WiStG nicht strafbar gemacht, sondern nur eine mit Bußgeld bewehrte Ordnungswidrigkeit begangen; die Ahndung als solche wäre aber durch die Vereinfachung des Ahndungstatbestands wesentlich erleichtert worden, und dem von einigen schwarzen Schafen praktizierten Unwesen in der Kreditvermittlung würde man eher Herr werden als durch die Komplizierung eines bereits komplizierten Straftatbestands. Aus diesen Gründen sollte die Additionsklausel des § 302 a I 2 StGB ersatzlos gestrichen werden.

---

[29] s. dazu auch die graphische Darstellung bei Isopescul-Grecul S. 324/325.

[30] Oben S. 144 ff. mit Zusammenfassung S. 150 ff.

VIII. Erweiterung des Wuchertatbestands um eine Strafnorm, die das Werben für wucherische Verträge unter Strafe stellt

Vereinzelt wird die Schaffung eines Straftatbestands gefordert, der die Werbung für wucherische Verträge erfaßt[31]. Wenngleich diese Forderung prinzipiell zu begrüßen ist[32], ist m. E. an dieser Stelle nicht näher auf diesen Ansatz einzugehen. Sachgerechter als beim Wucher wäre ein derartiger Straftatbestand bei § 4 UWG in Erwägung zu ziehen, da gerade die Kreditwerbung durch Kreditvermittler zu einem großen Teil irreführend und schon jetzt nach §§ 1 ff. UWG zu beanstanden ist[33]. Mit einer Strafdrohung gegen Werbung für wucherische Verträge würde der vom UWG bezweckte, bereits bestehende Schutz des Verbrauchers erweitert.

C. Vorschlag zur Neufassung des § 302 a StGB

Auf der Grundlage der vorstehenden Erörterungen sollte die Wucherstrafbestimmung entsprechend der nachfolgenden Formulierung geändert und neu gefaßt werden:

§ 302 a Wucher

(1) [1]Wer sich oder einem Dritten von einem anderen, der eine Zwangslage, Unerfahrenheit, Mangel an Urteilsvermögen oder erhebliche Willensschwäche aufweist,

1. für die Vermietung von Räumen zum Wohnen oder damit verbundene Nebenleistungen,
2. für die Gewährung eines Kredits,
3. für eine sonstige Leistung oder
4. für die Vermittlung einer der vorbezeichneten Leistungen

Vermögensvorteile gewähren oder versprechen läßt, die in einem auffälligen Mißverhältnis zur Leistung oder deren Vermittlung stehen, wird mit Freiheitsstrafe bis zu fünf Jahren oder mit Geldstrafe bestraft.[2] Ein auffälliges Mißverhältnis von Vermögensvorteilen und Leistung liegt in der Regel vor, wenn der Wert der Vermögensvorteile den der Leistung um mehr als die Hälfte übersteigt.

---

[31] Vgl. zu diesem Komplex Kohlmann S. 57 ff.; D. Schmidt Prot. VII S. 2574; auch Tiedemann ZStW 87 (1975), 283 und 49. DJT S. C 48; OLG Stuttgart GA 1978, 281 ff.

[32] Die Kreditvermittlungsanzeigen in Zeitungen und Illustrierten mit nicht immer zutreffenden Aussagen und lockenden Angeboten scheinen sich immer weiter zu vermehren.

[33] Rühle S. 89 ff. m. w. N.; test 1978, 10/66; Karbach S. 30 f., 48 f.; Reich / Tonner / Wegener S. 126 ff., 245 f.; Schwarzbuch II S. 51 ff.; zur Schwierigkeit, daß der Effektivzins nur individuell festgelegt werden kann, vgl. Steppeler Sparkasse 1979, 259.

(2) Der Versuch ist strafbar.

(3) [1]In besonders schweren Fällen ist die Strafe Freiheitsstrafe von sechs Monaten bis zu zehn Jahren. [2]Ein besonders schwerer Fall liegt in der Regel vor, wenn der Täter

1. durch die Tat den anderen in wirtschaftliche Not bringt,
2. die Tat gewerbsmäßig begeht,
3. sich durch Wechsel wucherische Vermögensvorteile versprechen läßt.

Literatur- und Quellenverzeichnis

I. Literaturverzeichnis

Alsberg, Max: Die Kodifikation des Kriegswucherstrafrechts, DJZ 1918, Spalten 369 ff.

— Anmerkung zu RG JW 1926, 2187, JW 1926, S. 2187 f.

Alsberg, Max / *Peschke*, Kurt: Preistreibereistrafrecht, Berlin 1919.

Arzt, Gunther: Die Neufassung der Diebstahlsbestimmungen. Gleichzeitig ein Beitrag zur Technik der Regelbeispiele, JuS 1972, S. 385 ff., 515 ff.

Bachmann, Rolf: Die Restforderung der Teilzahlungsbank gegen den säumigen Schuldner, NJW 1978, S. 865 ff.

— Die Nichtigkeit von Teilzahlungskrediten nach der neueren Rechtsprechung und ihre Folgen, NJW 1979, S. 2082 f.

Bacigalupo, Enrique: Die argentinische Gesetzgebung zum Wirtschaftsstrafrecht, ZStW 85 (1973), S. 203 ff.

Baumann, Jürgen: Strafrecht, Allgemeiner Teil, 8. Auflage, Bielefeld 1977 (zit.: AT).

— Über die notwendigen Veränderungen im Bereich des Vermögensschutzes, JZ 1972, S. 1 ff.

Baumbach, Adolf / *Duden*, Konrad: Handelsgesetzbuch, 23. Auflage, München 1978.

Becker, Walter: Zur Reform der Bekämpfungsgrundlagen der Wirtschaftskriminalität, Die Polizei 1976, S. 137 ff.

Beling, Ernst: Die Lehre vom Verbrechen, Tübingen 1906.

Bender, Rolf: Das „Sandhaufentheorem". Ein Beitrag zur Regelungstechnik in der Gesetzgebungslehre, Gedächtnisschrift für Jürgen Rödig, Berlin / Heidelberg / New York 1978, S. 34 ff.

— Probleme des Konsumentenkredits, NJW 1980, S. 1129 ff.

Berckhauer, Friedrich Helmut: Wirtschaftskriminalität und Staatsanwaltschaft, Freiburg i. Br. 1977.

Bernsmann, Klaus: Zur Problematik der Mißverhältnisklausel beim Sachwucher — eine Untersuchung zu einem „dogmatischen Dunkelfeld" —, GA 1981, S. 141 ff.

Besenthal, Gerd: Mietwucher als Problem der Strafgesetzgebung, Jur. Diss. Gießen 1971.

Biener, Herbert: Gesetz zur Bekämpfung der Wirtschaftskriminalität, Steuerberaterkongreß-Report 1977, S. 367 ff.

Binding, Karl: Lehrbuch des Gemeinen Deutschen Strafrechts, Besonderer Teil, 2. Auflage, Leipzig 1902.

Blau, Günter: Das Cubanische Gesetzbuch der Sozialen Verteidigung vom 4. April 1936, Berlin 1957.

Blei, Hermann: Strafrecht, I. Allgemeiner Teil, Ein Studienbuch, 17. Auflage, München 1977 (zit.: AT).

— Strafrecht, II. Besonderer Teil, Ein Studienbuch, 11. Auflage, München 1978 (zit.: BT).

— Die Regelbeispieltechnik der schweren Fälle und §§ 243, 244 n. F. StGB, Festschrift für Ernst Heinitz, Berlin 1972, S. 419 ff.

— Das Erste Gesetz zur Bekämpfung der Wirtschaftskriminalität vom 20. Juli 1976 (BGBl. I 2034), JA 1976, S. 741 ff., 807 ff.

Bloy, René: Die dogmatische Bedeutung der Strafausschließungs- und Strafaufhebungsgründe, Berlin 1976.

Bockelmann, Paul: Strafrecht, Besonderer Teil / 1 (Vermögensdelikte), München 1976 (zit.: BT).

— Anmerkung zu RG DR 1941, 235 f., DR 1941, S. 326 f.

— Betrug verübt durch Schweigen, Festschrift für Eberhard Schmidt, Göttingen 1961, S. 437 ff.

Brandes, Karl: Wann sind Teilnahmehandlungen straflos?, Jur. Diss. Göttingen 1909.

Brangsch, Heinz: Anmerkung zu LG Nürnberg-Fürth NJW 1959, 438 f., NJW 1959, S. 438.

Bruns, Hans-Jürgen: Gilt die Strafrechtsordnung auch für und gegen Verbrecher untereinander?, Festschrift für Edmund Mezger, München und Berlin 1954, S. 335 ff.

Bücher, Karl: Die diokletianische Taxordnung vom Jahre 301, ZfdgStW 50 (1894), S. 189 ff., 672 ff.

v. Bülow, Dankward-Christian: Die Bestrafung des Wuchers mit geschichtlichem Rückblick, Jur. Diss. Würzburg 1910.

Busch: Anmerkung zu BGHSt 13, 233 ff., LM Nr. 2 zu § 302 e StGB.

Calliess, Rolf-Peter: Die Rechtsnatur der „besonders schweren Fälle" und Regelbeispiele im Strafrecht, JZ 1975, S. 112 ff.

Canaris, Claus Wilhelm: Der Zinsbegriff und seine rechtliche Bedeutung, NJW 1978, S. 1891 ff.

Caro, Leopold: Der Wucher. Eine socialpolitische Studie, Leipzig 1893.

Cramer, Peter: Vermögensbegriff und Vermögensschaden im Strafrecht, Bad Homburg v. d. H. / Berlin / Zürich 1968 (zit.: Vermögensbegriff).

— Grenzen des Vermögensschutzes im Strafrecht — OLG Hamburg, NJW 1966, 1525, JuS 1966, S. 472 ff.

Dähn, Gerd: Das neugefaßte Wirtschaftsstrafgesetz, JZ 1975, S. 617 ff.

v. Dohnanyi: Wucher, Das kommende deutsche Strafrecht, Besonderer Teil, hrsg. von Franz Gürtner, 2. Auflage, Berlin 1936, S. 517 ff.

Dreher, Eduard: Strafgesetzbuch, 36. Auflage, München 1976.

Dreher, Eduard / *Tröndle*, Herbert: Strafgesetzbuch, 39. Auflage, München 1980.

Dreiss, Wolfgang / *Eitel-Dreiss*, Monika: Erstes Gesetz zur Bekämpfung der Wirtschaftskriminalität, Bergisch Gladbach 1977.

Drost, Heinrich / *Erbs*, Georg: Kommentar zum Wirtschaftsstrafgesetz (Gesetz zur Vereinfachung des Wirtschaftsstrafrechts), Frankfurt a. M. 1949.

Ebermayer: Kriegswucher, GruchotsBeitr. 60 (1916), S. 193 ff.

Ebisch, Hellmuth: Wirtschaftsstrafgesetz, Berlin und Frankfurt a. M. 1959.

Endemann, Wilhelm: Die nationalökonomischen Grundsätze der canonistischen Lehre, Jahrbücher für Nationalökonomie und Statistik, Erster Band, Jena 1863, S. 26 ff., 154 ff., 310 ff., 537 ff., 679 ff.

Erbs, Georg / *Kohlhaas*, Max: Gesetz zur weiteren Vereinfachung des Wirtschaftsstrafrechts (WiStG 1954), Strafrechtliche Nebengesetze, 2. Auflage, München 1979.

Erman, Walter: Handkommentar zum Bürgerlichen Gesetzbuch, 6. Auflage, Münster 1975.

Esser, Josef: Schuldrecht, Band II, Besonderer Teil, 4. Auflage, Karlsruhe 1971.

Feuerbach, Anselm Ritter von: Lehrbuch des gemeinen in Deutschland gültigen peinlichen Rechts, 13. Originalausgabe, Giessen 1840.

Finger: Zum heutigen Stand des Wucherstrafrechts, GS 90 (1924), S. 290 ff.

Foregger, Egmont / *Serini*, Eugen: Strafgesetzbuch — StGB, 4. Auflage, Wien 1977.

Frank, Reinhard: Das Strafgesetzbuch für das Deutsche Reich nebst dem Einführungsgesetze, 18. Auflage, Tübingen 1931.

Franzheim, Horst: Zur Strafbarkeit des Komplicen- und Dirnenbetruges — Ein Beitrag zum Begriff des Vermögensschadens —, GA 1960, S. 269 ff.

— Neue Wege im Kampf gegen die Wirtschaftskriminalität, ZRP 1969, S. 203 ff.

Freudenthal, Berthold: Die nothwendige Teilnahme am Verbrechen, Breslau 1901 (zit.: Die nothwendige Teilnahme).

— Die Untreue, Vergleichende Darstellung des Deutschen und Ausländischen Strafrechts, hrsg. von Karl Birkmeyer und anderen, Besonderer Teil, VIII. Band, Berlin 1906, S. 161 ff. (zit.: Untreue).

Freund, Herbert: Anmerkung zu OLG München NJW 1977, 152, NJW 1977, S. 636.

Friedlaender, Heinz: Grenzlinien von Drohung und Wucher. Zur Auslegung der §§ 123, 138 II BGB, JherJb 82 (1932), S. 149 ff.

Friedmann, Fritz: Das Reichwuchergesetz in der Fassung der Wuchergesetznovelle vom 19. Juni 1893, Berlin 1894.

Friemel, Karl: Das neue Subventions- und Wirtschaftsrecht, Kissing 1976.

Fuld, Ludwig: Das Wuchergesetz in der Fassung des Gesetzes vom 19. Juni 1893, 2. Auflage, Leipzig 1908 (zit.: Wuchergesetz).

— Die Erweiterung des Wuchergesetzes, GS 49 (1894), S. 28 ff.

Gallas, Victor / *Schirmeister*, Gernot: Überhöhte Miete und wucherische Miete, WM 1978, S. 81.

Gallas, Wilhelm: Strafgesetzbuch der Russischen Sozialistischen Föderativen Sowjet-Republik vom 22. November 1926, Berlin 1953 (zit.: Strafgesetzbuch).

— Zum gegenwärtigen Stand der Lehre vom Verbrechen, Beiträge zur Verbrechenslehre, Berlin 1968, S. 19 ff. (zit.: Beiträge).

— Anmerkung zu BGHSt 8, 137, JR 1956, S. 226 f.

Galli: Die beiden neuesten Hefte der Entscheidungen des Reichsgerichts in Strafsachen (Bd. 45 Heft 2 und 3), DJZ 1913, Spalten 137 ff.

Glaser, Hugo: Mietwucher, ZMR 1966, S. 97 ff.

Göhler, Erich: Gesetz über Ordnungswidrigkeiten, 5. Auflage, München 1977.

Göhler, Erich / *Wilts*, Walter: Das Erste Gesetz zur Bekämpfung der Wirtschaftskriminalität, DB 1976, S. 1609 ff., 1657 ff.

Goldschmidt, James: Das Verwaltungsstrafrecht, Berlin 1902.

Göthling, Wolfgang: Anmerkung zu LG Darmstadt NJW 1975, 549, NJW 1975, S. 550.

Groh: Der strafrechtliche Schutz der Arbeitskraft, Verhandlungen des Fünfunddreißigsten Deutschen Juristentages, Zweiter Band, Berlin und Leipzig 1928, S. 78 ff.

Günther, Hans-Ludwig: Die Genese eines Straftatbestandes. Eine Einführung in die Fragen der Gesetzgebungslehre, JuS 1978, S. 8 ff.

Hamann, Andreas: Grundgesetz und Strafgesetzgebung, Neuwied und Berlin 1963.

Hamann, Andreas / *Lenz*, Helmut: Das Grundgesetz für die Bundesrepublik Deutschland vom 23. Mai 1949, 3. Auflage, Neuwied und Berlin 1970.

Harenberg, Friedrich E.: Sittenwidrige Höhe von Darlehenszinsen, NJW 1981, S. 99 f.

Heimbach sen.: Artikel: Wucher, Rechtslexikon, hrsg. von Julius Weiske, Fünfzehnter Band, Leipzig 1861, S. 54 ff.

Heinz, Wolfgang: Die Bekämpfung der Wirtschaftskriminalität mit strafrechtlichen Mitteln — unter besonderer Berücksichtigung des 1. WiKG, GA 1977, S. 193 ff., 225 ff.

Herzberg, Rolf Dietrich: Täterschaft und Teilnahme, München 1977 (zit.: Täterschaft).

— Anstiftung und Beihilfe als Straftatbestände, GA 1971, S. 1 ff.

— Konkurrenzverhältnisse zwischen Betrug und Erpressung — BGHSt 23, 294, Jus 1972, S. 570 ff.

Hillenkamp, Thomas: 36 Probleme aus dem Strafrecht, Besonderer Teil, 3. Auflage, Frankfurt am Main 1978.

Hinschius, Paul: System des katholischen Kirchenrechts mit besonderer Rücksicht auf Deutschland, Vierter Band, Berlin 1888, Unveränderter Nachdruck Graz 1959 (zit.: Hinschius IV). Fünfter Band, Berlin 1893, Unveränderter Nachdruck Graz 1959 (zit.: Hinschius V).

v. Hippel, Eike: Verbraucherschutz, Tübingen 1974.

— Verbraucherschutz, RabelsZ 40 (1976), S. 513 ff.

— Verbraucherschutz durch Richterrecht — Möglichkeiten und Grenzen, DRiZ 1979, S. 208 ff.

v. Hippel, Robert: Deutsches Strafrecht, Erster Band, Allgemeine Grundlagen, Berlin 1925 (zit.: Strafrecht I).

— Deutsches Strafrecht, Zweiter Band, Das Verbrechen, Allgemeine Lehren, Berlin 1930 (zit.: Strafrecht II).

— Lehrbuch des Strafrechts, Berlin 1932 (zit.: LB).

Hirschberg, Rudolf: Der Vermögensbegriff im Strafrecht, Berlin 1934.

His, Rudolf: Geschichte des Deutschen Strafrechts bis zur Karolina, München und Berlin 1928 (zit.: Geschichte).

— Das Strafrecht des Deutschen Mittelalters, Zweiter Teil: Die einzelnen Verbrechen, Weimar 1935 (zit.: Strafrecht).

Honsell, Heinrich: Die Rückabwicklung sittenwidriger oder verbotener Geschäfte, München 1974.

Horstkotte, Hartmuth: Tendenzen in der Entwicklung des heutigen Strafrechts: Die Gesetzgebung, Tendenzen in der Entwicklung des heutigen Strafrechts, hrsg. von Hartmuth Horstkotte, Günther Kaiser und Werner Sarstedt, Frankfurt 1973, S. 7 ff.

Huber, Ernst Rudolf: Wirtschaftsverwaltungsrecht, Erster Band, 2. Auflage, Tübingen 1953.

— Der Streit um das Wirtschaftsrecht, DÖV 1956, S. 97 ff., 135 ff., 172 ff., 200 ff.

Hug, Hermann: Der Wucher im schweizerischen Strafrecht, Aarau 1937.

Ihmels, Karl: Zur Zinsberechnung bei Teilzahlungskrediten, BB 1975, S. 1510 ff.

Isopescul-Grecul, Constantin: Das Wucherstrafrecht, I. Band, Leipzig 1906.

Jakobs, Günther: Nötigung durch Drohung als Freiheitsdelikt, Festschrift für Karl Peters, Tübingen 1974, S. 69 ff.

Jescheck, Hans-Heinrich: Lehrbuch des Strafrechts, Allgemeiner Teil, 3. Auflage, Berlin 1978 (zit.: LB).

— Das deutsche Wirtschaftsstrafrecht, JZ 1959, S. 457 ff.

Jescheck, Hans-Heinrich / *Ruß*, Wolfgang / *Willms*, Günther: Strafgesetzbuch, Leipziger Kommentar, 10. Auflage, Berlin / New York ab 1978 (zit.: Bearbeiter in LK).

v. Jhering, Rudolf: Der Zweck im Recht, Erster Band, 3. Auflage, Leipzig 1893 (zit.: Zweck).

— Geist des römischen Rechts auf den verschiedenen Stufen seiner Entwicklung, Zweiter Teil, 1. Abtheilung, 5. Auflage, Leipzig 1894 (zit.: Geist).

Jung, Heike: Die Bekämpfung der Wirtschaftskriminalität als Prüfstein des Strafrechtssystems, Berlin / New York 1979 (zit.: Bekämpfung).

— Das Erste Gesetz zur Bekämpfung der Wirtschaftskriminalität, JuS 1976, S. 757 ff.

Kahl: Gegenentwurf zum Vorentwurf eines deutschen Strafgesetzbuchs, DJZ 1911, Spalten 501 ff.

Kaiser, Günther: Entwicklungstendenzen des Strafrechts, Festschrift für Reinhart Maurach, Karlsruhe 1972, S. 25 ff.

Karanikas, D.: Das Griechische Strafgesetzbuch vom 17. August 1950, Berlin 1953.

Karbach, Bruno: Kreditvermittler: Stellung und Tätigkeit der Vermittler von Konsumentenkrediten, Berlin 1977.

Kessler, Ronald: Nochmals: Auswirkungen des § 247 BGB auf die Zinsen bei Ratenkrediten, NJW 1977, S. 2060 f.

— Sittenwidrige Höhe von Darlehenszinsen. Anmerkung zum Urteil des OLG Stuttgart 6 U 169/78, BB 1979, S. 1423 ff.

— „Üblicher Marktzins" — ein eindeutiges Kriterium?, TW 1979, Heft 6, S. 252 ff.

— Die Nichtigkeit von Teilzahlungskrediten nach der neueren Rechtsprechung und ihre Folgen, TW 1980, Heft 1, S. 15 ff.

Kluge, Friedrich: Etymologisches Wörterbuch der Deutschen Sprache, 20. Auflage, Berlin 1967.

Knapp, Wolfgang: Das Recht der Ordnungswidrigkeiten, JuS 1979, S. 609 ff.

Knies, Karl: Geld und Credit, Zweite Abteilung: Der Credit, Erste Hälfte, Heidelberg 1876, Neudruck Leipzig 1931.

Kochendörfer, Heinz: Sittenwidrige Höhe von Darlehenszinsen, NJW 1980, S. 215 f.

Koffka, Emil: Die Reichs-Wuchergesetze vom 24. Mai 1880 und 19. Juni 1893, Berlin 1894.

Kohlhaas, Max: Ist das Prellen einer Dirne um den vereinbarten Lohn kein Betrug?, JR 1954, S. 97 f.

Kohlmann, Günter: Wirksame strafrechtliche Bekämpfung des Kreditwuchers. Zur notwendigen Reform des § 302 a StGB, Recht und Staat in Geschichte und Gegenwart, Bd. 437/438, Tübingen 1974.

Korff, Clemens: Die neue Mietwuchervorschrift, NJW 1963, S. 697 ff.

Krässig, Bertold: Wucher und Ausbeutung, Materialien zur Strafrechtsreform, 2. Band, Rechtsvergleichende Arbeiten, II. Besonderer Teil, Bonn 1955, S. 399 ff.

Krauß, Peter: Das Erste Gesetz zur Bekämpfung der Wirtschaftskriminalität, DStR 1977, S. 566 ff.

v. Kries: Ein Beitrag zu der Lehre von der Teilnahme, ZStW 7 (1887), S. 521 ff.

Krug, Volker: Zur Berechnung der effektiven Zinsbelastung bei Teilzahlungskrediten, TW 1977, Heft 4, S. 28 f.

Krümpelmann, Justus: Die Bagatelldelikte, Berlin 1966.

Kühne, Hans Heiner: Geschäftstüchtigkeit oder Betrug?, Kehl am Rhein 1978 (zit.: Geschäftstüchtigkeit).

— Strafbare Praktiken bei der Kreditvermittlung, MschrKrim 1977, S. 107 ff.

Lach, Kurt: Aktuelle Erscheinungsformen der Wirtschaftskriminalität, Grundfragen der Wirtschaftskriminalität, Hrsg. Bundeskriminalamt Wiesbaden 1963, S. 75 ff.

Lackner, Karl: Strafgesetzbuch, 12. Auflage, München 1978.

Lackner, Karl / *Maassen*, Hermann: Strafgesetzbuch, 7. Auflage, München 1972.

Lampe, Ernst-Joachim: Der strafrechtliche Schutz der Arbeitskraft, Festschrift für Reinhart Maurach, Karlsruhe 1972, S. 375 ff.

Lange, Richard: Die notwendige Teilnahme, Berlin 1940.

Larenz, Karl: Lehrbuch des Schuldrechts, I. Band: Allgemeiner Teil, 11. Auflage, München 1976 (zit.: Larenz I). II. Band: Besonderer Teil, 11. Auflage, München 1977 (zit.: Larenz II).

Lehmann, Heinrich: Wucher und Wucherbekämpfung in Krieg und Frieden, Leipzig 1917.

Leibholz, Gerhard / *Rinck*, Hans Justus: Grundgesetz für die Bundesrepublik Deutschland, 5. Auflage, Köln 1975.

Lessing, Volker: Die Preistreiberei als Problem des Wirtschaftsstrafrechts, Jur. Diss. Göttingen 1973.

Liesegang, Helmuth C. F.: Zur Frage der Sittenwidrigkeit sogenannter Fluchthilfeverträge, JZ 1977, S. 87 ff.

v. Lilienthal, Karl: Der Wucher auf dem Lande, ZStW 8 (1888), S. 157 ff.

— Strafrechtliche Behandlung des Kriegswuchers, ZStW 38 (1917), S. 202 ff.

Lindenmeyer, Frank: Effektivverzinsung des Ratenkredits bei nicht-monatlicher Ratenzahlung, TW 1979, Heft 3, S. 95 f.

v. Liszt, Franz: Die Materialien zur Wuchergesetznovelle vom 19. Juni 1893, Archiv für Strafrecht 41 (1893), S. 230 ff.

v. Liszt, Franz / *Schmidt*, Eberhard: Lehrbuch des Deutschen Strafrechts, 25. Auflage, Berlin und Leipzig 1927.

Lobe, Adolf: Stichwort: Wucher und Ausbeutung Minderjähriger, Handwörterbuch der Rechtswissenschaft, hrsg. von Fritz Stier-Somlo und Alexander Elster, Sechster Band, Berlin und Leipzig 1929, S. 964 ff.

Lohmeyer, Heinz: Das Erste Gesetz zur Bekämpfung der Wirtschaftskriminalität, Stuttgart / Wiesbaden 1978.

Löwe, Walter: Neuerungen im Abzahlungsrecht. Zweites Gesetz zur Änderung des Abzahlungsgesetzes, NJW 1974, S. 2257 ff.

— Anmerkung zu BGH NJW 1980, 2074 ff. und 2076 ff., NJW 1980, S. 2078 ff.

Löwenstein, Siegfried: Sachbeschädigung und Vermögensbeschädigung, Die Reform des Reichsstrafgesetzbuchs, hrsg. von P. F. Aschrott und Franz von Liszt, Band II: Besonderer Teil, Berlin 1910, S. 423 ff.

Lüderssen, Klaus: Zum Strafgrund der Teilnahme, Baden-Baden 1967.

Luther, Martin: Von Kaufhandlung und Wucher, 1524. Luthers Werke, Volksausgabe in acht Bänden, hrsg. von Buchwald / Kawerau / Köstlin / Rade / Schneider, Band VII, Zweite Auflage Berlin 1898, S. 514 ff. mit Einleitung S. Eck, S. 494 ff.

Mahnke, Ernst H.: Der Wucherbegriff in seiner rechtlichen Fortbildung mit besonderer Berücksichtigung der jüngsten Vergangenheit, Jur. Diss. Freiburg 1932.

Maiwald, Manfred: Zum fragmentarischen Charakter des Strafrechts, Festschrift für Reinhart Maurach, Karlsruhe 1972, S. 9 ff.

— Bestimmtheitsgebot, tatbestandliche Typisierung und die Technik der Regelbeispiele, Festschrift für Wilhelm Gallas, Berlin / New York 1973, S. 137 ff.

v. Mangoldt, Hermann / *Klein*, Friedrich: Das Bonner Grundgesetz, Band I, 2. Auflage, Berlin und Frankfurt a. M. 1957.

Martin: Anmerkung zu BGHSt 11, 182 ff., LM Nr. 1 zu § 302 e StGB.
— Anmerkung zu BGHSt 12, 390 ff., LM Nr. 1 zu § 302 a StGB.

Martin, Ludwig: Beihilfe zur Anstiftung, DRiZ 1955, S. 290 f.

Marx, Michael: Zur Definition des Begriffs „Rechtsgut", Köln / Berlin / Bonn / München 1972.

Maunz, Theodor / *Dürig*, Günter / *Herzog*, Roman / *Scholz*, Rupert: Grundgesetz, Kommentar, 5. Auflage, München 1978.

Maurach, Reinhart: Deutsches Strafrecht, Besonderer Teil, 5. Auflage, Karlsruhe 1969.

Maurach, Reinhart / *Zipf*, Heinz: Strafrecht, Allgemeiner Teil, Teilband 1, 5. Auflage, Heidelberg / Karlsruhe 1977.

Maurach, Reinhart / *Gössel*, Karl Heinz / *Zipf*, Heinz: Strafrecht, Allgemeiner Teil, Teilband 2, 5. Auflage, Heidelberg / Karlsruhe 1978.

Maurach, Reinhart / *Schroeder*, Friedrich-Christian: Strafrecht, Besonderer Teil, Teilband 1, 6. Auflage, Heidelberg / Karlsruhe 1977.

Mayer, Hellmuth: Die Untreue nach der Strafgesetznovelle vom 26. Mai 1933 insbesondere in ihren Beziehungen zum Handelsrecht, Zentralblatt für Handelsrecht 1933, S. 145 ff.

Mergen, Armand: Intensivere Bekämpfung der Wirtschaftskriminalität, DRiZ 1972, S. 271 ff.

Meyer, Dieter: Zum Problem der „Kettenanstiftung" — BGHSt 6, 359 und BGHSt 8, 137, JuS 1973, S. 755 ff.

Meyer, Hugo / *Allfeld*, Philipp: Lehrbuch des Deutschen Strafrechts, 8. Auflage, Leipzig / Erlangen 1922.

Meyer, Maria-Katharina: Tatbegriff und Teilnehmerdelikt, GA 1979, S. 252 ff.

Mezger, Edmund / *Blei*, Hermann: Strafrecht, II. Besonderer Teil, Ein Studienbuch, 8. Auflage, München und Berlin 1964.

Mommsen, Theodor: Römisches Staatsrecht, Erster Band, 3. Auflage, Leipzig 1887, Unveränderter Nachdruck Darmstadt 1971 (zit.: Staatsrecht I). Zweiter Band, Erste Abteilung, 3. Auflage, Leipzig 1887, Unveränderter Nachdruck Darmstadt 1971 (zit.: Staatsrecht II).

— Römisches Strafrecht, Darmstadt 1961; Unveränderter Nachdruck der Ausgabe Leipzig 1899, erschienen im Systematischen Handbuch der Deutschen Rechtswissenschaft, hrsg. von Karl Binding, Erste Abteilung, Vierter Teil (zit.: Strafrecht).

Moser, Franz: Die Wuchergrundgeschäfte im Reichs-Strafgesetzbuch, Jur. Diss. Würzbuch 1908.

Müller, Gebhard: Die strafrechtliche Bekämpfung des Wuchers in der Geschichte, im geltenden Recht und in den Entwürfen zu einem allgemeinen Deutschen Strafgesetzbuch, Jur. Diss. Tübingen 1929.

Müller-Emmert, Adolf: Das Erste Gesetz zur Bekämpfung der Wirtschaftskriminalität unter besonderer Berücksichtigung der neuen Wuchervorschrift und der darin enthaltenen Additionsklausel, TW 1977, Heft 1, S. 3 ff.

— Sozialschädlichkeit und Strafbarkeit, GA 1976, S. 290 ff.

Müller-Emmert, Adolf / *Maier*, Bernhard: Das Erste Gesetz zur Bekämpfung der Wirtschaftskriminalität, NJW 1976, S. 1657 ff.

Naucke, Wolfgang: Zur Lehre vom strafbaren Betrug, Berlin 1964.

Neumann, Max: Geschichte des Wuchers in Deutschland bis zur Begründung der heutigen Zinsgesetze (1654), Halle 1865, Unveränderter Nachdruck Leipzig 1969.

Neumann: Anmerkung zum Urteil des BGH vom 31. Januar 1952 — 5 StR 14/52 (LG Stade), LM Nr. 1 zu § 302 d StGB.

Niethammer, Emil: Lehrbuch des Besonderen Teils des Strafrechts, Tübingen 1950.

Nipperdey, Hans Carl: Die soziale Marktwirtschaft in der Verfassung der Bundesrepublik, WuW 1954, S. 211 ff.

v. Olshausen, Justus: Kommentar zum Strafgesetzbuch für das Deutsche Reich, Zweiter Band, 11. Auflage, Berlin 1927.

Otto, Harro: Die Struktur des strafrechtlichen Vermögensschutzes, Berlin 1970 (zit.: Struktur).

— Rechtsgutsbegriff und Deliktstatbestand, Strafrechtsdogmatik und Kriminalpolitik, hrsg. von Heinz Müller-Dietz, Köln / Berlin / Bonn / München 1971, S. 1 ff.

— Personales Unrecht, Schuld und Strafe, ZStW 87 (1975), S. 539 ff.

— Strafbare Teilnahme?, Festschrift für Richard Lange, Berlin / New York 1976, S. 197 ff.

Palandt, Otto: Bürgerliches Gesetzbuch, 39. Auflage, München 1980.

Pardo, Herbert: Das strafrechtliche Kriterium der Wucherlichkeit eines Darlehens, Jur. Diss. Rostock 1909.

Peschke, Kurt: Was ist Zinswucher?, Berlin 1926 (zit.: Zinswucher).

— Artikel: Wucher, Handwörterbuch der Staatswissenschaften, hrsg. von Ludwig Elster, Adolf Weber und Friedrich Wieser, Achter Band, 4. Auflage, Jena 1928, S. 1081 ff.

Preis, Werner: Der Begriff des Wuchers in § 302 e R.St.G.B., Jur. Diss. Würzburg 1926.

Preisendanz, Holger: Strafgesetzbuch, Lehrkommentar, 30. Auflage, Berlin 1978.

Pusylewitsch, Teresa: Strafgesetzbuch der Russischen Sozialistischen Föderativen Sowjet-Republik vom 27. Oktober 1960, Berlin 1964.

Quintano-Ripollés, Antonio / *Heilpern de Quintano*, Johanna: Das Spanische Strafgesetzbuch vom 23. Dezember 1944, Berlin 1955.

Radbruch, Gustav: Entwurf eines Allgemeinen Deutschen Strafgesetzbuches (1922), Neudruck Tübingen 1952.

Raiser, Ludwig: Vertragsfreiheit heute, JZ 1958, S. 1 ff.

Rebmann, Kurt / *Roth*, Werner / *Herrmann*, Siegfried: Gesetz über Ordnungswidrigkeiten (OWiG), Köln 1979.

Reich, Norbert: Anmerkung zu OLG München NJW 1977, 152, NJW 1977, S. 636 f.

— Reform des Rechts des Konsumentenkredites, JZ 1980, S. 329 ff.

Reich, Norbert / *Tonner*, Klaus / *Wegener*, Hartmut: Verbraucher und Recht, Göttingen 1976.

Reichsgerichtsrätekommentar: Das Bürgerliche Gesetzbuch, Kommentar, hrsg. von Mitgliedern des Bundesgerichtshofs, Band II, 4. Teil, 12. Auflage, Berlin / New York 1978.

Reifner, Udo / *Weitz*, Ewald / *Uesseler*, Rolf: Tatsachen zum Verbraucherschutz im Konsumentenkredit, Tübingen 1978.

Reischauer, Friedrich / *Kleinhans*, Joachim: Kreditwesengesetz (KWG), I. Band: Kreditwesengesetz, Berlin 1979.

Rinck, Gerd: Wirtschaftsrecht, 5. Auflage, Köln / Berlin / Bonn / München 1977.

Rittner, Fritz: Wirtschaftsrecht mit Wettbewerbs- und Kartellrecht, Heidelberg / Karlsruhe 1979.

Riz, Roland: Il Codice Penale Italiano — Das italienische Strafgesetzbuch, Zweisprachige Ausgabe, Berlin 1969.

v. Rizy: Zur Wucherfrage, Zeitschrift für das Privat- und Öffentliche Recht der Gegenwart, VIII. Band, Wien 1881.

Roquette, Hermann: Wucher im Zivilrecht, insbesondere Mietwucher, Berlin 1929 (zit.: Wucher).

— Anmerkung zu LG Köln NJW 1965, 157 ff., NJW 1965, S. 157 f.

Rösch, Anton: Der Kreditwucher, Jur. Diss. Heidelberg 1910.

Rosenthal, Wilhelm: Der Sachwucher mit besonderer Berücksichtigung des § 302 e des deutschen Reichsgesetzes vom 19. Juni 1893, Jur. Diss. Erlangen 1894.

Rotberg, Hans Eberhard: Ordnungswidrigkeitengesetz, 5. Auflage, München 1975.

Rudolphi, Hans-Joachim: Die verschiedenen Aspekte des Rechtsgutsbegriffs, Festschrift für Richard M. Honig, Göttingen 1970, S. 151 ff.

Rudolphi, Hans-Joachim / *Horn*, Eckhard / *Samson*, Erich / *Schreiber*, Hans-Ludwig: Systematischer Kommentar zum Strafgesetzbuch, Band I, Allgemeiner Teil, 2. Auflage, Frankfurt am Main 1977. Band II, Besonderer Teil, Frankfurt am Main 1978 (zit.: Bearbeiter in SK).

Rühle, Klaus: Das Wucherverbot — effektiver Schutz des Verbrauchers vor überhöhten Preisen?, Berlin 1978.

Ruth, R.: Das kanonische Zinsverbot. Seine ethischen, wirtschaftlichen und rechtlichen Grundlagen, Beiträge zum Wirtschaftsrecht 1931, S. 316 ff.

Sack, Rolf: Anmerkung zu LG Trier NJW 1974, 151 f., NJW 1974, S. 564 f.

Samson, Erich: Grundprobleme des Betrugstatbestandes, JA 1978, S. 469 ff.

Sasserath, Günter: Das Verhältnis von § 302 f StGB zu § 2 b WiStG. Zugleich ein Beitrag zur Reform dieser Vorschriften, Jur. Diss. Köln 1974 (zit.: Verhältnis).

— Die überhöhte ortsübliche Miete als Vergleichsmaßstab, NJW 1972, S. 711 f.

— Anmerkung zu LG Darmstadt NJW 1972, 1244 ff., NJW 1972, S. 1870 f.

Sauer, Wilhelm: System des Strafrechts, Besonderer Teil, Köln / Berlin 1954.

Sax, Walter: Grundsätze der Strafrechtspflege, Die Grundrechte. Handbuch der Theorie und Praxis der Grundrechte, hrsg. von Karl August Bettermann, Hans Carl Nipperdey und Ulrich Scheuner, Dritter Band, 2. Halbband, Berlin 1959, S. 909 ff.

— Zur Problematik des „Teilnehmerdelikts", ZStW 90 (1978), S. 927 ff.

Schachtschabel, H. G.: Bekämpfung des Kreditwuchers durch Änderung des § 302 a StGB — Wirtschaftswissenschaftliche Betrachtung —, Tagungsberichte der Sachverständigenkommission zur Bekämpfung der Wirtschaftskriminalität — Reform des Wirtschaftsstrafrechts — VI. Band, hrsg. vom Bundesministerium der Justiz, Bonn 1974, Anlage 6.

Schmidhäuser, Eberhard: Strafrecht, Allgemeiner Teil, 2. Auflage, Tübingen 1975.

Schmidt, Eberhard: Probleme des Wirtschaftsstrafrechts, SJZ 1948, Spalten 225 ff.

— Rechtsnot im Wirtschaftsstrafrecht und ihre Überwindung, SJZ 1948, Spalten 569 ff.

— Das Gesetz zur Vereinfachung des Wirtschaftsstrafrechts, SJZ 1949, Spalten 665 ff.

Schmidt, Gerold: Zum neuen strafrechtlichen Begriff der „Subvention" in § 264 StGB, GA 1979, S. 121 ff.

Schmidt, Richard: Wucher und Ausbeutung, Vergleichende Darstellung des Deutschen und Ausländischen Strafrechts, hrsg. von Karl Birkmeyer und anderen, Besonderer Teil, VIII. Band, Berlin 1906, S. 161 ff.

Schmidt-Futterer, Wolfgang: Die Wuchermiete für Wohnraum nach neuem Recht, NJW 1972, S. 135 ff.

— Die neuen Vorschriften über den Mietwucher in straf- und zivilrechtlicher Sicht, JR 1972, S. 133 ff.

— Der Begriff der ortsüblichen Vergleichsmiete in zivil- und strafrechtlicher Sicht, JR 1974, S. 274 ff.

Schmidt-Futterer, Wolfgang / *Blank*, Hubert: Wohnraumschutzgesetze, 3. Auflage, München 1979.

Schneider, Wolfgang: Wirtschafts-Strafrecht. Das Gesetz zur Vereinfachung des Wirtschaftsstrafrechts, Frankfurt a. M. 1949.

Scholz, Franz Josef: Anmerkung zu KG BB 1974, 1505, BB 1974, S. 1605 f.

— Die 2. Novelle zum Abzahlungsgesetz, MDR 1974, S. 881 ff., 969 ff.

— Sind Restschuldversicherungsprämien Kreditkosten?, MDR 1976, S. 281 ff.

— Zur Zinsberechnung bei Teilzahlungskrediten, BB 1977, S. 1425 ff.

— Zur Ertragslage der Teilzahlungsbanken im Jahr 1976, TW 1978, Heft 2, S. 6.

— Anmerkung zu BGH WPM 1979, 966 ff., WPM 1979, S. 1247 ff.

— Zur Ertragslage der Ratenkreditbanken im Jahr 1978, TW 1980, Heft 1, S. 8 ff.

— Ein Schritt zum „richtigen" Effektivzins?, WPM 1980, S. 322 ff.

Schönke, Adolf / *Schröder*, Horst: Strafgesetzbuch, Kommentar, 20. Auflage, München 1980 (zit.: Bearbeiter in Schönke / Schröder).

Schönke, Adolf / *Schröder*, Horst: Strafgesetzbuch, Kommentar, 18. Auflage, München 1976 (zit.: Schönke / Schröder 18.).

Schork: Eine neue Preistreibereivorschrift, NJW 1957, S. 332 f.

Schultz, Hans: Einführung in den Allgemeinen Teil des Strafrechts, Erster Band, Bern 1973.

Schulz, Burkhard: Bericht aus Bonn. Wirtschaftskriminalität, ZRP 1974, S. 194 ff.

Schulz, Harald: Restschuldversicherung und Effektivverzinsung, TW 1977, Heft 1, S. 24.

— Restschuldversicherung und Wuchergrenze, TW 1979, Heft 2, S. 38.

Schütz, A.: Zum Tatbestand des Wuchers, Kriminalistik 1958, S. 335 f., 383.

Schwarz, Werner: Der Wucher im geltenden Strafrecht und in den Entwürfen zu einem Deutschen und einem Allgemeinen Deutschen Strafgesetzbuch, Jur. Diss. Tübingen 1931.

Schwind, Hans-Dieter: Grundfälle der „Kettenteilnahme", MDR 1969, S. 13 ff.

Seckelmann, Robert: Der effektive Jahreszinssatz bei Ratenkrediten, Zs. f. d. ges. Kreditwesen 1979, S. 96 ff.

Segall, Josef: Geschichte und Strafrecht der Reichspolizeiordnungen von 1530, 1548 und 1577, Breslau 1914, Nachdruck Frankfurt am Main 1977.

Seuffert, Hermann: Die deutsche Strafgesetzgebung vom Jahre 1893, ZStW 14 (1894), S. 532 ff.

Simson, Gerhard: Das schwedische Kriminalgesetzbuch vom 21. Dezember 1962, Berlin / New York 1976.

Soergel, Hans Theodor / *Siebert*, Wolfgang: Bürgerliches Gesetzbuch, Band 3: Schuldrecht II, Stuttgart / Berlin / Köln / Mainz 1969.

v. Staudinger, J.: Kommentar zum Bürgerlichen Gesetzbuch mit Einführungsgesetz und Nebengesetzen, 12. Auflage, Berlin 1978.

v. Stein, Lorenz: Der Wucher und sein Recht, Wien 1880.

Steinbach, Emil: Treu und Glauben im Verkehr, Wien 1900.

Steppeler, Wolfgang: Neue Initiative gegen Kredithaie, Sparkasse 1977, S. 189.

— Effektivzinsangabe bei Realkrediten? Urteil des Kammergerichts Berlin vom 8. Dezember 1978, Sparkasse 1979, S. 259.

Stratenwerth, Günter: Strafrecht, Allgemeiner Teil I, Die Straftat, 2. Auflage, Köln / Berlin / Bonn / München 1976 (zit.: AT).

— Schweizerisches Strafrecht, Besonderer Teil I: Straftaten gegen Individualinteressen, 2. Auflage, Bern 1978 (zit.: BT).

Sturm, Richard: Die Neufassung des Wuchertatbestandes und die Grenzen des Strafrechts, JZ 1977, S. 84 ff.

Suchanek, Viktor: Der strafrechtliche Schutz der Arbeitskraft, Verhandlungen des Fünfunddreißigsten Deutschen Juristentages, Erster Band, Berlin und Leipzig 1928, S. 155 ff.

Tiedemann, Klaus: Tatbestandsfunktionen im Nebenstrafrecht, Tübingen 1969 (zit.: Tatbestandsfunktionen).

— Entwicklung und Begriff des Wirtschaftsstrafrechts, GA 1969, S. 71 ff.

— Zur Reform der Vermögens- und Wirtschaftsstraftatbestände, ZRP 1970, S. 256 ff.

— Welche strafrechtlichen Mittel empfehlen sich für eine wirksame Bekämpfung der Wirtschaftskriminalität?, Gutachten für den 49. Deutschen Juristentag, Verhandlungen des Neunundvierzigsten Deutschen Juristentages, Band I (Gutachten), München 1972.

— Die Bekämpfung der Wirtschaftskriminalität als Aufgabe der Gesetzgebung, GA 1974, S. 1 ff.

— Der Entwurf eines Ersten Gesetzes zur Bekämpfung der Wirtschaftskriminalität, ZStW 87 (1975), S. 253 ff.

— Erscheinungsformen der Wirtschaftskriminalität und Möglichkeiten ihrer strafrechtlichen Bekämpfung, ZStW 88 (1976), S. 231 ff.

— Plädoyer für ein neues Wirtschaftsstrafrecht, ZRP 1976, S. 49 ff.

v. Tietzen und *Henning,* Rolf: Über Wucherstrafrecht, Jur. Diss. Freiburg 1935.

Triffterer, Otto: Erscheinungsformen und Methoden zur Bekämpfung der Wirtschaftskriminalität, JZ 1971, S. 68 ff.

— Abgrenzungsprobleme beim Betrug durch Schweigen — OLG Hamburg, NJW 1969, 355, JuS 1971, S. 181 ff.

Vogler, Theo: Zur Frage der Ursächlichkeit der Beihilfe für die Haupttat, Festschrift für Ernst Heinitz, Berlin 1972, S. 295 ff.

Wachenfeld, Friedrich: Lehrbuch des Deutschen Strafrechts, München 1914.

Wahl, Adolf / *Lauer,* Bernd: Restschuldversicherung und wucherische Kreditvermittlung, Kriminalistik 1979, S. 239 ff.

Walther, Friedrich: Zur Lehre von dem Handelswucher im Allgemeinen und dem Wucher im Getraidehandel insbesondere, GS 23 (1871), S. 450 ff.

Weber, Karl-Heinz: Die Nichtigkeit von Teilzahlungskreditverträgen, NJW 1980, S. 2062 ff.

Weindlmaier, Gerlinde: Kredite im privaten Haushalt, Verbraucherrundschau, hrsg. von der Arbeitsgemeinschaft der Verbraucher e. V., Heft 1 / Januar 1978, S. 1 ff.

Welzel, Hans: Das Deutsche Strafrecht, 11. Auflage, Berlin 1969.

Wenninger, Franz: Der Begriff des Rechtsgeschäfts in § 302 a und e des Strafgesetzbuches, Jur. Diss. Erlangen 1910.

Wessels, Johannes: Strafrecht, Besonderer Teil — 1, 2. Auflage, Heidelberg / Karlsruhe 1977 (zit.: BT).

— Zur Problematik der Regelbeispiele für „schwere“ und „besonders schwere“ Fälle, Festschrift für Reinhart Maurach, Karlsruhe 1972, S. 295 ff.

Westermann, Harry: Gesellschaftsrecht, Handbuch der Personengesellschaften, 3. Auflage, Köln 1978.

Winter, Hans-Joachim: Der sogenannte „marktübliche Zins“ als Maßstab für die Beurteilung der Sittenwidrigkeit, TW 1979, Heft 2, S. 40 ff.

Wolf, Erik: Die Stellung der Verwaltungsdelikte im Strafrechtssystem, Festgabe für Reinhard von Frank, Band II, Tübingen 1930, S. 516 ff.

Wolf, Ernst: Lehrbuch des Schuldrechts, Erster Band: Allgemeiner Teil, Köln / Berlin / Bonn / München 1978 (zit.: Ernst Wolf I). Zweiter Band: Besonderer Teil, Köln / Berlin / Bonn / München 1978 (zit.: Ernst Wolf II).

Zeitler, Klaus: Die Ahndung überhöhter Mieten, NJW 1961, S. 303 f.

Ziebe, Jürgen: Novellierung des „Wucherzinsparagraphen“, ZRP 1980, S. 168 ff.

Zirpins, Walter: Begriff der Wirtschaftsdelikte, Kriminalistik 1958, S. 504 f.

Zirpins, Walter / *Terstegen*, Otto: Wirtschaftskriminalität. Erscheinungsformen und ihre Bekämpfung, Lübeck 1963.

Zöller, Paul Heinrich: Die notwendige Teilnahme, Jur. Diss. Bonn 1970.

II. Quellenverzeichnis

Alternativ-Entwurf eines Strafgesetzbuches, Besonderer Teil, Straftaten gegen die Wirtschaft, vorgelegt von Ernst-Joachim Lampe, Theodor Lenckner, Walter Stree, Klaus Tiedemann und Ulrich Weber, Tübingen 1977.

Amtlicher Entwurf eines Allgemeinen Deutschen Strafgesetzbuchs nebst Begründung 1925 (Reichsratsvorlage), Nachdruck in Materialien zur Strafrechtsreform, 3. Band, Bonn 1954.

Beratungen des Sonderausschusses für die Strafrechtsreform, 7. Wahlperiode, 79. und 80. Sitzung vom 17./18. Februar 1976, S. 2467—2630 nebst Anlagen und 88. Sitzung vom 17. Mai 1976, S. 2783—2813 nebst Anlagen.

Bericht über die 416. Sitzung des Bundesrates, Bundesratsdrucksache 5/75 mit Antrag des Landes Baden-Württemberg zum Entwurf eines Ersten Gesetzes zur Bekämpfung der Wirtschaftskriminalität (1. WiKG) — Antrag 5/2/75 — und Stellungnahme des Bundesrates zum Entwurf eines Ersten Gesetzes zur Bekämpfung der Wirtschaftskriminalität (1. WiKG) — Beschluß 5/75 —.

Bericht und Antrag des Sonderausschusses für die Strafrechtsreform zu dem von der Bundesregierung eingebrachten Entwurf eines Ersten Gesetzes zur Bekämpfung der Wirtschaftskriminalität (1. WiKG) — Drucksache 7/3441 —, Bundestagsdrucksache 7/5291.

Bundestagsdrucksache VI/2421.

Denkschrift zum Entwurf von 1919, Ausgearbeitet von den Mitgliedern des Reichsjustizministeriums, die am Entwurf von 1919 beteiligt waren, in Entwürfe zu einem Deutschen Strafgesetzbuch, Veröffentlicht auf Anordnung des Reichs-Justizministeriums, Dritter Teil, Berlin 1920.

Entwurf von 1919, Aufgestellt von Joël, Ebermayer, Cormann und Bumke, in Entwürfe zu einem Deutschen Strafgesetzbuch, Veröffentlicht auf Anordnung des Reichs-Justizministeriums, Zweiter Teil, Berlin 1920.

Entwurf eines Allgemeinen Deutschen Strafgesetzbuchs 1927 mit Begründung und 2 Anlagen (Reichstagsvorlage), Nachdruck in Materialien zur Strafrechtsreform, 4. Band, Bonn 1954.

Entwurf eines Allgemeinen Deutschen Strafgesetzbuchs 1930, Antrag Dr. Kahl und Genossen, Nachdruck in Materialien zur Strafrechtsreform, 5. Band, Bonn 1954.

Entwurf eines deutschen Strafgesetzbuchs — 1939 —, Entwurf der Reichsregierung, Berlin 1939.

Entwurf eines Strafgesetzbuchs (StGB), E 1960 mit Begründung, Bundesratsdrucksache 270/60.

Entwurf eines Strafgesetzbuchs (StGB), E 1962 mit Begründung, Bundestagsdrucksache IV, 650.

Entwurf zu einem Gesetz zur Regelung der Darlehensvermittlung vom Hessischen Ministerium für Wirtschaft und Technik, abgedruckt bei Karbach, Anhang F, S. 108 ff.

Entwurf der amtlichen Strafrechtskommission, 1. Lesung 1934 und 2. Lesung 1935/36, bei Gürtner, Das kommende deutsche Strafrecht, S. 523 ff. und 526 f.

Entwurf der Strafrechtskommission (1913), in Entwürfe zu einem Deutschen Strafgesetzbuch, Veröffentlicht auf Anordnung des Reichs-Justizministeriums, Erster Teil, Berlin 1920.

Gegenentwurf zum Vorentwurf eines deutschen Strafgesetzbuchs — 1911 —, Aufgestellt von den Professoren Kahl, v. Lilienthal, v. Liszt und Goldschmidt, Berlin 1911.

Gesetzesantrag des Landes Hessen, Entwurf eines Gesetzes zur Änderung des Bürgerlichen Gesetzbuchs, Bundesratsdrucksache 586/73 = 54/77.

Gesetzentwurf der Bundesregierung, Entwurf eines Ersten Gesetzes zur Bekämpfung der Wirtschaftskriminalität, Bundestagsdrucksache 7/3441.

Jahresberichte 1971—1977, zusammengestellt vom Landeskriminalpolizeiamt Niedersachsen, Hannover.

Monatsberichte der Deutschen Bundesbank, Frankfurt.

Niederschriften über die Sitzungen der Großen Strafrechtskommission, 7. und 8. Band, Besonderer Teil, Bonn 1959.

Die rechtskräftig abgeurteilten Personen in Berlin (West), hrsg. vom Statistischen Landesamt Berlin, Berlin, Jahrgänge 1971—1975.

Polizeiliche Kriminalstatistiken 1971—1977, hrsg. vom Bundeskriminalamt, Wiesbaden.

Richtlinien zur wirksamen Bekämpfung von Mietpreisüberhöhungen nach § 5 Wirtschaftsstrafgesetz (WiStG), abgedruckt bei Schmidt-Futterer / Blank, Rdn. D 68 ff.

Schwarzbuch über Geld- und Kreditinstitute, hrsg. von der Verbraucherzentrale Baden-Württemberg e. V., Teil I 1975, Teil II 1976.

Statistisches Jahrbuch Niedersachsen 1978, Hrsg. Niedersächsisches Verwaltungsamt — Statistik —, 8. Ausgabe Hannover 1979.

Die Strafurteile in der Schweiz 1971—1975, hrsg. vom Eidgenössischen Statistischen Amt, Bern 1972—1976.

Strafverfolgungsstatistik, Hrsg. Statistisches Bundesamt, bis 1974 Fachserie A: Bevölkerung und Kultur, Reihe 9/II, ab 1975 Fachserie 10: Rechtspflege, Reihe 3: Strafverfolgung.

Tagungsberichte der Sachverständigenkommission zur Bekämpfung der Wirtschaftskriminalität — Reform des Wirtschaftsstrafrechts, VI. Band, Bonn 1974.

test, Zeitschrift der Stiftung Warentest, Berlin.

Vorentwurf zu einem Deutschen Strafgesetzbuch — 1909 —, Bearbeitet von der hierzu bestellten Sachverständigenkommission, Veröffentlicht auf Anordnung des Reichsjustizamtes, Berlin 1909.